KB204052

창세기

(창세기 해설서)

이 책은 지금까지 창세기 속에 육천년 동안 감추어져 있던
영적인 비밀들과 하나님의 비밀들을 모두 드러내고 있습니다.
그러므로 오늘날 하나님의 백성들이
이 책을 정독하여 읽어 보신다면
새로운 영적인 세계를 알게 될 것이며
신앙생활에도 많은 도움이 될 것입니다.

글 · 둘로스 데우 · C / 시 . 이명자

진리의 샘터 의증서원

창세기(창세기 해설집)

글 · 둘로스 데우 · C

초판 1쇄 2006.01.28
재판 1쇄 2006.3.27
개정판 1쇄 2014년 8월 30일

●

펴낸이 · 이용재   발행처 · 의증서원

●

등록 · 1996. 1. 30 제 5-524

●

서울시 동대문구 답십리 5동 530-11 의증빌딩 4층

정가 24,000원

도서출판 의증서원

전화. 02)2248-3563 . 010-5395-4296 . 팩스.02)2214-9452
우리은행 : 812-026002-02-101 . 예금주: 이용재
홈페이지: www.ejbooks.com

창세기

(창세기 해설서)

목 차

머리글

　하나님의 말씀이 기록된 성경은 상천하지(上天下地)에 유일무이(唯一無二)한 참 신 곧 우주만물(宇宙萬物)을 창조(創造)하시고 인간들의 생사화복(生死禍福)을 주관하시는 하나님의 말씀으로 땅에 속한 육신(肉身)의 존재들을 하나님의 말씀을 통해서 하늘에 속한 영(靈)의 존재, 즉 하나님의 아들로 창조(創造)하시겠다는 말씀입니다. 그런데 하나님은 거룩한 영(靈)이시고 아직 하나님의 아들로 창조 받지 못한 땅의 존재들은 육(肉)이기 때문에 거룩한 하나님의 말씀을 볼 수 없는 것은 물론 듣기조차도 어렵다는 것입니다.

　그래서 하나님의 백성들이 지금까지 하나님의 말씀이 기록된 성경을 수십 번 혹은 수백 번씩 읽고 쓰며 성경공부를 하여도 성경 속에 감추어져 있는 영적인 뜻은 아직도 분명하게 모르고 있는 것입니다.

　그래서 하나님께서 하나님의 아들을 보내주셔서 영적인 말씀들을 모두 풀어주신 것입니다. 때문에 성경에 하나님의 비밀은 예수그리스도라 말씀하신 것이며 예수님께서도 "내가 길이요 진리요 생명이니 나로 말미암지 않고는 아버지께로 갈 자가 없다"고 말씀하신 것입니다.

그러므로 예수님께서 아직 하나님의 생명으로 거듭나지 못한 육적(肉的)존재들에게 "저희는 귀가 있어도 듣지 못하고 눈이 있어도 보지 못하고 마음이 있어도 깨닫지 못한다"고 말씀하신 것입니다. 왜냐하면 하나님께서 땅에 속한 죄인들은 하나님의 거룩한 영의 말씀을 보지 못하도록 일곱인으로 인봉(印封)해 놓았기 때문입니다.

[요한계시록 5장 1~5절] 내가 보매 보좌에 앉으신 이의 오른 손에 책이 있으니 안팎으로 썼고 일곱 인으로 봉하였더라 또 보매 힘 있는 천사가 큰 음성으로 외치기를 누가 책을 펴며 그 인을 떼기에 합당하냐 하니 하늘 위에나 땅 위에나 땅 아래에 능히 책을 펴거나 보거나 할 이가 없더라 이 책을 펴거나 보거나 하기에 합당한 자가 보이지 않기로 내가 크게 울었더니 장로 중에 하나가 내게 말하되 울지 말라 유대지파의 사자 다윗의 뿌리가 이기었으니 이 책과 일곱 인을 떼시리라 하더라.

상기의 말씀과 같이 하나님께서 안과 밖으로 기록해 놓은 성경말씀을 일곱인으로 봉(封)해 놓았기 때문에 땅에 속한 죄인들은 인(印)을 떼어 펴거나 볼 수 없는 것입니다. 즉 하나님의 말씀이 기록된 성경은 밭에 감추어 놓은 보화 (寶貨)와 같아서 외면(外面)에 기록된 말씀은 누구나 볼 수 있으나 내면(內面)에 감추어져 있는 영적인 뜻은 알 수 없다는 것입니다.

때문에 하나님의 아들이신 예수님이 친히 오셔서 말씀의 인(印)을 떼어 하나님의 백성들에게 영적인 말씀을 하나하나 풀어서 일용할 양식으로 먹여주신 것입니다. 예수님이 오셔서 주시는 산 떡, 곧 생명의 말씀을 일용할 양식으로 날마다 먹은 예수님의 제자들은 결국 하나님의 아들로 거듭나 사도들이 된 것입니다.

이렇게 성경에 기록된 하나님의 말씀들은 물론 특히 창세기(創世記) 속에 깊이 감추어져 있는 천지창조(天地創造)의 영적인 비밀들은 인간의 지식(知識)이나 눈으로는 알 수 없고 볼 수도 없는 것입니다. 그러므로 지금까지 신학자(神學者)들이나 목회자들은 창세기를 통해서 말씀하시는 하나님의 진정한 뜻 곧 영적인 의미를 모르기 때문에 지금도 하나님께서 우주만물(宇宙萬物)을 창조하셨다고 주장하고 있는 것입니다. 그러나 창세기 1장에 하나님께서 창조(創造)하시겠다는 천지창조(天地創造)는 모두 영적인 의미로 땅에 속한 피조물(被造物)들을 하늘에 속한 하나님의 아들로 창조(創造)하신다는 뜻으로 기록해 놓으신 것입니다.

왜냐하면 성경에 기록된 하나님의 말씀은 모두 구속사(救贖史)적으로 땅에 속한 죄인들을 하나님의 아들을 통해서 구원하고 살려서 하나님의 아들로 창조(創造)하신다는 뜻으로 말씀하고 있기 때문입니다. 그런데 이번에 하나님께서 부족한 종의 눈을 열어주셔서 지금까지 창세기(創世記) 속에 감추어 놓았던 천지창조(天地創造)의 비밀들을 모두 보여주시고 드러내게 하신 것입니다. 그러므로 오늘날 기독교인들이 창세기 해설서(解說書)를 읽어보신다면 하나님께서 창조(創造)하시겠다는 천지창조(天地創造)의 비밀과 그동안 성경 속에 감추어져 있던 수많은 영적인 비밀들을 알게 될 것입니다.

즉 창세기 해설서에는 하나님께서 육일동안 창조하신 하늘과 땅, 간교한 뱀의 실체와 아담이 범한 원죄 그리고 하나님의 형상과 모양대로 지은 남자와 여자, 최초에 하나님께서 흙으로 빚어 만드시고 코에 불어넣은 생기 그리고 선악과와 생명나무의 실체 등의 비밀들을 모두 자세하고

11

분명하게 드러내고 있습니다.

　그러므로 창세기 해설서를 읽어보신다면 창세 이후 지금까지 베일에 싸여 있던 영적인 하나님의 비밀들을 모두 알게 될 것이며 신앙생활에 도움은 물론 하나님의 생명으로 거듭나는 계기가 될 것입니다.

둘로스 데우. C

영혼의 메아리

그대 진실한
영혼의 메아리가
내 가슴에 울려오네

언제나
그대와 내가
사랑으로 하나가 되어
그리움을 잊을까

사랑 안에 함께 거할 때까지
그 날이 속히 오기까지
오래 참고 기다리리

영혼의 입맞춤으로 하나가 되어지는 날
그리움도 기다림도 없는
평안한 안식에서
영원히 함께 살게 되리라

서론

서론

천지만물 곧 이 우주안의 수많은 별들과 사람들이 살고 있는 지구는 언제 누구에 의해서 어떻게 형성되었을까? 자연적 발생으로 나타난 것인가 아니면 어느 존재에 의해서 만들어진 창조물일까? 이것은 수천 년이 지난 지금까지 진화론자들과 종교인들 간에 논란이 되어오고 있지만 아직도 분명하게 결론을 짓지 못하고 있는 실정입니다. 그런데 천지창조는 이세상의 경이나 문헌 가운데 유일하게 하나님의 말씀이 기록된 성경에만 기록되어 있습니다. 성경 창세기 1장을 보면 하나님께서 천지와 만물을 만드셨다고 기록되어 있습니다. 때문에 오늘날 기독교인들은 태초에 하나님께서 우주만물을 창조하셨다고 주장하는 것입니다.

그럼에도 불구하고 많은 과학자들은 지금도 우주만물은 자연적 혹은 돌발적으로 나타난 것이며 인간을 비롯한 지구상의 모든 생물들도 처음에 박테리아와 같은 미생물들이 오랜 세월을 지나는 동안 자연적 진화에 의해 나타난 것이라 주장하고 있습니다. 그러면 기독교인들의 주장과 과학자들의 주장은 어느 것이 진실이고 어느 것이 거짓일까?

그런데 만일 우주만물을 창조하신 신이 없거나 지금도 우주만물을 주관하고 운행하시는 하나님이 없다면 이 우주나 지구는 언제 어떻게 파괴될지 모르며 그보다 이미 파괴되어 없어졌을 것입니다. 그러므로 인간들은 우주만물을 창조하신 하나님이 계시다는 것과 지금도 우주만물을 주관하고 계시다는 것을 알아야 합니다. 창조주가 계시기 때문에 인간들은 물론 지구상의 모든 생물체들이 지금도 생명을 유지하며 살아가고 있는 것입니다.

그런데 만일 우주만물을 창조하신 창조주가 없거나 주관하고 계신 하나님이 없다면 인간들은 물론 지구상에 존재하는 모든 생물들이 일순간도 살아 있을 수 없다는 것을 알아야 합니다. 왜냐하면 하나님이 계시기 때문에 우주만물이 공존하는 가운데 지금도 지구가 태양주위를 한 치의 오차도 없이 공전과 자전을 하면서 돌고 있는 것이며 또한 지구상의 모든 생물들이 살아갈 수 있는 근본 에너지를 공급해 주는 것입니다.

이렇게 하나님께서 지구상에 있는 모든 생물들에게 지금도 빛과 공기와 물을 공급해 주시기 때문에 인간들은 물론 모든 생물들이 살아 숨 쉬며 생존하고 있는 것입니다. 이렇게 우주만물을 창조하신 하나님이 살아계시고 지금 이 순간에도 모든 만물들을 주관하며 운행하고 계신데 어리석은 자들이 만물을 창조하시고 인간들의 생사화복을 주관하고 계신 하나님을 부인하고 진화론을 주장하고 있는 것입니다. 사람들이 평소에 건강하고 젊은 사람이 갑자기 죽으면 운명은 재천이라 말하면서 사람이 죽고 사는 것은 인간들이 할 수 없는 일이라고 말합니다. 운명이 재천이라는 말은 인간들의 생명이 하늘에 달려있다는 말인데 하늘은 창공을 말하는 것이 아니라 하나님을 가리키는 말입니다. 이와 같이 우주만물을 창조하시고 인간들의 생사화복을 주관하시는 신은 곧 하나님이십니다. 그럼에도 불구하고 하나님의 섭리를 모르는 과학자들은 지금도 하나님의 존재를 부정하며 우주만물이나 그 안에 존재하는 생명체들이 모두 자연적으로 수 만 혹은 수억 년 동안 운행되고 있다고 주장하고 있습니다.

그러나 가정에서 사용하는 전기도 발전소에서 전기를 공급해주는 사람이 있기 때문에 사용할 수 있는 것이지 전기를 공급해주는 사람이 없다면 전구 하나도 스스로 불을 밝힐 수가 없습니다. 이렇게 우주와 자연만물도 주관하고 운행하시는 하나님이 계시기 때문에 인간들은 물론 자연만물들이 지금도 살아갈 수 있는 것입니다. 그러므로 우주와 만물이 자연적으로 생겨났다고 주장하고 있는 과학자나 철학자들의 주장은 어불성설입니다. 그런데 문제는 하나님께서 성경을 통해서 말씀하고 계신 천지창조는 우주만물을 창조하신 것이 아니라는데 있습니다. 이것은 하나님께서 우주만물을 창조하신 것을 부인하거나 부정한다는 뜻이 아니라 하나님께서 성경(창세기)을 통해서 말씀하시는 천지창조는 자연만물을 창조하신 것이 아니라는 것입니다.

즉 하나님께서 창세기를 통해서 말씀하시는 천지창조는 자연 만물을 창조하신 것이 아니라 땅에 속한 인간들을 구원하여 하늘에 속한 하나님의 아들로 창조하시는 과정을 말씀하고 있는 것입니다. 왜냐하면 성경에 기록된 하나님의 말씀은 모두 구속사적으로 죄 가운데서 죽어가는 하나님의 백성들을 구원하여 하나님의 생명으로 거듭나게 하여 하나님이 계신 천국으로 인도하기 위해 주시는 말씀이기 때문입니다. 하나님은 창조주이시며 인간들은 모두 피조물로 하나님께서 흙으로 빚어 만든 육신의 존재들입니다. 즉 하나님께서 흙으로 빚어 만든 육신적인 존재는 완전한 영적인 존재가 아니라 말씀으로 다시 창조 받아야 할 미완성의 존재인 것입니다.

왜냐하면 성부하나님께서 성자하나님을 통해서 땅을

하늘로 창조하시려는 것은 처음에 흙으로 만드신 첫 아담 (사람)이 완전한 영적존재가 아니라 아직 미완성된 혼적 존재이기 때문입니다. 하나님의 백성들이 하나님의 말씀을 통해서 창조를 받아 하나님의 아들로 거듭나야 하는 것은 바로 이 때문입니다. 하나님의 진정한 뜻은 땅에 속한 육신의 존재(죄인)들이 하나님의 말씀을 통해서 하나님의 생명으로 거듭나서 하나님의 아들이 되는 것입니다. 그러므로 하나님의 말씀이 기록된 성경은 모두 하나님의 백성들을 구원하고 살려서 하나님의 아들로 창조하기 위한 목적으로 기록된 것입니다. 때문에 오늘날 하나님과 예수님을 믿고 있는 하나님의 백성들은 하나님의 말씀이 기록된 성경을 생명과 같이 소중히 여기며 말씀을 중심으로 하여 신앙생활을 하고 있는 것입니다.

　오늘날 기독교인들에게 이 세상에서 가장 귀하고 소중한 보물이 무어냐고 묻는다면 당연히 하나님의 말씀이 기록되어 있는 성경이라 말할 것입니다. 그러면 사람들이 지금까지 가장 많이 보고, 항상 즐겨 읽는 책은 어떤 책이냐고 묻는다면 그것도 성경이라 말할 것입니다. 이렇게 하나님의 말씀이 기록되어 있는 성경은 천하에 제일가는 보물로 이 세상에서 그 어떤 것과도 비교할 수 없는 보화 중의 보화입니다. 사람들이 보물이라 말하는 기준은 이 세상에 단 하나밖에 없는 소중한 물건, 즉 돈으로 환산할 수 없는 것을 보물이라 말합니다.

그러나 하나님의 말씀이 기록되어 있는 성경은 인간들의 기준이나 상상을 초월해 있는 보물 이상의 보물을 말합니다. 왜냐하면 하나님의 말씀 안에는 죽은 영혼을 살릴 수 있는 생명이 있기 때문입니다. 그런데 만일 하나님의 말씀이 죽은 영혼을 살릴 수 있는 생명이 없다면 일말의 가치도 없는 것입니다. 결국 하나님의 말씀이 보화라는 것은 곧 말씀 안에 생명이 담겨있기 때문입니다. 하나님의 생명만이 죄인들의 죄를 사해줄 수 있고 죽은 영혼을 살릴 수 있는 것입니다. 때문에 성경은 누구나 소유할 수 있고 볼 수도 있지만 말씀 안에 있는 생명은 인간들이 아무나 소유할 수 없고 볼 수도 없는 것입니다.

하나님의 백성들이 하나님을 보면 죽게 되고 다메섹 도상에서 예수님을 만난 바울이 눈이 멀게 된 것은 바로 사람들 안에 있는 죄 때문입니다. 또한 하나님의 말씀이 담겨있는 법궤에 정결치 못한 사람이 손만 대도 죽은 것도 바로 사람들의 죄 때문인 것입니다. 이와 같이 하나님의 거룩한 말씀을 죄 많은 인간들이 함부로 보거나 만지면 죄를 범하는 것입니다. 사도바울께서 주님의 살과 피(생명의 말씀)를 죄가 있는 자들은 절대로 먹지 말라고 하신 것도 바로 이러한 이유 때문입니다.

그래서 세례요한은 죄 많은 유대인들을 향해 "회개하라"고 외치신 것이며 예수님의 첫 일성도 "회개하라 천국이 가까이 와 있다"고 말씀하신 것입니다. 그럼에도 불구하고 아직 회개도 다하지 못한 기독교인들이 예수를 믿는다는 이유 하나로 하나님의 아들이 되어 의인의 자리에 앉아서 하나님의 거룩한 말씀을 함부로 보고 자기 마음대로 해석을 하며 설교까지 하고 있는 것입니다. 그러므로 하나님께서 오늘날 의인의 자리에 앉아 하나님의 아들 노릇을 하고 있는 자들을 향해 이렇게 말씀하시는 것입니다.

[고린도전서 2장 9~10절] 기록된바 하나님이 자기를 사랑하는 자들을 위하여 예비하신 모든 것은 눈으로 보지 못하고 귀로도 듣지 못하고 사람의 마음으로도 생각지 못하였다 함과 같으니라 오직 하나님이 성령으로 이것을 우리에게 보이셨으니 성령은 모든 것 곧 하나님의 깊은 것이라도 통달하시느니라.

상기에 하나님을 사랑하는 자들을 위하여 예비하신 모

든 것은 하나님의 말씀을 말하며 눈으로 보지 못하고, 귀로도 듣지 못하고, 사람의 마음으로도 생각조차 못한다는 자들은 불신자나 이교도들이 아니라 하나님을 믿으며 하나님의 말씀을 열심히 보고 듣는다는 하나님의 백성들을 말합니다. 그러면 하나님을 사랑하며, 하나님의 깊은 마음까지 통달한다는 "우리"는 과연 어느 누구를 말할까요? 여기서 하나님을 사랑하는 "우리"는 유대인들이나 오늘날 기독교인들을 말하는 것이 아니라 성령에 의해서 거듭난 하나님의 아들들, 즉 예수님이나 사도들과 같은 자들을 말하고 있습니다.

오늘날 기독교인들은 한결같이 하나님을 사랑한다 말하며 하나님의 말씀도 모두 보고 듣는다고 말하고 있습니다. 그러나 하나님께서는 하나님의 생명으로 거듭나지 못한 죄인들은 하나님의 말씀을 보지 못할 뿐만 아니라, 듣지도 못한다고 말씀하십니다. 왜냐하면 아직 하나님의 생명으로 거듭나지 못한 죄인들의 눈과 귀로는 영적인 말씀의 의미를 볼 수 없고 알 수 없도록 하나님께서 말씀 속에 깊이 감추어 놓았기 때문입니다.

때문에 예수님이 하시는 말씀을 누구나 들을 수는 있으나, 그 안에 감추어져 있는 영적인 뜻은 유대인들은 물론 예수님의 제자들까지도 이해하기 힘들어했던 것입니다.

이렇게 성경에 기록된 하나님의 모든 말씀은 영적인 비유와 비사로 기록되어 있기 때문에 영안이 없는 자들은 볼 수도 없고 들을 수조차 없다고 말씀하시는 것입니다. 그런데 하나님의 말씀이 처음 시작되는 창세기의 말씀은 하나님께서 더욱 깊이 감추어 놓으신 것입니다. 왜냐하면 창세기는 성경에 기록된 말씀 가운데서도 가장 중요한 하늘의 보고이기 때문입니다.

하나님께서 이렇게 하나님의 말씀을 철저하게 감추어 놓으신 것은 말씀을 유익의 재료로 삼아 교회에서 말씀을 팔아 장사를 하고 있는 삯꾼목자와 거짓 선지자들 때문입니다. 이런 자들은 지금도 하나님의 교회라는 간판을 걸어 놓고 교회 안에서 성령과 말씀을 팔아서 자기의 욕심을 채우고 있는 것입니다. 이렇게 하나님의 말씀으로 양들의 재물과 영혼을 늑탈하는 거짓 선지자와 삯꾼목자들 때문에 오늘날 수많은 기독교인들이 병들어 죽어가고 있는 것입니다.

하나님께서는 이렇게 거짓 선지자와 삯꾼목자들에 의해서 죽어 가는 영혼들을 구원하기 위해서 오늘도 변함없이 하나님의 아들들을 보내주시는 것입니다. 왜냐하면 하나님의 거룩한 말씀은 오늘날 하나님께서 보내주시는 구원자들 안에만 있기 때문입니다. 그러므로 오늘날 기독교인들은 하나님께서 보내주시는 구원자, 즉 참 목자를 믿고 그 입에서 나오는 말씀을 영접하라는 것입니다. 만일 오늘날 기독교인들이 하나님께서 보내주시는 오늘날의 구원자들을 믿고 그 입에서 나오는 말씀을 영접한다면 하나님의 자녀가 되는 권세를 주신다는 것입니다.

이상과 같이 창세기에는 하나님의 백성들을 향한 하나님의 뜻과 창조의 계획이 모두 함축되어 있습니다. 그러므로 창세기에 기록된 천지창조의 뜻을 올바로 알아야 합니다. 만일 하나님께서 창세기에 기록된 천지를 창조하신 하나님의 영적인 뜻을 올바로 안다면 성경에 기록된 말씀을 이해하는데 큰 도움이 될 것입니다.

이제 창세기 1장에서 4장까지의 말씀을 통해서 하나님께서 천지를 육일 동안 창조하신 하나님의 진정한 뜻과 말씀 속에 감추어져 있는 영적인 의미에 대해서 살펴보기로 하겠습니다.

인생무상

욕망에 사로잡혔던
허수아비 인생

시절을 좇아 끌려다니며
만족하지 못한 생의 바퀴속에서
늘어진 불평과 불만의 불꽃을 튕기며
불꽃놀이 하던 때가 엊그제

타다만 잿더미속에
이리저리 뒹굴며 발끝에 채이다가
작은 불씨하나 만나서
모두 태워버리고

이제야 잿가루되어
불어오는 바람에 흩날리고
욕정의 자취도 그림자도 사라져버리고
텅빈자리에 다가온
소리없는 그대 고요하여라

제1장

태초에 하나님이 창조하신 하늘과 땅

태초에 하나님이 천지를 창조하시니라

בְּרֵאשִׁית בָּרָא אֱלֹהִים אֵת הַשָּׁמַיִם וְאֵת הָאָרֶץ

1. 태초에 하나님이 창조하신 하늘과 땅

창세기 1장 1절 : 태초에 하나님이 천지를 창조하시니라.

בְּרֵאשִׁית בָּרָא אֱלֹהִים אֵת הַשָּׁמַיִם וְאֵת הָאָרֶץ 1:1
하아레츠   베에트   핫솨마임   에트   엘로힘   바라   베레쉬트
지를   천   하나님이 창조하시니라 태초에

상기의 말씀은 하나님께서 태초에 천지를 창조하셨다
는 말씀입니다. 그러므로 오늘날 기독교인들은 하나님께서
태초에 하늘과 땅을 만드셨다고 알고 있고 또한 지금까지
그렇게 믿고 있습니다. 하나님께서 처음에 하늘과 땅을 만
드심으로 우주만물의 형성에 대한 창조의 시작이 되었다는
것입니다. 이 말씀이 단순히 이러한 뜻이라면 불신자나 초
등학교 학생들이라도 모두 알 수 있는 말씀입니다.

그러면 하나님께서 태초에 하늘과 땅을 창조하셨다는
천지는 영적으로 무엇을 말씀하고 있을까? 이 말씀을 올바
로 알고 이해하려면 먼저 하나님은 영이시라는 것과 또한
하나님은 영이시기 때문에 하나님께서 하시는 말씀도 모두
영적이라는 것을 알아야 합니다. 때문에 하나님의 영적인
말씀은 아직 하나님의 생명으로 거듭나지 못한 자들은 볼
수도 없고 들을 수도 없는 것입니다. 그러면 하나님께서 말

씀하고 계신 태초나 하늘과 땅이 영적으로 무엇을 말씀하고 있으며 하늘과 땅을 창조하신다는 의미는 진정 무엇일까? 본문의 말씀을 영적으로 혹은 근원적으로 올바로 알려면 히브리어로 기록되어 있는 원문성경을 참고 할 수밖에 없습니다. 성경을 보기 전에 먼저 알아 두어야 할 것은 히브리어로 기록된 원문 성경은 문장의 내용과 관계없이 가장 중요한 문장이나 단어를 맨 앞에 등장시켜 기록하였다는 것입니다.

그러므로 성경에서 제일 중요한 부분이 창세기이며 창세기 중에서도 1장이며 1장에서도 1절의 말씀입니다. 그런데 1절의 말씀 중에서도 제일 앞에 등장된 "태초"라는 단어는 모든 성경의 단어가운데 가장 핵심이 되는 매우 중요한 단어입니다. 그러므로 태초라는 단어를 알지 못하면 1절의 말씀을 풀 수 없고 1절의 말씀을 풀지 못하면 창세기의 말씀을 알 수 없는 것입니다. 이 말은 창세기 1장의 말씀을 풀지 못하면 성경전체를 올바로 알 수 없다는 말입니다. 이렇게 태초라는 단어는 성경에서 가장 중요한 단어로서 하나님의 모든 것을 대변하고 있는 단어입니다.

그런데 유대인들이나 기독교인들이 지금까지 태초라는 단어를 단순히 시제라는 의미로 알고 있습니다. 그 이유는 성경번역자가 태초를 시간의 개념으로 알고 시제로 번역을 해놓았기 때문입니다. 그러므로 1절을 원문 성경에 기록된 대로 직역을 하면 "태초 안에서 하나님들(복수)이 그 하늘과 그 땅을 만드셨다"는 뜻입니다. 그러면 시공을 초월하여 계신 하나님이 시간 안에 계시고 더 나가서는 시간 속에서 운행하고 계시다는 것입니다. 그런데 시공을 초월해 계신 하나님께서 시간 안에 계시거나 공간속에 갇혀 있다면 하나님이라 할 수가 없습니다.

하나님께서 천지 만물을 창조하셨다면 당연히 시간도 하나님이 만드셨기 때문에 하나님이 시간 안에 계시다는 말은 어불성설입니다. 이것은 성경번역자가 태초의 영적인 의미를 모르고 단순히 시제로 번역을 해놓았기 때문에 일어난 일입니다. 이렇게 성경번역자가 성경에서 가장 중요한 단어를 처음부터 오역을 해놓았기 때문에 하나님의 백성들이 태초는 물론 성경을 올바로 볼 수 없게 되었던 것입니다.

'태초에' 라고 번역된 '베레쉬트' 는 히브리어로 원문에 전치사 '베' 와 명사 '로쉬' 의 합성어로 되어있습니다. 그런데 '베' 는 '안에' 라는 전치사이며 '로쉬' 는 태초라는 뜻도 있지만 주로 '머리, 우두머리, 최고, 근원, 근본' 등으로 사용하고 있습니다. 그러므로 '로쉬'는 하나님의 우두머리, 즉 성부 하나님을 말씀하고 있는 것입니다. 왜냐하면 모든 창조의 근원이 성부 하나님이시며 또한 모든 피조물들과 하나님의 아들들까지도 하나님에 의해서 창조되고 하나님께서 주관하고 계시기 때문입니다. 그러므로 1절 말씀의 진정한 뜻은 "성부 하나님 안에 있는 성자 하나님들이 천지를 창조하시니라"입니다. 왜냐하면 성부 하나님 안에 계신 하나님의 아들들이 하나님의 백성을 구원하고 살려서 하나님의 아들로 창조하시기 때문입니다.

태초라는 단어가 성부 하나님이라는 것은 요한복음 1장 1절을 보면 더 확실하게 알 수 있습니다.

[요한복음 1장 1절] 태초에 말씀이 계시니라 이 말씀이 하나님과 함께 계셨으니 이 말씀은 곧 하나님이시니라.

상기의 말씀은 태초에 말씀이 계신데 말씀이 곧 하나님이라고 분명하게 말씀하고 있습니다. 그런데 '태초에'라는 단어를 헬라어 원문으로 보면 창세기 1장 1절의 태초라는 단어의 의미와 똑같이 '엔 아르케', 즉 '태초 안'이라고 기록되어 있습니다. 그러므로 '태초에'라는 단어는 히브리어의 '베레쉬트' 나 헬라어의 '엔 아르케' 나 모두 동일한 뜻으로 '태초 안에' 라는 뜻입니다. 이렇게 '태초' 라는 단어는 위에서 말씀드린 바와 같이 시제가 아니라 우두머리, 근원이라는 뜻입니다. 그러므로 하나님이 태초 안에 계시다는 것은 곧, 성부 하나님 안에 성자 하나님이 계시다는 뜻입니다. 때문에 예수님께서 내가 아버지 안에 있고 아버지는 내 안에 계시다고 말씀하신 것입니다.

이렇게 요한복음 1장 1절에 나타난 '말씀 하나님' 은 창세기 1장 1절에서 말씀하고 있는 성자 하나님 곧, 예수님을 뜻하고 있는 것입니다.

예수님은 창세기 1장 1절의 말씀과 같이 성부 하나님 안에 계신 성자 하나님이 땅에 속한 피조물들(땅)을 하늘에 속한 하나님의 아들(하늘)로 창조하시기 위해서 이 세상에 오신 것입니다. 때문에 예수님은 자신을 하나님의 아들로 믿고 따르는 제자들(땅들)을 하나님의 말씀으로 창조하여 하늘로 만드신 것입니다.

이렇게 창세기 1장 1절 말씀은 성부 하나님 안에 있는 성자하나님들이 땅을 하늘로 창조하신다는 뜻입니다.

2. 하나님이 창조하시는 천지 (하늘과 땅)

오늘날 목회자들이 성경은 하나님의 백성들을 구원하기 위한 책이기 때문에 모두 구속사적으로 보아야 한다고 말하고 있습니다. 그렇다면 하나님께서 만드시는 하늘과 땅도 당연히 구원을 전제로 한 세상의 존재들로 보아야 합니다. 왜냐하면 하나님께서 창세기를 통해서 말씀하시는 하늘과 땅은 예수님께서 주기도문을 통해서 말씀하시는 하늘, 땅과 동일하기 때문입니다. 그러므로 예수님께서 주기도문을 통해서 말씀하시는 하늘과 땅을 안다면 창세기에서 말씀하고 있는 천지를 알 수 있는 것입니다.

예수님은 이 땅에 오신 것은 오직 아버지의 뜻을 이루기 위해서 오신 것입니다. 그러면 아버지의 뜻은 진정 무엇일까? 아버지의 뜻은 땅들을 구원시켜 하나님의 생명으로 거듭나게 하여 하늘, 즉 하나님의 아들로 만드는 것입니다.

즉 혼적인 죄인들(땅)을 구원하여 하나님의 아들(하늘)로 거듭나게 하는 것입니다. 그래서 예수님은 하나님의 백성들에게 하나님의 뜻이 하늘에서 이루어진 것같이 땅에게도 이루어지게 해달라고 기도하라 하신 것입니다. 결국 예수님은 하나님께서 창세기 1장 1절에 예언하신 대로 땅에 속한 존재들을 말씀으로 창조하여 하늘에 속한 하늘의 존재들로 만들기 위하여 오신 것입니다.

그러므로 창세기 1장 1절의 말씀은 하나님께서 천지 자연만물을 창조하신다는 뜻이 아니라 땅에 속한 혼적 존재들을 하나님의 말씀을 통해서 하늘에 속한 영적 존재로 만드시겠다는 말씀인 것입니다. 이렇게 하나님께서 말씀하시는 하늘은 예수님과 사도들 그리고 하나님의 생명으로 거듭난 하나님의 아들들을 말하며, 땅은 구원받아야 할 혼적 존재들, 곧 어둠과 죄 가운데 있는 하나님의 백성들을 말하고 있습니다. 그런데 오늘날 기독교인들은 지금도 창세기 1장의 천지창조를 한결같이 하나님께서 말씀으로 푸른 하늘과 지구를 창조하신 것이라 말하고 있는 것입니다.

그러나 하나님은 하늘과 땅을 말씀으로 구원을 하시며 또한 하늘이 하나님의 말씀을 듣고 땅이 하나님의 말씀에 귀를 기울인다는 것입니다. 눈에 보이는 저 하늘이 하나님의 말씀을 듣고, 발로 밟고 있는 이 땅이 하나님의 말씀에 귀를 기울일 수 있다 하는 것입니다. 그러므로 하나님의 말씀을 들을 수 있고, 볼 수 있는 존재는 푸른 창공이나 지구가 아니라 하늘에 속한 존재들과 땅에 속한 존재들을 말하고 있는 것입니다. 즉 하나님의 말씀으로 창조되는 존재는 하늘과 땅이 아니라 하나님의 백성들을 비유로 말씀한 것입니다. 하늘과 땅이 사람의 존재라는 것은 시편 19편이 잘 대변해 주고 있습니다.

[시편 19편 1~4절] 하늘이 하나님의 영광을 선포하고 궁창이 그 손으로 하신 일을 나타내는도다 날은 날에게 말하고 밤은 밤에게 지식을 전하니 언어가 없고 들리는 소리도 없으나 그 소리가 온 땅에 통하고 그 말씀이 세계 끝까지 이르도다.

상기의 말씀은 하늘이 하나님의 영광을 선포하고 궁창이 그 손으로 하신 일을 나타낸다고 하십니다. 그런데 푸른 하늘이 어떻게 하나님의 영광을 선포하며 궁창이 어떻게 하나님의 일을 나타낼 수 있단 말인가? 하늘과 궁창은 영적인 비유로 하나님의 영광을 선포하는 하늘은 하나님의 아들들과 선지자들을 가리키며 궁창은 그리스도(성령)를 비사로 말씀한 것입니다. 또한 날이 말을 하고 밤이 지식을 전한다고 말씀하시는데 과연 날이 말을 하고 밤이 지식을 전할 수가 있단 말인가?

하나님이 말씀하시는 날은 빛의 존재들을 말하며 밤은 어둠의 존재들을 비유하여 말씀하신 것입니다. 이와 같이 창세기 1장 1절에서 말씀하고 있는 하늘과 땅은 빛과 어둠, 즉 하나님의 생명으로 거듭난 하나님의 아들들과 아직 거듭나지 못한 세상의 존재들을 말하고 있는 것입니다. 하나님은 하늘과 땅이 존재라는 것을 이사야서를 통해서 더욱 분명하게 말씀하고 있습니다.

[이사야 1장 2~4절] 하늘이여 들으라 땅이여 귀를 기울이라 여호와께서 말씀하시기를 내가 자식을 양육하였거늘 그들이 나를 거역하였도다 소는 그 임자를 알고 나귀는 주인의 구유를 알건마는 이스라엘은 알지 못하고 나의 백성은 깨닫지 못하는도다 하셨도다 슬프다 범죄한 나라요 허물 진 백성이요 행악의 종자요 행위가 부패한 자식이로다. 그들이 여호와를 버리며 이스라엘의 거룩한 자를 만홀히 여겨 멀리하고 물러갔도다.

상기의 말씀에 하나님께서 들으라는 하늘은 이스라엘을 말하고 있으며 귀를 기울이라는 땅은 하나님의 백성을 말하고 있습니다. 만일 하늘이나 땅이 존재가 아니라면 하늘이 하나님의 말씀을 듣고 땅이 하나님의 말씀에 귀를 기울인다는 것입니다. 그러므로 이어지는 말씀에 "내가 자식을 양육하였거늘 그들이 나를 거역하였다"는 자들은 바로 하늘과 땅의 존재들을 말하는 것입니다.

이와 같이 창세기 1장에서 말씀하시는 하늘과 땅은 존재들, 곧 하나님의 아들들과 하나님의 아들로 창조 받아야 할 하나님의 백성을 말하고 있는 것입니다. 이렇게 하나님께서 창세기 1장을 기록한 목적은 흙으로 만든 땅의 존재들(미완성)을 하나님의 아들을 통해서 말씀으로 재창조하여 하나님의 아들로 완성시키겠다는 것입니다. 그럼에도 불구하고 하나님의 천지창조를 많은 신학자와 목회자들이 모두 하늘과 땅, 즉 모든 자연만물을 말씀으로 창조하신 것이라 주장을 하고 있는 것입니다.

그러므로 오늘날 기독교인들도 창세기의 천지창조를 하나님께서 우주만물을 말씀으로 육일동안 창조하신 것으로 조금도 의심 없이 믿고 있습니다. 그런데 하나님께서 말씀으로 창조하시는 것은 자연만물이 아니라 흙으로 만든 혼적 존재(첫 아담)를 하나님의 말씀을 통해서 영적인 하나님의 아들(둘째 아담)로 창조하시는 것입니다.

문제는 성경 신학자들이 창세기에 기록된 천지창조를 만물창조로 잘못 해석해 놓았기 때문에 기독교인들은 지금까지 하나님께서 만드신 천지창조의 진정한 뜻을 알 수가 없었던 것입니다.

[예레미야 8장 8~9절] 너희가 어찌 우리는 지혜가 있고 우리에게는 여호와의 율법이 있다 말하겠느뇨 참으로 서기관의 거짓 붓이 거짓되게 하였나니 지혜롭다 하는 자들은 수욕을 받으며 경황 중에 잡히리라 보라 그들이 나 여호와의 말을 버렸으니 그들에게 무슨 지혜가 있으랴.

상기의 말씀은 하나님께서 하나님의 말씀과 지혜를 가지고 영적 지도자 노릇을 하고 있는 서기관과 제사장들, 즉 오늘날 신학자와 목회자들에게 하시는 말씀입니다.

하나님은 이들에게 너희가 하나님의 말씀을 버리고 신학적 학문과 교리를 만들어 교인들을 거짓되게 하고 있다는 것입니다. 이 말은 영적 지도자들이 하나님의 말씀을 거짓되게 만들어 하나님의 백성들을 미혹하여 멸망시키고 있다는 것입니다. 이렇게 오늘날 기독교 안에 율법이 사라지고 생명의 말씀이 없는 것은 거짓 서기관과 삯꾼목자들 때문입니다.

그러므로 아직 하나님의 생명으로 거듭나지 못한 자들, 즉 영안이 없는 자들은 성경에 기록된 하나님의 말씀을 함부로 해석하거나 말씀을 전해서도 안된다는 것입니다. 왜냐하면 서기관들의 거짓 붓으로 만들어낸 교리와 가감된 말씀 때문에 살 수 있는 영혼이 죽어가며 천국으로 가야할 영혼들이 지옥으로 들어가기 때문입니다.

그러므로 하나님의 백성들이 신앙생활을 올바로 하여 하나님의 아들로 거듭나려면 창세기 1장의 천지창조의 영적인 뜻을 올바로 알아야 합니다.

3. 하나님의 집(성전)과 설계도

하나님의 백성들이 먼저 알아야 할 것은 창세기 1장에 하나님께서 창조하신 천지는 땅에 속한 죄인의 존재를 하늘에 속한 의인의 존재로 만드시겠다는 하나님의 계획서라는 것입니다. 즉 땅들 안에 하나님이 거하실 집(성전)을 건축하여 처소가 완성되면 하나님이 그 집 안에 들어가셔서 안식하려는 것입니다.

그러므로 창세기 1장은 하나님께서 땅의 존재를 말씀을 통해서 하늘의 존재로 창조하여 하나님이 거하실 집(성전)을 완성시키는 것입니다. 이렇게 하나님께서 땅을 하늘로 만들려면 육일이 소요되는데 육일이란 날의 개념이 아니라 존재의 개념으로 땅이 하늘로 창조되기까지의 여섯 과정을 말하고 있습니다. 즉 하나님의 집은 단번에 완성되는 것이 아니라 여섯 단계의 공정을 거쳐 완성되어 진다는 것입니다. 하나님께서 이렇게 하나님의 집을 건축하시는 것은 완성된 하나님의 집(성전) 안에 들어가 안식하려는 것입니다.

그러므로 성부 하나님은 오늘도 변함없이 성자 하나님을 통해서 땅에 속한 존재들 안에 하나님의 말씀으로 하나님의 집을 건축하고 계신 것입니다. 그런데 하나님의 집을 건축하려면 반드시 설계도가 있어야 합니다. 왜냐하면 사람이 사는 집을 건축하려 해도 설계도가 없으면 집을 지을 수 없듯이 하나님의 집(성전)도 설계도면이 없으면 지을 수 없기 때문입니다.

그러므로 창세기 1장은 하나님의 집을 건축하기 위한 설계도면과 같은 것입니다. 그런데 하나님께서 제시하신 설계도가 있다 해도 하나님의 집을 건축할 목수가 없거나 혹은 있다 해도 설계도를 보지 못한다면 절대로 하나님의 집을 지을 수 없는 것입니다.

이렇게 세상의 집을 건축할 때나 하나님의 집을 건축할 때도 건축면허가 없거나 건축할 자격이 없으면 설계도면을 볼 수 없고 건축도 할 수 없습니다. 하나님은 하나님이 거하실 집을 건축하기 위해서 창세기 1장에 하나님의 집(성전)을 짓는데 필요한 설계도면을 제시하신 것입니다. 그런데 이러한 하나님의 설계도면을 기독교인들이 영적인 눈으로 보지 못하여 창세기 1장을 우주만물 창조라고 지금도 주장을 하고 있는 것입니다.

때문에 오늘날 목회자들은 영적인 하나님의 성전을 건축하지 못하는 것이며 따라서 예수님과 같이 하나님의 성전을 건축할 수 있는 자격을 갖춘 하나님의 아들들도 기독교 안에 없다는 것입니다.

그러나 하늘의 건축면허를 소지하신 예수님은 하나님의 설계도면에 따라서 예수님의 제자들 안에 삼년 반 동안에 걸쳐서 하나님의 성전을 말씀으로 건축하신 것입니다. 하나님은 이렇게 예수님에 의해서 말씀으로 건축된 하나님의 집, 즉 제자들 안에 들어가셔서 안식하게 된 것이며 이 때 제자들은 하나님이 거하시는 성전(교회)이 완성되어 진 것입니다.

예수님을 목수의 아들이라고 말씀하신 것은 예수님의 아버지, 즉 성부 하나님이 바로 집을 짓는 건축자(목수)라는 뜻입니다.

4. 참 목자와 거짓목자

오늘날 목회자들은 창세기 1장에 나타난 설계도를 영안이 없어 보지 못하기 때문에 천지창조를 자연만물 창조라 주장을 하면서 지금도 건물교회만 화려하게 짓고 있는 것입니다. 하나님께서 세우신 참 목자와 세상의 삯꾼목자가 다른 점은 하나님의 설계도를 영적으로 '보느냐 못 보느냐' 하는데 달려 있습니다.

그런데 창세기의 설계도를 영적인 눈으로 보지 못하는 자들은 창세기만 못 보는 것이 아니라 성경 전체를 보지 못하는 것입니다. 그런데도 불구하고 아직 하나님의 생명으로 거듭나지 못한 자들이 성경을 강해하고 계시록을 풀어서 설교를 하고 있는 것입니다. 때문에 예수님께서 소경된 인도자들을 삯꾼목자 혹은 거짓 선지자라고 말씀하신 것입니다.

이상과 같이 창세기 1장 1절에서 하나님이 창조하셨다는 하늘과 땅은 곧 하늘의 존재와 땅의 존재를 만드셨다는 것입니다. 그런데 성부 하나님(태초)께서 천지창조를 직접 하시는 것이 아니라 성자 하나님, 즉 하나님의 아들들을 통해서 하십니다.

그래서 태초라는 단어는 단수이고 하나님이라는 단어는 복수인 것입니다. 결국 하늘이신 예수님께서 창세기의 말씀대로 땅들(죄인)을 말씀으로 창조하여 하늘들을 만들기 위해서 이 세상에 오신 것입니다. 이렇게 하나님께서 천지를 창조하신다는 뜻은 땅에 속한 죄인들을 구원하여 하늘에 속한 하나님의 아들로 거듭나게 하시는 것입니다.

그러므로 하늘이신 예수님은 하나님의 뜻에 따라 이 세상에 오셔서 그를 믿고 따르는 그의 제자들(땅들)안에 하나님의 말씀으로 삼년 반 동안 하나님의 집을 건축하신 것이며 이때 그의 제자들은 땅이 거듭나서 하늘이 된 것입니다. 하나님은 이렇게 예수님으로 말미암아 하나님의 성전이 건축된 제자들 안에 거하시게 된 것이며, 하나님이 거하시는 제자들은 이때부터 예수님과 같은 건축자가 되어 다시 이웃에 있는 땅들 안에 하나님이 거하실 집을 건축하게 된 것입니다.

이와 같이 창세기 1장은 하나님께서 땅들을 하늘로 창조하여 하나님이 거하실 집을 건축하기 위해서 기록한 설계도이며 시공도면입니다. 하나님께서 창세기 1장을 통해 첫째 날을 여섯째 날로 창조하여 복(생명)을 주시는 목적은 일곱째 날 안에 들어가 안식하시기 위함입니다.

그러므로 오늘날 기독교인들이 하나님의 집을 건축하여 하나님을 모시려면 창세기 1장의 설계도면을 잘 보고 확실하게 알아야 합니다.

5. 땅이 말씀으로 창조를 받아야만 하는 이유

[창세기 1장 2절] 땅이 혼돈하고 공허하며 흑암이 깊음 위에 있고 하나님의 신은 수면에 운행하시니라.

2 וְהָאָרֶץ הָיְתָה תֹהוּ וָבֹהוּ וְחֹשֶׁךְ עַל־פְּנֵי תְהוֹם

테홈	페네이	알	베호쉐크	바보후	토후	하예타	베하아레츠
깊음	위에 있고		흑암이	공허하며	혼돈	하고	땅이

וְרוּחַ אֱלֹהִים מְרַחֶפֶת עַל־פְּנֵי הַמָּיִם׃

함마임	페네이	알	메라헤페트	엘로힘	베루아흐
수	면	에	운행 하시니라	하나님의	신은

2절의 말씀을 보면 하나님께서 땅을 하늘로 창조해야 하는 이유가 분명히 제시되어 있습니다. 왜냐하면 하나님께서 흙으로 만드신 땅은 혼돈하고 공허한 미완성의 상태이기 때문입니다. 여기서 말씀하고 있는 혼돈하고 공허한 땅은 사람의 육체를 말하는 것이 아니라 육체 안에 들어있는 혼(생명), 즉 마음의 상태를 말하는 것입니다.

땅이 혼돈하고 공허하다는 말은 사람의 마음이 텅 비어 있기 때문에 혼미하고 허탈한 상태라는 뜻입니다. 그래서 사람들의 마음이 항상 허전하고 불안한 것입니다.

하나님은 이렇게 사람들의 마음이 텅 비어 있기 때문에 말씀으로 채워서 영원한 생명으로 창조하시려는 것입니다.

그런데 사람들은 허전한 마음을 세상의 욕심, 즉 재물이나 명예나 혹은 권력을 잡아서 채우려하고 있습니다. 그러나 사람들의 마음은 세상의 그 어떤 것으로도 채울 수가 없다는 것을 알아야 합니다.

　세상의 재벌이나 권력을 잡은 유명 인사들도 죽을 때는 불안하고 초조해 하는 것은 혼돈하고 공허한 마음 안을 하나님의 말씀으로 채우지 못했기 때문입니다. 그러므로 하나님은 땅에 속한 미완성의 존재들을 그 안에 하나님의 말씀으로 채워서 하늘에 속한 영원한 존재로 완성시키려는 것입니다. 땅의 존재를 하늘로 창조하기 위해서는 하나님의 신은 물론 흑암의 세력도 반드시 존재해야 하는 것입니다. 왜냐하면 창조는 하나님이 하시지만 잘못된 것을 채찍을 가하며 부수는 것은 흑암이 하는 일이기 때문입니다.

　그러므로 흑암은 땅의 잘못된 부분을 부수고 고치기 위해서 어둠 깊은 곳에서 대기하고 있고, 하나님의 신(성령)은 수면 위, 즉 말씀 위에서 땅을 하늘로 창조하기 위해 준비하고 계신 것입니다. 이렇게 흑암과 하나님의 신은 모두 땅을 하늘로 창조하기 위해서 존재하고 있는 하나님의 일꾼이며 도구인 것입니다. 이와 같이 흑암과 하나님의 신을 창세기 2장에서는 선악과와 생명과로 비유하고 있으며, 시편 23편에서는 주의 지팡이와 막대기로 비유하여 말씀하고 있습니다.

오늘날 기독교인들은 하나님의 신이나 빛은 선한 존재로 흑암은 악한 존재로 알고 있지만 이 두 존재는 모두 땅을 창조하여 하늘로 만들기 위해서 존재하고 있는 도구들인 것입니다. 이렇게 땅이 하나님의 말씀으로 새롭게 창조를 받아야 하는 이유는 하나님의 신, 즉 하나님의 거룩한 영(성령)은 혼돈하고 더러운 존재 안에는 들어가서 안식하실 수 없기 때문입니다. 이것은 예수님의 거룩한 피를 더러운 잔에 담을 수 없듯이 죄 많은 인간들 안에는 성령이 임할 수 없는 것입니다. 그러므로 땅들은 더러운 마음을 깨끗하게 하기 위해서 날마다 말씀으로 씻어야 하는데 이것을 회개(세례)라고 합니다.

하나님은 이렇게 하나님의 말씀으로 깨끗이 청소하여 거룩하게 된 사람들 안에 들어오시는데 이것이 곧 성령의 잉태입니다. 사람들의 마음이 항상 허전하고 불안한 것은 마음속에 있는 죄 성, 즉 욕심이 자리 잡고 있기 때문입니다. 그러므로 신앙생활을 하는 목적은 더러운 욕심을 버리고 하나님의 거룩한 영을 모시기 위해서 해야 하는 것입니다. 그런데 사람들이 신앙생활을 하는 목적이 더러운 마음을 말씀으로 깨끗이 씻고 하나님을 모시려는 것이 아니라 하나님을 통해서 자기 욕심, 즉 세상의 부귀영화를 얻기 위해서 하고 있는 것입니다

그래서 사람의 마음은 오히려 더 더러워지고 화인 맞은 양심같이 더욱 굳어져 가고 있는 것입니다. 흑암은 이렇게 욕심 많은 땅의 존재들을 부수고 회개시키기 위해서 채찍을 들고 있는 것이며 하나님의 신은 회개한 땅들을 말씀으로 창조하여 하늘, 즉 하나님의 아들로 완성하기 위해서 존재하고 있는 것입니다.

6. 하나님께서 있으라고 한 빛의 실체

[창세기 1장 3절] 하나님이 가라사대 빛이 있으라 하시매
빛이 있었고

3 וַיֹּאמֶר אֱלֹהִים יְהִי אוֹר וַיְהִי־אוֹר
오르   바예히   오르   예히   엘로힘   바이오메르
빛이 있었고 빛이 있으라 하나님이 가라사대 하시매

하나님께서 빛이 있으라고 명하여 존재하게 된 빛은 어
떤 빛일까? 하늘 위에 있는 태양일까 아니면 밤하늘을 비
추는 달빛일까? 하나님께서 땅을 하늘로 창조하기 위해서
반드시 있어야 하는 것이 바로 빛입니다. 왜냐하면 어두운
땅을 밝게 비출 수 있는 것이 빛이며 혼돈하고 공허한 존재
(땅), 즉 죄와 사망가운데서 구원할 수 있는 존재가 바로 빛
이기 때문입니다. 그러므로 하나님께서 첫째 날에 빛을 만
드신 것입니다.

하나님께서 창조하신 빛은 하나님의 생명이며, 사랑이
며, 하나님의 능력입니다. 이 빛은 하나님의 아들이신 예수
님과 예수님으로 말미암아 빛으로 창조된 사도들을 말하고
있습니다.

[요한복음 1장 2~5절] 그가 태초에 하나님과 함께 계셨고 만물이 그로 말미암아 지은바 되었으니 지은 것이 하나도 그가 없이는 된 것이 없느니라 그 안에 생명이 있었으니 이 생명은 사람들의 빛이라 빛이 어두움에 비취되 어두움이 깨닫지 못하더라.

상기에서 말씀하고 있는 그는 곧 하나님의 아들이신 예수님을 말씀하며 만물은 세상의 존재들을 말하고 있습니다, 그런데 예수님께서 태초에 하나님과 함께 계셨고 만물이 그(말씀)로 말미암아 지은바 되었다는 것은 예수님으로 말미암아 창조되었다는 말씀입니다. 그런데 오늘날 기독교인들은 예수님으로 말미암아 지은 만물을 세상의 모든 것으로 오해하고 있습니다.

왜냐하면 오늘날 기독교인들은 창세기의 천지창조를 자연만물을 창조하신 것이라 믿고 있기 때문입니다. 그러나 창세기에 하나님께서 창조하신 모든 만물은 영적존재들을 말씀하고 있기 때문에 예수님께서 지으신 만물도 자연만물이 아니라 하나님의 백성들을 말하고 있는 것입니다.

이어지는 말씀에 그 안에 생명이 있다는 것은 말씀 안에 생명이 있다는 말이며 곧 예수님 안에 생명이 있다는 말입니다. 이 생명이신 예수님이 어둠가운데 있는 사람들의 빛으로 오셔서 빛을 비추나 어둠은 깨닫지 못한다고 말씀하고 있습니다.

그런데 깨닫지 못한다는 단어는 원문에 '카타람바노'라고 기록되어 있으며 뜻은 '영접하다' 라는 의미입니다. 그러므로 '어둠이 깨닫지 못한다' 는 의미가 아니라 '어둠의 존재들이 예수님을 영접하지 않았다' 는 뜻입니다.

이렇게 하나님의 아들이신 예수님께서 하나님의 백성들을 구원하기 위해서 유대땅에 오셨으나 어둠에 속한 유대인들은 예수님을 영접하지 않고 오히려 배척을 한 것입니다. 때문에 본문은 예수님이 어둔 세상에 참 빛으로 오셨으나 하나님의 백성들이 영접하지 않았다고 말씀하시는 것입니다.

[창세기 1장 4절] 그 빛이 하나님의 보시기에 좋았더라 하나님이 빛과 어두움을 나누사

וַיַּרְא אֱלֹהִים אֶת־הָאוֹר כִּי־טוֹב וַיַּבְדֵּל 4
바얍델   토브   키   하오르   에트   엘로힘   바야르
나누사   좋았더라   그 빛이   하나님의 보시기에

אֱלֹהִים בֵּין הָאוֹר וּבֵין הַחֹשֶׁךְ :
하호쉐크   우벤   하오르   벤   엘로힘
어두움을   과   빛   하나님이

하나님께서 빛이 있으라고 명하여 존재하게 된 빛을 보시고 좋았다고 말씀하십니다. 그런데 좋았다는 단어는 '토브' 라는 단어로 좋다는 의미도 있지만 주로 선하다는 뜻으로 사용되고 있습니다. 어둠은 빛이 존재할 때만이 어둠으로 나타나는 것입니다. 그런데 만일 빛이 없다면 어둠의 기준이 없기 때문에 어둠이라는 것을 전혀 알 수가 없는 것입니다. 그러므로 하나님께서 말씀하시는 빛과 어둠은 주로 선과 악을 의미하고 있습니다.

사람들이 세상에서 불신자로 살아갈 때에는 죄인이라는 것을 전혀 모르고 있다가 하나님 앞에 나오면 모두 죄인이 되는 것은 바로 이 때문입니다.

또한 애굽교회(세상교회)의 교인들이 이신칭의 교리에 의해서 의인노릇을 하다가 광야의 율법으로 나오면 모두가 죄인으로 나타나며 광야에서 율법을 잘 지키고 있는 자들도 진리 곧 가나안에 계신 예수님 앞에서는 모두 죄인이 되는 것입니다. 그러므로 하나님께서 빛을 만드신 것은 빛과 어둠을 나누시고 어둠이 죄라는 것을 깨닫게 하여 죄 가운데 있는 자들을 구원하기 위함입니다.

7. 낮과 밤의 실체

[창세기 1장 5절] 빛을 낮이라 칭하시고 어두움을 밤이라 칭하시니라 저녁이 되며 아침이 되니 이는 첫째 날이니라

5 וַיִּקְרָ֨א אֱלֹהִ֤ים לָאוֹר֙ יוֹם֙ וְלַחֹ֖שֶׁךְ קָ֣רָא לָ֑יְלָה
라옐라　카라　베라호쉐크　옴　라오르　엘로힘　바이크라
밤이라　칭하시니라　어두움을　낮이라　빛을　(하나님이)　칭하시고

וַֽיְהִי־עֶ֥רֶב וַֽיְהִי־בֹ֖קֶר יוֹם אֶחָֽד׃ פ
에하드　　　옴　　　보케르　바예히　에레브　바예히
첫째　이는 날이니라　아침이　되니　저녁이　되며

하나님께서 빛을 만들어 빛과 어둠을 나누신 후 빛을 낮이라 칭하시고 어둠을 밤이라 칭하셨다고 말씀하고 있습니다. 오늘날 기독교인들은 이 말씀을 보면서 하나님이 이 지구상에 모든 생물들이 살아갈 수 있도록 빛과 어둠을 만드셔서 낮과 밤이 존재하게 된 것이라 믿고 있는 것입니다. 이렇게 빛은 낮이요 어둠은 밤이라는 말씀인데 하나님께서 말씀하고 계신 낮과 밤은 밝은 대낮과 어두운 밤을 말하는 것이 아니라 선과 악의 존재들을 말하고 있습니다.

즉 낮은 빛의 아들들을 말하며 밤은 어둠의 아들들을 말하고 있는 것입니다. 빛이 광명이 아니라 곧 인간의 존재라

는 것은 성경을 보면 잘 알 수가 있습니다.

[마태복음 5장 14~15절] 너희는 세상의 빛이라 산위에 있는 동네가 숨기우지 못할 것이요 사람이 등불을 켜서 말 아래 두지 아니하고 등경 위에 두나니 이러므로 집안 모든 사람에게 비취느니라.

상기의 말씀은 예수님께서 그의 제자들에게 하시는 말씀으로 너희는 세상의 빛이라고 말씀하고 있는 것입니다. 즉 빛은 하늘의 태양이나 밤의 전기등불을 가리키는 것이 아니라 예수님으로부터 빛(말씀)을 받아 빛이 된 예수님의 제자들을 말하고 있는 것입니다.

예수님 당시나 오늘날도 말씀을 가지고 있는 많은 유대인들이나 기독교인들이 있지만 예수님은 유대인들이나 오늘날 기독교인들에게 너희는 세상의 빛이라 말씀하신 적이 없습니다. 왜냐하면 세상의 빛은 참 빛이신 예수님으로부터 빛을 직접 받아 빛이 된 자들만을 빛이라 하기 때문입니다.

[데살로니가 전서 5장 5~6절] 너희는 다 빛의 아들이요 낮

의 아들이라 우리가 밤이나 어두움에 속하지 아니하나니 그러므로 우리는 다른 이들과 같이 자지 말고 오직 깨어 근신할찌라.

상기의 말씀과 같이 성경에서 말씀하고 있는 빛은 진리로 낳은 하나님의 아들들을 말하며 밤은 비 진리로 낳음을 받은 마귀의 아들들을 말하고 있습니다. 빛의 아들들은 자거나 쉬고 있는 자들이 아니라 항상 세상에 빛을 밝혀 어둠 가운데서 죽어 가는 영혼들을 구원하는 자들을 말합니다.

오늘날 기독교인들은 자신들이 세상의 빛과 소금이라 말하고 있습니다. 그러나 예수님께서 말씀하시는 빛과 소금은 오직 예수님이나 하나님의 생명으로 거듭난 하나님의 아들들을 말하고 있습니다. 왜냐하면 아직 하나님의 생명으로 거듭나지 못한 자들 안에는 빛과 소금이 없기 때문입니다.

[요한복음 9장 4~5절] 때가 아직 낮이매 나를 보내신 이의 일을 우리가 하여야 하리라 밤이 오리니 그때는 아무도 일할 수 없느니라 내가 세상에 있는 동안에는 세상의 빛이로라.

상기의 말씀과 같이 세상의 빛은 태양으로부터 나오는 빛을 말하는 것이 아니라 예수님의 입에서 나오는 말씀을 말하고 있습니다. 그러므로 본문에서 낮은 예수님이 계신 동안을 말하며 밤은 예수님이 떠나신 후를 말하고 있는 것입니다. 때문에 예수님은 빛이 있을 동안 빛 안에 거하여 너희도 빛이 되라고 말씀하시는 것입니다.

　이어지는 말씀은 "저녁이 되며 아침이 되니"라는 말씀입니다. 사람들은 아침이 시작되어 저물어 저녁이 되기 때문에 모두 아침이 되고 저녁이 된다고 말합니다. 그런데 하나님은 정 반대로 저녁이 되고 아침이 된다고 말씀하고 계십니다.

　이 말씀은 땅이 변하여 하늘이 되고 어둠이 변하여 빛이 되며 죽은 자가 살아서 하나님의 아들로 거듭나기 때문에 저녁이 되어야 아침이 된다는 뜻으로 말씀하신 것입니다. 즉 혼적인 존재가 완전히 죽어야 하나님의 생명으로 부활(창조) 된다는 것을 비유로 말씀하신 것입니다.

　이상과 같이 하나님께서 첫째 날에 빛과 어둠을 나누신 것은 어둠의 존재를 구원하여 빛의 존재인 하나님의 아들로 창조하기 위함입니다.

8. 물 가운데 있는 궁창

[창세기 1장 6절] 하나님이 가라사대 물 가운데 궁창이 있어 물과 물로 나뉘게 하리라 하시고

 וַיֹּאמֶר אֱלֹהִים יְהִי רָקִיעַ בְּתוֹךְ הַמָּיִם וִיהִי 6
바이오메르 엘로힘 예히 라키아 베토크 함마임 비히
가라사대 하시고 하나님이 있어 궁창이 가운데 물 하리라

מַבְדִּיל בֵּין מַיִם לָמָיִם
맙딜 벤 마임 라마임
나뉘게 과 물 물로

6절에 나타난 말씀 중에 물과 궁창은 과연 무엇을 말하는 것일까? 물이 하나님의 말씀이라는 것을 알고 있는 사람은 더러 있습니다. 그러나 궁창의 실체를 알고 있는 사람은 지금까지 별로 없습니다. 그러면 궁창은 영적으로 과연 무엇을 말씀하신 것일까요? 성경에서 말씀하고 있는 물은 주로 영적으로 말씀을 말하고 있습니다.

문제는 물들이 궁창을 중심으로 하여 궁창 위의 물과 궁창 아래의 물로 나뉜다는 것입니다. 즉 물을 나누는 기준과 푯대가 궁창이라는 것입니다. 물이 말씀이라면 궁창 위에 있는 말씀과 궁창 아래에 있는 말씀은 바로 진리와 비진리를 말하고 있는 것입니다. 즉 궁창은 땅이 하늘로 창조

되는 과정에 있는 애굽-광야-가나안에서 중간에 위치해 있는 광야와 모세의 율법을 말하고 있는 것입니다.

궁창이라는 단어는 원어로 '라키아'(궁창, 넓게 펴진것)로 기록되어 있는데 '라키아'는 '라카'라는 단어에서 유래된 것이며 뜻은 '망치로 탕탕치다, 넓게 펴다'라는 뜻입니다. 즉 '라카'의 뜻은 '우그러진 것이나 단단하게 뭉친 것들을 치고 때려서 원형대로 넓게 편다'는 뜻입니다. 즉 궁창은 애굽의 교리와 기복신앙으로 굳어진 더러운 욕심들을 율법을 통한 시험(불기둥)과 연단(구름기둥)속에서 깨끗하게 회개시키는 광야와 율법을 말하고 있습니다.

그러므로 광야의 모세는 애굽의 존재들을 율법으로 부수고 요단강 가에 있는 세례요한은 말씀으로 길을 평탄케 하고 있는 것입니다. 이렇게 하나님께서 말씀하고 계신 궁창은 광야와 율법을 비사로 말씀하신 것입니다. 그리고 아랫물은 애굽인들이 먹는 유교병, 즉 가감된 말씀(비 진리)을 말하며 윗물은 가나안땅에 있는 생수, 즉 생명의 말씀을 말하는 것입니다.

[누가복음 16장 19~31절] 한 부자가 있어 자색 옷과 고운 베옷을 입고 날마다 호화로이 연락하는데 나사로라 이름한 한

거지가 헌데를 앓으며 그 부자의 대문에 누워 부자의 상에서 떨어지는 것으로 배불리려 하매 심지어 개들이 와서 그 헌데를 핥더라 이에 그 거지가 죽어 천사들에게 받들려 아브라함의 품에 들어가고 부자도 죽어 장사되매 저가 음부에서 고통 중에 눈을 들어 멀리 아브라함과 그의 품에 있는 나사로를 보고 불러 가로되 아버지 아브라함이여 나를 긍휼히 여기사 나사로를 보내어 그 손가락 끝에 물을 찍어 내 혀를 서늘하게 하소서 내가 이 불꽃 가운데서 고민하나이다 아브라함이 가로되 얘 너는 살았을 때에 네 좋은 것을 받았고 나사로는 고난을 받았으니 이것을 기억하라 이제 저는 여기서 위로를 받고 너는 고민을 받느니라 이뿐 아니라 너희와 우리 사이에 큰 구렁이 끼어 있어 여기서 너희에게 건너가고자 하되 할 수 없고 거기서 우리에게 건너 올 수도 없게 하였느니라 가로되 그러면 구하노니 아버지여 나사로를 내 아버지의 집에 보내소서 내 형제 다섯이 있으니 저희에게 증거하게 하여 저희로 이 고통 받는 곳에 오지 않게 하소서 아브라함이 가로되 저희에게 모세와 선지자들이 있으니 그들에게 들을찌니라 가로되 그렇지 아니하나이다 아버지 아브라함이여 만일 죽은 자에게서 저희에게 가는 자가 있으면 회개하리이다 가로되 모세와 선지자들에게 듣지 아니하면 비록 죽은 자 가운데서 살아나는 자가 있을찌라도 권함을 받지 아니하리라 하였다 하시니라.

상기의 말씀에 자색 옷과 고운 베옷을 입고 날마다 호화로이 연락하는 부자는 오늘날 목회자들을 비유한 것이며, 부자의 집 대문에 누워 멸시천대를 받고 있는 나사로는 오늘날 생명의 좁은 길을 걸어가면서 목회자들에게 멸시천대를 받고 있는 이단자, 즉 영적인 나그네, 고아, 과부들을 비유하여 말씀하는 것입니다. 이 두 사람은 모두 하나님을 구주로 믿으며 아브라함을 아버지로 모시고 신앙생활을 열심히 하였던 자들입니다. 그런데 이들이 막상 죽어서 들어간 곳은 같은 곳이 아니라 전혀 다른 곳이었던 것입니다.

세상에서 이단자로 멸시와 천대를 받던 나사로는 아브라함 품으로 들어갔고 보수신앙에 풍요로운 말씀을 가지고 낙을 누리며 신앙생활을 하던 부자는 음부 속으로 들어가 고통을 받고 있는 것입니다. 그런데 음부로 들어간 부자의 고민은 다른 것이 아니라 물이 없어 큰 고통을 받고 있는 것입니다. 그 까닭은 부자가 세상의 물(말씀)은 많이 소유하고 있었으나 나사로가 가지고 있는 생수(생명의 말씀)는 전혀 없었기 때문입니다. 여기서 말하는 물은 세상에서 마시는 음료가 아니라 하나님의 말씀을 말하고 있습니다. 부자는 물이 없어 목이 갈한 것이 아니라 생수, 즉 생명의 말씀이 없어 고통을 받고 있는 것입니다. 그러므로 부자는 자신이 생전에 아버지로 모시고 있던 아브라함에게 물(생수) 한 방울이라도 내려주어 입술이라도 시원하게 해달라고 간청하고 있는 것입니다. 그러나 아브라함은 너와 우리 사이에 큰 구렁이 있어 물(생수)을 보내주고 싶어도 보내줄 수 없다고 말하고 있습니다. 이 큰 구렁이 바로 애굽-광야-가나안에서 광야를 말하고 있는 것입니다.

애굽(세상)에서 신앙생활을 하고 있는 하나님의 백성들이 광야를 통하지 않고는 절대로 가나안에 들어갈 수 없고 애굽의 유교병(비 진리)을 먹고 있는 자들은 가나안땅에 있는 생명의 떡(생명의 말씀)을 먹을 수 없다는 것입니다. 이것은 큰 구렁인 광야가 애굽과 가나안땅 사이(중간)에 자리잡고 있기 때문에 물 한 방울(말씀 한마디)도 오고 갈 수가 없다는 것입니다. 부자는 이러한 사실을 전혀 모르고 신앙생활을 호화롭게 하다가 음부로 들어간 것입니다.

그러므로 부자 자신은 지금 음부로 들어와 고통을 받고 있지만 지금도 이러한 사실을 모르고 세상에서 신앙생활을 잘못하고 있는 자기 형제들을 생각하고 그들은 이곳에 오지 않도록 나사로를 보내어 이 사실을 전해 달라고 아브라함에게 간청을 하고 있습니다. 그러나 아브라함은 이미 선지자와 모세를 네 형제들에게 보내서 이러한 사실을 알려주었다고 말씀하고 있습니다.

그러므로 네 형제들이 지금 보낸 선지자와 모세의 말을 듣지 않는다면 지금 죽은 나사로가 살아서 네 형제들에게 가서 전할지라도 듣지 않는다고 말씀하고 있습니다. 문제는 오늘날 기독교인들에게도 하나님은 모세와 선지자를 변함없이 보내주고 있지만 모두 외면하고 있다는 사실입니다.

그러면 지금 자신이 음부로 들어가는 것도 모르고 하나님께서 보내주신 선지자와 모세를 외면하며 이들을 오히려 이단자로 배척하고 있는 자들은 과연 누구일까? 그것은 상기의 부자처럼 자신은 예수를 믿기 때문에 반드시 천국을 들어간다고 큰소리치고 있는 기독교인들이 아닌가? 성경은 예수님을 믿으며 주여! 주여! 하는 자들이 마지막 때 지옥문 앞에서 이를 갈며 슬피 울고 있는 모습을 보여주고 계십니다.

이들은 과연 어떤 자들일까? 이러한 말씀과 사건들은 하나님께서 오늘날 기독교인들에게 주시는 말씀으로 받아들이지 않으면 안됩니다. 왜냐하면 이 사건은 오늘날 현실

가운데서 지금도 자행되고 있는 일들이기 때문입니다. 그러므로 오늘날 기독교인들은 음부로 내려간 부자와 같이 하나님의 말씀을 많이 안다고 자부하거나 교만해서는 안되며 오늘날 하나님께서 보내주시는 선지자나 요한의 외침에 귀를 기울여야 합니다. 설령 이들이 전하는 말씀이 기이하고 지금까지 교회에서 들은 말씀과 전혀 다르다 해도 말입니다. 왜냐하면 오늘날 하나님의 아들(하늘)이 전해주는 영적인 말씀들은 지금까지 세상교회로부터 들어온 말씀과 전혀 다르기 때문입니다.

[창세기 1장 7절] 하나님이 궁창을 만드사 궁창 아래의 물과 궁창 위의 물로 나뉘게 하시매 그대로 되니라

7 וַיַּעַשׂ אֱלֹהִים אֶת הָרָקִיעַ וַיַּבְדֵּל בֵּין הַמַּיִם אֲשֶׁר
아쉐르 함마임 벤 바얍델 헤라키아 에트 엘로힘 바야아스
물 과 나뉘게 하시매 궁창을 하나님이 만드사

מִתַּחַת לָרָקִיעַ וּבֵין הַמַּיִם אֲשֶׁר מֵעַל לָרָקִיעַ וַיְהִי כֵן:
켄 바예히 라라키아 메알 아쉐르 함마임 우벤 라라키아 밋타하트
그대로 되니라 궁창 위의 물 로 궁창 아래의

하나님께서 궁창을 만드신 것은 궁창을 중심으로 하여 윗물과 아랫물로 나누시기 위함입니다. 물은 위에서 밝힌 바와 같이 하나님의 말씀을 말하는데, 궁창 아래의 물은 애

굽의 유교병으로 하나님의 말씀을 가감하여 만든 교리나 유전을 말하며, 윗물은 가나안 땅의 생수, 즉 하나님의 아들이 주는 생명의 말씀을 말합니다. 그러므로 예수님께서 수가성 우물가의 여인에게 이 물을 먹으면 다시 목마르지만 내가 주는 물을 먹으면 영원히 목마르지 않는다고 말씀하신 것입니다. 예수님께서 주시는 생수가 바로 궁창 위의 물, 즉 생명의 말씀입니다.

[요한복음 4장 10~14절] 예수께서 대답하여 가라사대 네가 만일 하나님의 선물과 또 네게 물좀 달라하는 이가 누구인줄 알았더면 네가 그에게 구하였을 것이요 그가 생수를 네게 주었으리라 여자가 가로되 주여 물 길을 그릇도 없고 이 우물은 깊은데 어디서 이 생수를 얻겠삽나이까 우리 조상 야곱이 이 우물을 우리에게 주었고 또 여기서 자기와 자기 아들들과 짐승이 다 먹었으니 당신이 야곱보다 더 크니이까 예수께서 대답하여 가라사대 이 물을 먹는 자마다 다시 목마르려니와 내가 주는 물을 먹는 자는 영원히 목마르지 아니하리니 나의 주는 물은 그 속에서 영생하도록 솟아나는 샘물이 되리라.

상기의 말씀은 예수님과 수가성 우물가 여인의 대화 속

에서 아랫물과 윗물을 자세히 나타내고 있습니다. 예수님과 여인의 대화를 보면 지금 마시는 물을 가지고 생수냐 우물물이냐를 논하고 있는 것이 아니라는 것을 알 수 있습니다. 왜냐하면 먹는 물은 이 세상에서 아무리 좋은 생수라해도 계속해서 먹지 않으면 목이 마르게 되며 영원히 목마르지 않게 할 수 있는 물은 없기 때문입니다. 그러므로 상기에서 말하는 물은 식수가 아니라 하나님의 말씀을 비유하여 말하고 있는 것입니다. 상기의 야곱 때부터 지금까지 내려오는 우물은 오늘날 교회를 상징한 것이며 야곱의 자손들이 지금까지 먹고 있는 물은 오늘날 교회에서 목회자들이 주는 말씀을 비유한 것입니다.

이와 같이 교회에서 목회자들이 주는 말씀은 먹고 또 먹어도 다시 갈하지만 예수님, 즉 하나님의 아들들이 주는 생명의 말씀은 먹으면 영원히 목마르지 않게 된다는 말씀입니다. 오늘날 기독교인들은 이 말씀을 통해서 하나님의 말씀이 모두 같은 말씀이 아니라 산 자(거듭난 자)와 죽은 자(거듭나지 못한 자)가 주는 말씀이 다르며 또한 영적인 차원에 따라 목자도 각기 다르다는 것을 알아야 합니다.

애굽의 목자(제사장)들이 주는 말씀은 유교병(교리)이며 광야의 목자(모세)가 주는 말씀은 무교병(율법)이며 가나안의 참 목자(예수님)가 주는 말씀은 생명의 떡, 곧 생명의 말씀을 말합니다.

[창세기 1장 8절] 하나님이 궁창을 하늘이라 칭하시니라 저녁이 되며 아침이 되니 이는 둘째 날이니라.

8 וַיִּקְרָא אֱלֹהִים לָרָקִיעַ שָׁמָיִם וַיְהִי־עֶרֶב
에레브　바예히　쇼마임　라라키아　엘로힘　바이크라
저녁이　되며　하늘이라　궁창을　하나님이　칭하시니라

וַיְהִי־בֹקֶר יוֹם שֵׁנִי׃ פ
쉐니　욤　보케르　바예히
둘째　이는 날이니라　아침이　되니

　하나님께서 윗물과 아랫물을 나누는 궁창을 하늘이라 칭하신다고 말씀하고 있습니다. 그런데 1장 14절에 다시 주야를 나뉘게 하는 하늘의 궁창이 등장되고 있습니다. 그러면 아랫물과 윗물을 나누는 궁창과 낮과 밤을 나누는 궁창은 무엇을 말하는 것일까? 하나님은 물과 물을 나누는 궁창이나 주야를 나누는 궁창이나 모두 하늘이라 말씀하고 있습니다. 때문에 원문에 하늘이라는 단어가 복수로 하늘들이라고 기록되어 있는 것입니다.
　이렇게 물과 물을 나누는 궁창과 주야를 나누는 궁창이 모두 하늘이라 해도 차원적인 면에서 차이가 있다는 것을 알아야 합니다. 즉 물과 물을 나누는 궁창은 둘째 하늘이요 주야를 나누는 궁창은 셋째 하늘을 말하고 있습니다. 사도 바울이 고린도후서 12장을 통해서 셋째 하늘을 말씀하신 것은 바로 이때문인 것입니다.

[고린도후서 12장 1~4절] 무익하나마 내가 부득불 자랑하노니 주의 환상과 계시를 말하리라 내가 그리스도 안에 있는 한 사람을 아노니 십 사년 전에 그가 세째 하늘에 이끌려 간 자라 (그가 몸 안에 있었는지 몸 밖에 있었는지 나는 모르거니와 하나님은 아시느니라) 내가 이런 사람을 아노니 (그가 몸 안에 있었는지 몸 밖에 있었는지 나는 모르거니와 하나님은 아시느니라) 그가 낙원으로 이끌려가서 말할 수 없는 말을 들었으니 사람이 가히 이르지 못할 말이로다.

상기의 말씀은 사도바울이 십사 년 전에 자신이 입신을 하여 셋째 하늘에 올라가 보았다는 것입니다. 사도바울이 올라가 본 셋째 하늘은 바로 하나님이 계신 천국을 말합니다. 그러면 하늘이 첫째 하늘, 둘째 하늘, 셋째 하늘로 셋이 있다는 것입니다. 과연 그럴까? 그러면 이 세 하늘들은 과연 어느 곳을 말하고 있을까? 하나님께서 말씀하고 계신 첫째 하늘은 별(제사장, 목사)들이 존재하는 애굽을 말하며 달(모세)이 존재하는 광야는 둘째 하늘이라 말하며 해(예수)가 존재하는 가나안은 셋째 하늘이라 비사로 말씀하신 것입니다. 즉 제사장들이 있는 애굽은 첫째 하늘이요, 모세(율법)가 계신 광야는 둘째 하늘이요 예수님(진리)이 계신 가나안은 셋째 하늘이라는 것입니다.

사도바울은 십 사년 전, 즉 하나님의 아들로 거듭나기 전에 셋째 하늘에 올라가서 사람들에게 감히 말할 수 없는 말을 들었다고 말씀하고 있습니다. 오늘날 기독교인들은 사도바울이 삼층천에서 들었던 가히 이르지 못할 말은 어떤 말씀일까 하고 몹시 궁금해 하지만 성경에 사도바울이 들은 말씀을 언급하지 않고 있어 알 수가 없었습니다. 그래서 삼층천의 기이한 말씀을 지금까지 어느 누구도 설명을 해주지 못했던 것입니다. 그러나 성경을 자세히 보면 삼층천의 말씀이 어떤 말씀인지 누구나 알 수 있습니다.

성경을 보면 노아의 방주가 삼층으로 되어 있고 솔로몬이 건축한 예루살렘 성전도 삼층으로 되어 있는 것을 볼 수 있습니다. 이것은 영적인 세계와 차원적인 말씀을 비유하여 말씀하고 있는 것입니다. 예를 들면 유, 초등생들이 있는 곳은 일층천이요, 중, 고등학생들이 있는 곳은 이층천이요, 대학교와 대학원생들이 있는 곳은 삼층천이라는 것입니다. 이렇게 학문의 등급과 차원이 각기 다르기 때문에 유치원생들은 중학생들이 하는 말을 알아들을 수 없고 중학생들은 대학생들이 하는 말을 알아듣지 못하는 것입니다.

이와 같이 애굽의 교리신앙에 머물고 있는 자들은 광야의 율법을 모르고 율법에 매여 있는 자들은 가나안의 진리의 말씀을 모르는 것입니다. 이 때문에 오늘날 기독교인들도 아직 교리와 초등학문에 머물고 있는 자들은 하나님의 뜻이나 영적인 말씀을 듣지도 못하고 보아도 알 수가 없는 것입니다.

이렇게 셋째 하늘의 말씀은 첫째 하늘과 둘째 하늘을 통해서 가나안 땅에 들어간 자들만이 듣고 알 수 있는 말씀들입니다. 이와 같이 둘째 날에 하나님께서 궁창을 하늘이라 칭하신 것은 하늘의 세계, 즉 영적인 말씀의 세계를 말씀하고 있는 것입니다.

9. 궁창 아래의 물과 궁창위의 물

[창세기 1장 9절] 하나님이 가라사대 천하의 물이 한곳으로 모이고 뭍이 드러나라 하시매 그대로 되니라.

9 וַיֹּאמֶר אֱלֹהִים יִקָּווּ הַמַּיִם מִתַּחַת הַשָּׁמַיִם אֶל־

엘	핫쇼마임	밋타하트	함마임	익카부	엘로힘	바이오메르
으로	천	하의	물이	모이고	하나님이	가라사대 하시매

מָקוֹם אֶחָד וְתֵרָאֶה הַיַּבָּשָׁה וַיְהִי־ כֵן:

켄	바예히	하얍바쇼	베테라에	에하드	마콤
그대로	되니라	물이	드러나라	한	곳

하나님께서 궁창을 만드시고 궁창 아래 물과 궁창 위의 물로 나누신 후, 그 하늘 아래에 있는 물들을 모두 한 곳으로 모이게 하신 것은 뭍(육지)과 물(바다)로 나누시기 위한 것입니다. 즉 하나님께서 육지의 세계와 바다의 세계를 만드셨다는 것입니다. 그러면 영적인 육지와 바다는 어느 곳을 말하는가? 바다는 영적으로 애굽(세상)을 말하며 육지는 광야를 말합니다. 왜냐하면 바다는 물고기(쉐레쯔)들이 사는 곳이며 육지는 짐승들이 사는 곳이기 때문입니다. 이렇게 바다는 물고기들이 교리를 중심으로 하여 기복적인 종교생활을 하는 곳이며 육지는 걷는 짐승들이 율법을 중심으로 훈련을 받는 곳을 말합니다.

오늘날 기독교인들이 차량 뒤에 물고기 표시를 하고 다니는 것이나 건물에 물고기 표시를 하는 것은 자신이 애굽(세상교회)인이라는 것을 나타내는 것입니다. 이렇게 바다에 사는 물고기들은 애굽에서 기복적인 신앙생활을 하고 있는 하나님의 백성을 비유한 것이며 육지(뭍)에 사는 짐승들은 출애굽하여 광야에서 율법을 통한 훈련을 받고 있는 자들을 말합니다.

　　이스라엘 백성들이 애굽에서 사백 삼십 년 동안 종교생활을 하다가 하나님의 종 모세를 통해서 광야로 출애굽을 할 때 홍해바다를 건너는 것은 애굽이 곧 바다라는 것을 비유하여 말씀하고 있는 것입니다.

[창세기 1장 10절] 하나님이 뭍을 땅이라 칭하시고 모인 물을 바다라 칭하시니라 하나님의 보시기에 좋았더라

10 וַיִּקְרָא אֱלֹהִים לַיַּבָּשָׁה אֶרֶץ וּלְמִקְוֵה הַמַּיִם

| 함마임 | 울레미크베 | 에레쯔 | 라얍바샤 | 엘로힘 | 바이크라 |
| 물을 | 모인 | 땅 | 물을 | 하나님이 | 이라 칭하시고 |

קָרָא יַמִּים וַיַּרְא אֱלֹהִים כִּי־ טוֹב:

| 토브 | 키 | 엘로힘 | 바야르 | 얌밈 | 카라 |
| 좋았더라 | | 하나님의 | 보시기에 | 바다 | 라 칭하시니라 |

하나님께서 9절에 뭍(육지)과 물(바다)을 나누신 후 뭍

을 땅(육지)이라 칭하시고 모인 물을 바다(세상)라 칭하시고 보시기에 좋으셨다고 말씀하시는 뭍과 바다는 곧 애굽(바다)과 광야(뭍)를 말씀하고 있는 것입니다. 이것은 하나님의 백성들이 존재하는 세계를 차원적으로 나누신 것인데 바다는 애굽이요, 뭍(땅)은 광야이며, 하늘은 가나안을 비유로 말씀한 것입니다. 이렇게 이스라엘 백성들이 걸어간 애굽, 광야, 가나안은 하나님의 백성들이 창조되는 과정, 즉 하나님의 아들로 거듭나는 과정을 말씀하신 것입니다. 그러므로 하나님의 백성들이 하나님의 아들로 거듭나려면 반드시 하나님이 정하신 이 길을 따라가야 합니다. 이 길을 아브라함을 비롯한 수많은 믿음의 조상들이 따라간 것인데 주님께서 이 길을 바로 생명의 좁은 길이라 말씀하신 것입니다. 하나님께서 정하신 이 길은 지금도 변함없이 존재하고 있는 길이며 하나님의 아들로 거듭나려면 오늘날 기독교인들도 반드시 걸어가야 하는 길입니다.

그러므로 오늘날 기독교인들도 하나님의 아들로 거듭나서 천국으로 들어가려면 예수를 믿기만 하면 어느 누구나 천국을 쉽게 들어간다는 넓고 평탄한 멸망의 길에서 벗어나 좁고 협착하여 찾는 이조차 적은 생명의 길을 따라가야 하는 것입니다.

[창세기 1장 11절] 하나님이 가라사대 땅은 풀과 씨 맺는 채소와 각기 종류대로 씨 가진 열매 맺는 과목을 내라 하시매 그대로 되어.

11 וַיֹּאמֶר אֱלֹהִים תַּדְשֵׁא הָאָרֶץ דֶּשֶׁא עֵשֶׂב מַזְרִיעַ

| 마즈리아 | 에세브 | 데쉐 | 하아레츠 | 타데쉐 | 엘로힘 | 바이오메르 |
| 맺는 | 채소와 | 풀과 | 땅은 | 내라 | 하나님이 | 가라사대 하시매 |

זֶרַע עֵץ פְּרִי עֹשֶׂה פְּרִי לְמִינוֹ אֲשֶׁר זַרְעוֹ־בוֹ

| 보 | 자르오 | 아쉐르 | 레미노 | 페리 | 오세 | 페리 | 에쯔 | 제라 |
| 가진 | 씨 | | 각기 종류대로 | 열매 | 맺는 | 과 | 목을 | 씨 |

עַל־הָאָרֶץ וַיְהִי־כֵן:

| 켄 | 바예히 | 하아레츠 | 알 |
| 그대로 | 되어 | (땅) | (위에) |

하나님께서 땅은 풀과 씨 맺는 채소와 각기 종류대로 씨가진 열매 맺는 과목을 내라고 말씀하고 계십니다. 그러면 이러한 풀과 채소 그리고 열매 맺는 나무들은 영적으로 과연 어떤 것들일까? 천지만물이 존재라면 당연히 풀과 씨 맺는 채소나 씨가진 열매 맺는 과목도 존재라야 합니다.

예수님께서 나는 포도나무요 너희(제자들)는 가지라고 말씀하시며, 이스라엘 백성들은 무화과나무라고 말씀하신 것은 바로 이 때문입니다. 이렇게 성경은 풀이나 나무도 모두 인간들의 존재를 차원에 따라서 비유로 말씀하고 있는 것입니다. 이사야서 37장을 보면 풀이 존재라는 것을 분명히 알 수 있습니다.

[이사야 37장 26절-27절] 네가 어찌 듣지 못하였겠느냐 이 일들은 내가 태초부터 행한 바요 상고부터 정한 바로서 이제 내가 이루어 너로 견고한 성을 헐어 돌무더기가 되게 하였노라 그러므로 그 거민들이 힘이 약하여 놀라며 수치를 당하여 들의 풀 같이, 푸른 나물 같이, 지붕의 풀 같이, 자라지 못한 곡초 같았었느니라.

상기의 말씀은 하나님께서 내가 태초부터 행하고 정한 일을 네가 어찌 듣지도 못하고 있느냐고 책망을 하시는 것입니다. 하나님은 하나님의 말씀을 듣지 못하는 패역한 백성들을 풀이나 나물 그리고 밀집이나 돌무더기로 비유하여 말씀하고 있습니다.

이와 같이 풀과 씨 맺는 채소와 각기 종류대로 씨 가진 열매 맺는 과목을 생산하라는 말씀은 존재들을 비유한 것으로 풀은 애굽의 존재를 말하며 씨 맺는 채소는 광야의 존재를 말하며 씨를 가지고 열매를 맺는 나무는 가나안의 존재를 말씀하신 것입니다.

그러므로 애굽에 있는 풀들은 하루속히 성장을 하여 광야의 채소로 거듭나야 하며 광야에서 씨 맺는 채소는 광야의 시험과 연단을 모두 마치고 가나안으로 들어가 씨 가지고 열매 맺는 나무로 거듭나야 합니다.

　그리고 가나안 땅에 들어가서 씨 가지고 열매 맺는 존재들은 하나님의 아들이 되어 이웃에 죽은 영혼들을 살려서 하나님이 기뻐 받으시는 열매로 드려야 하는 것입니다.

10. 땅이 내는 풀과 씨 맺는 채소와 열매 맺는 나무

[창세기 1장 12절] 땅이 풀과 각기 종류대로 씨 맺는 채소와 각기 종류대로 씨 가진 열매 맺는 나무를 내니 하나님의 보시기에 좋았더라.

12 וַתּוֹצֵא הָאָרֶץ דֶּשֶׁא עֵשֶׂב מַזְרִיעַ זֶרַע לְמִינֵהוּ

레미네후 제라 마즈리아 에세브 데쉐 하아레쯔 받토쩨

각기 종류대로 씨 맺는 채소와 풀과 땅이 내니

וְעֵץ עֹשֶׂה פְּרִי אֲשֶׁר זַרְעוֹ בוֹ לְמִינֵהוּ וַיַּרְא

바야르 레미네후 보 자르오 아쉐르 페리 오세 베에쯔

보시기에 각기 종류대로 가진 씨 열매 맺는 나무를

אֱלֹהִים כִּי־ טוֹב:

토브 키 엘로힘

좋았더라 하나님이

상기의 말씀은 하나님의 명에 따라 땅이 풀과 각기 종류대로 씨 맺는 채소를 내고 또한 각기 종류대로 씨가진 열매 맺는 나무를 내니 하나님께서 보시고 만족하셨다는 것입니다. 왜냐하면 하나님은 소출을 바라는 농부와 같이 땅에 심은 채소나 과목이 열매를 맺지 않으면 가지를 절단하거나 모두 뽑아 버리기 때문입니다. 농부가 봄에 씨를 뿌리고 비료를 주며 채소나 과일나무를 열심히 가꾸는 것은 가을에 열매들을 추수하려는 목적 때문입니다. 그런데 나무

80

가 잎만 무성하고 열매를 맺지 않는다면 농부는 그 나무 가지를 제거할 수밖에 없는 것입니다.

[요한복음 15장 1~2절] 내가 참 포도나무요 내 아버지는 그 농부라 무릇 내게 있어 과실을 맺지 아니하는 가지는 아버지께서 이를 제해 버리시고 무릇 과실을 맺는 가지는 더 과실을 맺게 하려하여 이를 깨끗케 하시느니라.

상기의 말씀에서 하나님은 농부로 예수님은 포도나무로 그리고 그의 제자들은 가지로 비유하여 말하고 있습니다. 농부가 포도나무와 그 가지에게 바라고 기다리는 것은 포도열매입니다. 때문에 농부는 포도나무에 비료와 물을 주는 것이며 포도나무는 몸의 진액을 몸에 붙어있는 가지에 공급하여 좋은 열매 맺기를 바라는 것입니다. 그런데 가지가 그 진액으로 자기 몸만 배불리고 열매를 맺지 않으면 농부는 그 가지를 잘라 버린다는 것입니다. 이렇게 들포도나무에서 참 포도나무로 접붙임을 받기도 어렵지만 참 포도나무에 붙어있다 해도 열매를 맺지 않으면 잘리움을 받게 된다는 것입니다.

만일 이 말씀이 비유가 아니라면 과수원에 있는 포도나

무가 예수님이요 포도원 주인은 하나님이라는 말입니다. 그러면 사람들이 즐겨먹고 있는 포도나 포도주는 예수님이 라는 말인가? 이와 같이 성경에 기록된 말씀들은 모두 비 유와 비사로 말씀하고 있는 것입니다.

그러므로 땅이 풀과 각기 종류대로 씨 맺는 채소와 각 기 씨가진 열매 맺는 나무를 내었다는 것은 애굽의 존재와 광야의 존재와 가나안의 존재를 만들어 내었다는 것입니 다.

[창세기 1장 13절] 저녁이 되며 아침이 되니 이는 셋째 날이 니라.

פ : שְׁלִישִׁי   יוֹם   בֹּקֶר   וַיְהִי   עֶרֶב   וַיְהִי 13
쉘리쉬   옴   보케르   바예히   에레브   바예히
세째   이는 날이니라   아침이   되니   저녁이   되며

하나님께서 땅이 풀과 씨 맺는 채소와 씨가진 열매 맺 는 나무를 낼 때를 셋째 날이라고 말씀하고 있습니다. 그런 데 이러한 날들은 시간적인 개념의 날들이 아니라 창조되 는 피조물들의 과정을 차원적으로 말씀하고 있는 것입니 다.

첫째 날이 풀(애굽의 존재)이면 둘째 날은 씨 맺는 채소

(광야의 존재)이며 셋째 날은 씨를 가지고 열매 맺는 나무 (가나안의 존재)로 비유하여 말씀하신 것입니다.

이것은 마치 사람이 성장하는 과정 속에 어린아이의 시절이 있고, 청년의 시절이 있고, 어른의 시절이 있는 것과 같은 것입니다. 또한 대학생이 되려면 유, 초등학교를 마치고 중, 고등학교를 거쳐 대학으로 들어가는 것과 같은 것입니다. 이렇게 셋째 날은 삼차원의 영적인 존재를 말하고 있습니다.

그러므로 사도바울은 그리스도의 초보신앙에 안주하고 있는 하나님의 백성들을 향해 너희가 지금은 마땅히 선생이 되어 있어야 하는데 아직도 젖이나 먹고 단단한 식물을 먹지도 못하는 어린아이라고 한탄하시는 것입니다. 때문에 사도바울은 오늘날 기독교인들에게도 그리스도의 장성한 분량까지 자라라고 말씀하고 있는 것입니다.

11. 하늘의 궁창과 광명들

[창세기 1장 14절] 하나님이 가라사대 하늘의 궁창에 광명이 있어 주야를 나뉘게 하라 또 그 광명으로 하여 징조와 사시와 일자와 연한이 이루라.

וַיֹּאמֶר אֱלֹהִים יְהִי מְאֹרֹת בִּרְקִיעַ הַשָּׁמַיִם 14

| 바이오메르 | 엘로힘 | 예히 | 메오로트 | 빌키아 | 핫솨마임 |
| 가라사대 하시고 | 하나님이 | 있어 | 광명이 | 궁창에 | 하늘의 |

וְהָיוּ לְהַבְדִּיל בֵּין הַיּוֹם וּבֵין הַלָּיְלָה

| 레합딜 | 벤 | 하욤 | 우벤 | 할라옐라 | | 베하유 |
| 나뉘게 하라 | 주 | | 야를 | | 또 그 광명으로 하여 이루라 |

לְאֹתֹת וּלְמוֹעֲדִים וּלְיָמִים וְשָׁנִים:

| 레오토트 | 울레모아딤 | 울레야밈 | 베솨님 |
| 징조와 | 사시와 | 일자와 | 연한이 |

14절의 말씀은 하나님께서 하늘의 궁창에 광명이 있게 하신 후 낮과 밤을 나누시고 광명으로 하여금 징조와 사시와 일자와 연한을 이루라고 명하신 것입니다. 오늘날 기독교인들도 광명이 빛이라는 것은 누구나 잘 알고 있다고 생각합니다. 그런데 징조와 사시와 일자와 연한은 과연 무엇을 말씀하고 있는 것일까? 아무리 보고 또 보아도 알 수 없고 이해할 수조차 없는 말씀입니다.

그러나 성경에서 광명이 하는 일들은 여러 가지가 아니라 오직 어둠을 밝히는 일, 즉 죽은 영혼을 구원하여 살리는 것입니다.　그러므로 하나님께서 광명(해, 달, 별)에게 징조와 사시와 일자와 연한을 이루라고 명하시는 말씀은 곧 하나님의 백성들을 구원하여 하나님의 아들로 만들라는 뜻이 담겨 있습니다. 그러면 징조와 사시와 일자와 연한은 구체적으로 무엇을 말하는 것일까? 이 말씀의 영적인 의미를 알기 위해서는 성경에 기록된 단어들을 원어를 통해서 하나 하나 깊이 살펴보아야 합니다.

　징조는 '오트' 라는 단어로 뜻은 '깃발, 신호, 횃불, 푯대, 증거' 라는 뜻으로 사용되며 그리고 사시는 '모아드' 라는 단어로 뜻은 '지정한, 선택한, 회중, 집회' 등의 의미입니다. 또한 일자는 '욤' 으로 일출부터 일몰까지의 시간, 즉 날이라는 뜻이며 '지속적인, 영구히' 라는 의미도 가지고 있습니다.

　마지막 단어인 연한은 '솨나' 에서 유래된 단어로 뜻은 '년, 해, 시대' 그리고 '변경시키다, 변화하다' 라는 뜻입니다. 그러므로 광명으로 징조와 사시와 일자와 연한을 이루라는 말씀은 광명, 즉 하나님의 아들들을 통해서 하나님의 백성들 가운데 구원할 자를 택하여(사시) 이 세상사는 동안에(일자) 모든 죄를 회개시켜 정결한 처녀와 같이 만들어 (연한) 하나님의 아들(징조)로 거듭나게 하라는 뜻입니다.

이렇게 하나님께서 광명으로 하여금 징조와 사시와 일자와 연한을 이루라고 말씀하신 뜻은 하나님께서 만드신 광명들(해와 달과 별), 즉 하나님의 말씀을 가지고 있는 종과 선지자들과 아들들을 통해서 이웃에 죽어 가는 영혼들을 구원하여 하나님의 아들로 거듭나게 하라는 뜻입니다.

이렇게 작은 광명인 별은 애굽교회의 목자를 말하며 중간의 광명인 달은 광야의 모세를 말하며 큰 광명인 해는 가나안에 계신 예수님을 말씀하고 있는 것입니다.

[창세기 1장 15절] 또 그 광명이 하늘의 궁창에 있어 땅에 비취라 하시고 (그대로 되니라)

15 וְהָיוּ לִמְאוֹרֹת בִּרְקִיעַ הַשָּׁמַיִם לְהָאִיר עַל

베하유	림오로트	비르키아	핫솨마임	레하이르	알
또 있어	그 광명이	궁창에	하늘의	비취라	에

הָאָרֶץ וַיְהִי כֵן׃

하아레쯔	바예히	켄
땅	되니라	그대로

상기의 말씀을 보면 6절에 윗물과 아랫물 사이에 있는 궁창이 있고 광명이 존재하고 있는 하늘의 궁창이 있다는 것을 알 수 있습니다. 물 가운데 있는 궁창은 아래 물과 윗물을 나누는 궁창이지만, 하늘에 있는 궁창은 광명, 즉 빛을 소유하고 있는 궁창을 말하고 있습니다.

　　하나님께서 하늘의 궁창 안에 있는 광명은 땅을 비추라고 말씀하고 있습니다. 그런데 광명을 소유하고 있는 하늘의 궁창은 과연 무엇을 말하고 있을까? 광명을 소유하고 있는 하늘의 궁창은 성령 곧 하나님의 말씀을 비사로 말씀하고 있습니다.

　　왜냐하면 말씀이 곧 하나님으로 참 빛이며 말씀이 육신되신 예수님은 하나님 안에 계시기 때문입니다. 그러므로 하늘의 궁창은 하나님의 세계, 즉 말씀의 세계(그리스도, 성령)를 말하고 있는 것입니다. 왜냐하면 애굽의 제사장이나 광야의 모세나 그리고 가나안에 계신 예수님과 사도들이 모두 하늘의 궁창 곧 말씀 안에 계신 하나님의 종이며 하나님의 아들이기 때문입니다.

[요한복음 1장 1~5절] 태초에 말씀이 계시니라 이 말씀이 하나님과 함께 계셨으니 이 말씀이 곧 하나님이시라 그가 태초

에 하나님과 함께 계셨고 만물이 그로 말미암아 지은바 되었으니 지은 것이 하나도 그가 없이는 된 것이 없느니라 그 안에 생명이 있었으니 이 생명은 사람들의 빛이라 빛이 어두움에 비취되 어두움이 깨닫지 못하더라.

상기의 말씀에 태초는 창세기 1장 1절의 태초와 동일한 단어로 시작이라는 시제의 의미가 아니라 존재 곧 성부하나님을 말씀하고 있습니다. 왜냐하면 말씀 곧 성자 하나님이 성부 하나님(예수님)과 함께 계셨고 만물은 그(예수님)로 말미암아 창조되었다고 말씀하고 있기 때문입니다. 그리고 예수님 안에 있는 생명은 하나님의 영원한 생명이라 말씀하고 있으며 또한 이 생명은 사람들을 구원하고 살리는 빛이라 말씀하고 있습니다.

이렇게 하늘의 궁창은 하나님의 말씀을 말하며 궁창에 계신 광명은 예수님을 말씀하고 있는 것입니다. 이렇게 궁창 안에 계신 예수님은 죄 가운데서 죽어가는 어둠의 존재들을 구원하시기 위해서 참 빛으로 오신 것입니다. 때문에 예수님을 성령으로 잉태되어 말씀이 육신이 되어 오신 하나님의 아들이라 말하는 것이며 또한 예수님을 참 빛이라 말씀하고 있는 것입니다.

이렇게 하늘의 궁창(하나님의 말씀) 안에는 큰 광명(예수님), 작은 광명(모세), 별들(제사장)이 존재하고 있는 것입니다.

[다니엘서 12장 3절] 지혜있는 자는 궁창의 빛과 같이 빛날 것이요 많은 사람을 옳은데로 돌아오게 한 자는 별과 같이 영원토록 비취리라.

상기의 말씀과 같이 하나님의 지혜가 있는 자, 즉 하나님의 말씀을 소유하고 있는 자들은 궁창의 빛같이 빛을 발하여 어둠 가운데 있는 죄인들을 구원하는 자들이며 이들이 바로 어두운 세상에 빛이 되어 영원토록 빛을 비추는 자들이라는 것입니다.

[창세기 1장 16절] 하나님이 두 큰 광명을 만드사 큰 광명으로 낮을 주관하게 하시고 작은 광명으로 밤을 주관하게 하시며 또 별들을 만드시고

וַיַּעַשׂ 16	אֱלֹהִים	אֶת	שְׁנֵי	הַמְּאֹרֹת	הַגְּדֹלִים	אֶת־
바야아스 만드사	엘로힘 하나님이	에트	쉐네이 두	함메오로트 광명을	학게돌림 큰	에트

הַמָּאוֹר הַגָּדֹל לְמֶמְשֶׁלֶת הַיּוֹם וְאֶת הַמָּאוֹר
함마오르 베에트 하욤 레멤쉘레트 학가돌 함마오르
광명으로 낮을 주관하게 하시고 큰 광명으로

הַקָּטֹן לְמֶמְשֶׁלֶת הַלַּיְלָה וְאֵת הַכּוֹכָבִים:
학코카빔 베에트 할라일라 레멤쉘레트 학카톤
별들을 또 만드시고 밤을 주관 하게 하시며 작은

     하나님이 궁창 안에 큰 광명과 작은 광명을 만드신 것은 큰 광명으로 하여금 낮을 주관하게 하고 작은 광명으로는 밤을 주관하게 하시려는 것입니다. 육신의 눈으로 바라보면 하늘의 큰 광명은 빛을 스스로 발하는 태양이며 작은 광명은 큰 광명으로부터 빛을 받아서 비추는 달이라 말할 수밖에 없습니다.

     그러나 큰 광명과 작은 광명은 해와 달을 말하는 것이 아니라, 빛을 발하는 큰 광명은 하나님의 아들이신 예수님을 말하며, 작은 광명은 하나님의 종 모세를 비유하여 말씀하고 있는 것입니다. 그러면 큰 광명이 주관하는 낮과 작은 광명이 주관하고 있는 밤은 무엇을 말씀 하실까?

     위에서 말씀드린 바와 같이 큰 광명이 주관하는 낮은 가나안 땅에 이른 빛의 자녀들을 말하며 밤은 광야에서 훈련받고 있는 하나님의 종들을 말합니다. 하나님께서 궁창에 해와 달을 만드신 후 별들을 만드신 것은 별들로 하여금 칠흑같이 어두운 세상, 즉 애굽의 피조물들(하나님의 백성)을 비춰주기 위함인데 별들은 제사장 곧 오늘날 목회자들을 말하고 있습니다. 그런데 오늘날 목회자들은 별다운 별 곧 목회자들의 사명을 올바로 감당하는 자가 별로 없다는 것입니다.

[창세기 1장 17절] 하나님이 그것들을 하늘의 궁창에 두어 땅에 비취게 하시며

17 וַיִּתֵּן אֹתָם אֱלֹהִים בִּרְקִיעַ הַשָּׁמָיִם לְהָאִיר

| 바이텐 | 오탐 | 엘로힘 | 비르키아 | 핫솨마임 | 레하이르 |
| 두어 | 그것들을 | 하나님이 | 궁창에 | 하늘의 | 비게 하시며 |

עַל הָאָרֶץ:

| 알 | 하아레쯔 |
| 에 | 땅 |

하나님께서 광명들을 하늘의 궁창에 두신 것은 어두운 땅에 빛을 비추기 위함입니다. 이 광명들은 어둠가운데 존재하고 있는 죄인들을 구원하기 위한 빛, 즉 구원자들로 하나님의 말씀이 임한 선지자나 하나님의 생명으로 거듭난 하나님의 아들들을 비유하여 하신 말씀입니다.

성경은 요한복음 1장을 통해서 예수님을 참 빛, 즉 하

나님의 백성을 구원하기 위해서 오신 광명이라 말씀하고 있습니다. 그런데 예수님이 어둠 속에 있는 자기 백성을 구원하려고 빛으로 오셨지만 자기 백성들(하나님의 백성)은 예수님을 영접하지 않았다고 말씀하고 있습니다.

[요한복음 1장 4~13절] 그 안에 생명이 있었으니 이 생명은 사람들의 빛이라 빛이 어두움에 비취되 어두움이 깨닫지 못하더라 하나님께로서 보내심을 받은 사람이 났으니 이름은 요한이라 저가 증거하러 왔으니 곧 빛에 대하여 증거하고 모든 사람으로 자기를 인하여 믿게 하려 함이라 그는 이 빛이 아니요 이 빛에 대하여 증거하러 온 자라 참 빛 곧 세상에 와서 각 사람에게 비취는 빛이 있었나니 그가 세상에 계셨으며 세상은 그로 말미암아 지은바 되었으되 세상이 그를 알지 못하였고 자기 땅에 오매 자기 백성이 영접지 아니하였으나 영접하는 자 곧 그 이름을 믿는 자들에게는 하나님의 자녀가 되는 권세를 주셨으니 이는 혈통으로나 육정으로나 사람의 뜻으로 나지 아니하고 오직 하나님께로서 난 자들이니라.

상기의 말씀은 예수님은 이 세상에 참 빛(광명)으로 오셔서 어둠가운데 있는 하나님의 백성에게 빛을 비추고 있는데 어둠은 깨닫지 못하고 있다고 말씀하고 있습니다. 그런데 빛을 '깨닫지 못한다'는 단어는 원어에 '우 카텔라 벤'으로 '영접하지 않았다'는 뜻입니다. 즉 예수님이 죄 가운데 있는 하나님의 백성을 구원하기 위해 유대 땅에 오셨으나 유대인들이 예수님을 영접하지 않았다는 것입니다.

하나님께서는 이러한 사실을 이미 아시고 예수님 앞에 세례요한을 보내셔서 하나님의 백성에게 예수님을 영접 할 수 있도록 미리 증거하게 하신 것입니다. 그러므로 세례요한이 광야에서 하나님의 백성을 향해 "너희는 주의 길을 예비하라 주의 첩경을 평탄케 하라"고 외치게 하신 것입니다.

그럼에도 불구하고 하나님의 백성은 그들을 구원하기 위해서 오신 예수님을 영접하지 않았다고 말씀하고 있습니다. 유대인들은 그들을 구원하러 오신 메시야(구원자)를 영접하지 않은 것은 유대인들이 기다리는 메시아와 예수님이 너무나 다르기 때문인 것입니다.

문제는 하나님께서 보내주시는 하나님의 아들을 영접하지 않는 것은 유대인들 뿐만 아니라 오늘날 기독교인들도   하나님께서 보내주시는 오늘날의 구원자를 영접하지 않고 오히려 이단자로 배척을 하고 있다는 것입니다.

그러나 예수님의 제자들과 같이 오늘날 하나님께서 보

내주시는 하나님의 아들을 구원자로 믿고 그 입에서 나오는 말씀을 영접하는 자들에게는 하나님의 자녀가 되는 권세를 주시는 것입니다.

　이렇게 오늘날 하나님의 아들을 믿고 그 입에서 나오는 말씀을 영접하는 자들은 사람의 혈통으로나 육정으로나 사람의 뜻으로 낳는 자들이 아니라 하나님으로부터 낳음을 받은 하나님의 아들이라고 말씀하고 있습니다.

12. 광명이 주관하는 주야의 실체

[창세기 1장 18절] 주야를 주관하게 하시며 빛과 어두움을
나뉘게 하시니라 하나님의 보시기에 좋았더라

18 וְלִמְשֹׁל֙ בַּיּ֣וֹם וּבַלַּ֔יְלָה וּֽלְהַבְדִּ֔יל בֵּ֥ין הָא֖וֹר

하오르　　벤　　　울라합딜　　우발라일라　　바욤　　베림숄
빛　　(사이를) 나뉘게 하시니라　　야를　　주　 주관하게 하시며

וּבֵ֣ין הַחֹ֑שֶׁךְ וַיַּ֥רְא אֱלֹהִ֖ים כִּי־טֽוֹב׃

토브　　키　　엘로힘　　바야르　　하호쉐크　　우벤
좋았더라　　하나님이　　보시기에　　어두움을　　과

　　하나님께서 광명으로 주야를 주관하게 하시며 빛과 어
둠을 분리하신 것은 빛으로 하여금 죄 가운데 있는 하나님
의 백성들을 구원하려는 것입니다. 그런데 땅을 비추는 빛
이 해와 달과 별이 있듯이 하나님의 백성들도 어둠의 차원
과 죄의 상태에 따라서 비추는 빛도 각기 다른 것입니다.

　　하늘에 수많은 별들은 애굽 땅에 있는 제사장들을 말하
며 광야에 하나밖에 없는 달은 광야에 계신 모세를 말하며
빛을 스스로 발하는 해는 요단강 건너 가나안 땅에 계신 예
수님을 말하고 있습니다.

　　이것은 마치 초등학교에는 초등학교 선생님들이 있고

중, 고등학교에는 중, 고등학교 교사가 있고, 대학교에는 대학교수가 있는 것과 같은 이치입니다. 초등학생들이 대학교수를 만나 교수의 가르침을 받으려면 반드시 초, 중, 고등학교의 과정을 거쳐 대학시험에 합격하여 대학생이 되어야 합니다. 이와 같이 지금 애굽(세상)교회에서 신앙생활을 하고 있는 교인들이 가나안에 계신 예수를 만나려면 애굽교회의 목자에서 벗어나 광야로 들어가 모세를 통한 율법의 훈련을 받은 후 요단강을 건너 가나안 땅으로 들어가야 하는 것입니다.

오늘날 기독교회에 예수님이 오신지 이천년이 지난 지금까지 예수님이 계시지 않는 것은 오늘날 기독교회가 애굽교회의 유,초등학교 수준이기 때문이라는 것을 알아야합니다. 그러나 영적인 성장을 하여 가나안으로 들어간 자들은 지금도 예수님의 가르침을 받으며 예수님이 주시는 생명의 떡을 일용할 양식으로 먹고 있습니다.

[창세기 1장 19절] 저녁이 되며 아침이 되니 이는 네째 날이니라

19	וַיְהִי	עֶרֶב	וַיְהִי	בֹקֶר	יוֹם	רְבִיעִי: פ
	바예히	에레브	바예히	보케르	욤	레비이
	되며	저녁이	되니	아침이	이는 날이니라	네째

96

저녁이 되며 아침이 되어 넷째 날이 된다는 것은 땅이 넷째 날로 창조가 된다는 것입니다. 즉 애굽의 존재는 죽고 광야의 존재로 거듭나는 것이며 광야의 존재가 죽고 가나안의 존재로 거듭나는 것을 말하고 있습니다. 이렇게 육신적인 애굽의 존재와 혼적인 광야의 존재가 모두 죽어야 영적인 가나안의 존재로 부활되는 것과 같이, 저녁이 되어야 아침으로 거듭나게 되는 것입니다. 이런 과정을 통해서 첫째 날이 여섯째 날로 거듭나면 하나님께서 일곱째 날(하나님의 아들) 안에 들어가셔서 안식하신다는 것입니다. 그런데 오늘날 기독교인들은 창세기의 육일을, 하루를 천년으로 계산하여 육천년이라 말하는 분들도 있습니다.

왜냐하면 하나님의 하루가 인간들에게는 천년이라고 생각하기 때문입니다. 그러므로 세대주의자들과 종말론자들이 육천년이 되는 2000년을 세상의 끝 혹은 종말이라 주장을 하면서 기독교인들을 불안에 떨게 하며 공포감을 불어넣은 것입니다. 때문에 기독교인들은 지난 2000년이 바로 육천년이 되는 말세라 생각하며 무슨 일이 크게 일어날 것이라고 불안해 한 것입니다. 그러나 2000년에 아무런 사고나 큰 변화 없이 잘 지나갔습니다. 그런데도 불구하고 지금도 시대적 말세를 주장하는 자들이 계시록을 가지고 운

운하면서 지금이 바로 세상을 심판하는 말세라 하며 기독
교인들을 불안하게 만들고 있습니다. 그러나 하나님이나
예수님이 성경을 통해서 말씀하시는 세상의 종말은 시대적
말세를 말씀하고 있지 않다는 것입니다.

　시대적 말세를 주장하는 자들은 거짓 선지자와 삯꾼목
자들로 교인들에게 불안한 마음과 공포감을 조성하여 교인
들의 재산과 영혼을 탈취하려는 욕심 때문입니다. 성경이
나 예수님이 말씀하시는 말세는 세상의 시대적 종말이 아
니라 각 사람에게 일어나는 개인의 종말을 말하고 있습니
다. 이렇게 성경이 말하는 종말이나 말세는 각 사람에게 일
어나는 개인적 종말로서 육적인 존재와 혼적인 존재가 죽
고 영적인 존재로 거듭나는 시점 혹은 기점을 말하고 있습
니다.

　예수님은 육신적 존재와 혼적 존재가 말씀으로 죽고
거듭나기까지의 과정 속에서 일어나는 환난과 고통을 마태
복음 24장을 통해서 말씀하신 것이며, 요한은 계시록을 통
해서 말씀하신 것입니다. 그런데도 불구하고 오늘날 삯꾼
목자들이나 거짓 선지자들은 지금도 시대적 말세와 종말을
주장하며 교인들에게 불안감을 조성하여 금품을 탈취하고
있는 것입니다.

[창세기 1장 20절] 하나님이 가라사대 물들은 생물로 번성케 하라 땅위 하늘의 궁창에는 새가 날으라 하시고

וַיֹּאמֶר אֱלֹהִים יִשְׁרְצוּ הַמַּיִם שֶׁרֶץ נֶפֶשׁ חַיָּה 20
하야　네페쉬　쉐레쯔　함마임　이쉬레쭈　엘로힘　바이오메르
생　물로 (움직이는) 물들은　번성케 하라　하나님이　가라사대 하시고

וְעוֹף יְעוֹפֵף עַל הָאָרֶץ עַל־ פְּנֵי רְקִיעַ הַשָּׁמָיִם:
핫솨마임　레키아　페네이　알　하아레쯔　알　예오페프　베오프
하늘의　궁창　에는　땅　위　날으라　새가

　하나님께서 생물을 번성케 하라는 물들은 강물이나 샘물, 혹은 바닷물을 말하는 것이 아니라 하나님의 말씀을 소유하고 있는 영적 존재들을 말하며, 번성케 하라는 생물은 육적 존재와 혼적 존재들을 말하고 있습니다.

　또한 땅위의 궁창에 날으라는 새는 공중에 나는 새들을 말하는 것이 아니라 하나님의 백성을 양육하고 번성케 해야할 영적 존재들을 비유로 말씀한 것입니다. 이러한 새나 짐승들이 구원받아야 할 하나님의 백성이라는 것은 욥기서를 보면 잘 알수 있습니다.

　[욥기서 12장 7~8절] 이제 모든 짐승에게 물어 보라 그것들이 네게 가르치리라 공중의 새에게 물어 보라 그것들이 또한 네게 고하리라 땅에게 말하라 네게 가르치리라 바다의 고기도

네게 설명하리라.

상기의 말씀은 욥이 그의 세 친구인 엘리바스와 빌닷과 소발을 향해서 하는 말씀입니다. 욥이 그의 친구들에게 물어 보라는 존재들은 들의 짐승과 공중에 나는 새와 바다의 물고기들입니다. 이러한 짐승과 새와 바다의 고기들이 과연 욥의 친구들을 가르치고 고하고 설명해 줄 수 있단 말인가? 그러므로 욥이 말하는 이러한 존재들은 실제 짐승들을 말하는 것이 아니라 사람의 존재들을 비유하여 말하고 있는 것입니다.

이렇게 땅위 하늘의 궁창에 나는 새나 짐승이나 물고기들은 영적 존재들을 비유해서 말하고 있는 것입니다. 또한 하나님께서 아브라함에게 너희의 자손이 하늘의 별수와 같이 바다의 모래 수와 같이 많게 하여 주겠다고 말씀하신 별들은 애굽교회(세상교회)의 제사장들(목자)을 말하며 모래는 애굽에 있는 하나님의 백성을 비유로 말씀하고 있는 것입니다.

13. 큰 물고기와 생물과 날개 있는 새들

[창세기 1장 21절] 하나님이 큰 물고기와 물에서 번성하여 움직이는 모든 생물을 그 종류대로 날개 있는 모든 새를 그 종류대로 창조하시니 하나님의 보시기에 좋았더라

וַיִּבְרָא אֱלֹהִים אֶת הַתַּנִּינִם הַגְּדֹלִים וְאֵת כָּל־ 21
콜　　베에트　학게돌림　핫탄님　에트　엘로힘　바이브라
모든　　　　　큰　　　물고기와　　　하나님이　창조하시니

נֶפֶשׁ הַחַיָּה הָרֹמֶשֶׂת אֲשֶׁר שָׁרְצוּ הַמַּיִם לְמִינֵהֶם
레미네헴　함마임　쇼레쭈　아쉐르　하로메세트　하하야　네페쉬
그 종류대로　물에서　번성하여　　　　움직이는　　생　　물을

וְאֵת כָּל עוֹף כָּנָף לְמִינֵהוּ וַיַּרְא אֱלֹהִים כִּי־ טוֹב׃
토브　키　엘로힘　바야르　레미네후　카나프　오프　콜　베에트
좋았더라　　하나님의　보시기에 그 종류대로 날개있는 새를　모든

　　사람들이 하나님께서 창조하신 큰 물고기는 바다에 존재하는 고래나 상어를 연상하겠지만 여기서 말하는 큰 물고기는 세상(애굽) 왕을 비유하여 말씀한 것이며, 물에서 번성하여 움직이는 모든 생물들은 애굽(바다)의 백성들을 말하고 있습니다. 그리고 날개를 가지고 하늘을 나는 새들은 위에서 말한 바와 같이 영적존재인 제사장(목회자)들을 말씀하고 있는 것입니다.

그런데 하나님께서 생물이나 새들을 각 종류대로 창조하신 것은 생물들이나 새들도 각기 그 차원과 상태에 따라 종류가 각기 다르기 때문입니다.

그러므로 바다(세상)의 큰 물고기는 애굽의 '바로 왕'이나 이스라엘의 '사울 왕'과 같은 존재들을 말하며, 새들은 제사장이나 서기관 그리고 오늘날 목사나 장로들, 즉 영적존재들을 말하고 있습니다. 그리고 물에서 번성하는 존재들은 하나님의 백성들을 말하고 있는 것입니다. 하나님은 이러한 만물, 즉 존재들을 창조하시고 나서 보시기에 좋으셨다고 말씀하신 것입니다. 왜냐하면 이들은 모두 하나님의 말씀으로 창조되어 하나님의 아들로 나타날 존재들이기 때문입니다.

[창세기 1장 22절] 하나님이 그들에게 복을 주어 가라사대 생육하고 번성하여 여러 바다 물에 충만하라 새들도 땅에 번성하라 하시니라.

22 וַיְבָ֧רֶךְ אֹתָ֛ם אֱלֹהִ֖ים לֵאמֹ֑ר פְּר֣וּ וּרְב֗וּ וּמִלְא֤וּ

우밀우 우레부 페루 레오르 엘로힘 오탐 바이바레크
충만하라 번성하여 생육하고 가라사대 하시니라 하나님이 그들에게 복을 주어

אֶת־הַמַּ֙יִם֙ בַּיַּמִּ֔ים וְהָע֖וֹף יִ֥רֶב בָּאָֽרֶץ׃

바아레쯔 이레브 베하오프 바얌밈 함마임 에트
땅에 번성하라 새들도 여러 바다 물에

102

하나님께서 큰 물고기와 물에서 번성하여 움직이는 모든 생물과 날개 있는 모든 새를 각 종류대로 창조하신 후 그들에게 복을 주시며 말씀하시기를 생육하고 번성하여 여러 바닷물에 충만하고 새들도 땅에 번성하라고 말씀하고 있습니다.

　이 말씀이 비유가 아니라 문자 그대로라면 물고기나 새들도 인간들과 같이 하나님이 주시는 복을 받아 잘 살 수 있고 또한 천국도 들어 갈 수 있다는 것입니다. 과연 바다에 사는 물고기나 공중을 나는 새들이 사람들과 같이 하나님의 복을 받을 수 있단 말인가?

　성경에 뱀이 사람과 말씀 대화를 하고 당나귀가 자기 주인을 책망하는 장면이 나옵니다. 우리나라 속담에도 옛날에 호랑이가 담배를 피우던 시절이 있었다고 말들을 합니다. 어른들이 호랑이가 담배를 피우는 시절이 있었다고 말은 하지만 호랑이가 실제로 담배를 피웠다고 믿는 사람은 없습니다. 그런데 오늘날 기독교인들은 성경말씀 그대로 옛날에는 뱀이 사람과 대화를 하고 당나귀도 말을 했다고 믿고 있습니다.

　성경에 예수님께서 독사의 자식이라고 말씀한 것도 실제 뱀이 아니라 외식하는 바리새인과 서기관들을 비유하여 말씀하신 것입니다. 이와 같이 상기에서 말씀하시는 물고기나 새들은 바로 하나님의 백성을 말하고 있는 것입니다.

그러면 하나님께서 이들에게 주시는 복은 어떠한 복을 말씀하시는 것일까? 오늘날 기독교인들이 바라고 원하는 복은 육신적인 세상의 부귀영화로 알고 있습니다. 그러면 세상의 복을 받아 부자가 되면 여러 바다 물을 충만케 하며 새들이 번성하게 할 수 있다는 것입니다. 그러나 육신적인 복이나 세상의 부귀영화는 잠깐 보이다 사라지는 안개와 같은 것들입니다.

왜냐하면 이 세상의 부귀영화를 마음껏 소유하고 누렸던 이스라엘의 왕 솔로몬이 이 세상의 모든 것이 헛된 것이라고 말씀하고 있기 때문입니다.

[전도서 1장 1~3절] 다윗의 아들 예루살렘 왕 전도자의 말씀이라 전도자가 가로되 헛되고 헛되며 헛되고 헛되니 모든 것이 헛되도다 사람이 해 아래서 수고하는 모든 수고가 자기에게 무엇이 유익한고 한 세대는 가고 한 세대는 오되 땅은 영원히 있도다.

예루살렘왕 솔로몬은 하나님께 천번의 제사를 드리고

하나님의 성전을 삼층으로 건축하여 하나님으로부터 지혜와 더불어 세상의 부귀영화를 마음껏 누릴 수 있는 큰 복을 받은 전무후무한 이스라엘의 왕입니다. 그런데 솔로몬 왕이 하나님의 지혜로 인생을 굽어 살펴보니 하나님을 믿고 섬기는 백성들이 제사장이나 서기관이나 바리새인이나 사두개인이나 모두 헛된 쭉정이 뿐이라는 것입니다..

왜냐하면 사람들이 한세대는 가고 한세대는 오면서 태어나고 죽고 다시 태어나서 죽으며 계속 윤회하고 있지만 땅은 영원히 땅으로 있다고 한탄하고 계시기 때문입니다. 즉 땅에 속한 하나님의 백성이 이 세상에 태어나서 하나님의 말씀을 통해서 땅이 하늘, 즉 하나님의 아들로 거듭나야 하는데 지금까지 하늘로 거듭나지 못하고 영원토록 땅으로 있다는 것입니다. 즉 하나님의 백성이 신앙생활을 하는 목적이 하나님으로부터 복을 받아 자기 욕심을 채우려고 하고 있는 것이지 하나님의 아들로 거듭나려고 하는 자들이 없다는 것입니다.

왜냐하면 삯꾼목자들이 하나님과 예수를 믿는 자들은 이미 구원을 받아 하나님의 아들이 되었다고 속이고 있기 때문입니다. 그러나 예수님께서 천국은 내 아버지의 뜻대로 행한 자가 들어가는 곳이며 너희가 나를 따라서 하나님의 아들이 되려면 너를 부인하고 네 십자가를 지고 오라고 말씀하고 있습니다.

[베드로 전서 1장 24~25절] 그러므로 모든 육체는 풀과 같고 그 모든 영광이 풀의 꽃과 같으니 풀은 마르고 꽃은 떨어지되 오직 주의 말씀은 세세토록 있도다 하였으니 너희에게 전한 복음이 곧 이 말씀이니라.

상기의 말씀은 사람의 모든 육체는 풀과 같고 사람의 영광도 풀의 꽃과 같다고 말씀하십니다. 이 말씀의 뜻은 사람의 육신은 모두 늙어서 죽는다는 말이며 사람들이 이 세상에서 취하고 얻은 업적이나 영광도 모두 사라진다는 것입니다. 즉 솔로몬이나 예수님이나 사도들의 육체도 모두 사라지지만 그 안에 있는 하나님의 말씀은 세세토록 영원히 존재한다는 말씀입니다. 이렇게 하나님의 백성이 하나님께 구하고 받아야 할 복은 하나님의 말씀 곧 하나님의 생명입니다. 그런데 오늘날 기독교인들은 하늘의 신령한 복은 구하지 않고 썩어 없어질 육신의 복만 구하고 받으려 신앙생활을 하는 것입니다.

[창세기 1장 23절] 저녁이 되며 아침이 되니 이는 다섯째 날이니라

23 וַיְהִי־ עֶרֶב וַיְהִי בֹקֶר יוֹם חֲמִישִׁי: פ

바예히 에레브 바예히 보케르 욤 하미쉬

되며 저녁이 되니 아침이 이는 날이니라 다섯째

　　하나님께서 창조하시는 다섯째 날은 여섯째 날이 되기 직전의 날을 말합니다. 즉, 다섯째 날은 하나님의 형상과 모양으로 완성된 예수가 되기 직전 세례요한과 같은 존재를 말하고 있습니다. 세례요한이 예수님 바로 앞에 보내심을 받은 것은 세례요한이 다섯째 날이라는 것을 말해주는 것입니다. 이렇게 세례요한은 첫째 날이 말씀으로 네 번 거듭나서 다섯째 날의 존재로 나타난 것입니다. 이와 같이 하나님은 첫째 날의 존재를 말씀을 통해서 하나님의 형상과 모양이 같은 여섯째 날로 창조를 하시려는 것입니다.

　　그러므로 땅에 속한 첫째 날의 존재들은 여섯째 날이 되기 위하여 하나님의 말씀으로 날마다 창조를 받아야 하는 것입니다. 사람들이 여섯째 날이 될 때까지 태어나고 죽고 다시 태어나고 죽는데 이를 윤회라 말합니다. 오늘날 기독교인들은 전생이나 윤회가 없다고 부정을 하지만 성경은 전생이나 윤회를 분명히 말씀하고 있습니다. 때문에 기독

교회에서 전생과 윤회가 사라진 동기와 역사적 배경에 대해서 알아보기로 하겠습니다.

　예수님의 부활승천 이후 초기 기독교회에서 윤회와 환생은 정식으로 인정되었으며 교회신학의 일부였습니다. 서기 2세기경 로마 최초의 기독교학교를 설립했던 순교자 유스티누스와 성아우구스티누스와 그리고 알렉산드리아의 클레멘스는 환생설을 가르쳤으며 당시의 가장 크고 강력했던 기독교 종파인 그노시스파(영지주의)와 마니교도들도 윤회설을 가르쳤습니다. 이처럼 초기 기독교역사의 약 400년간은 환생설이 기독교의 보편적 가르침이었습니다. 그런데 종교와 왕권이 결탁하면서 영혼의 구원이 개인적인 노력과 전생의 업에 의해서 이루어진다면 교회와 황제의 권위가 약화된다는 우려 때문에 영혼의 선재론(전생과 윤회)을 교회신학에서 삭제 해버린 것입니다.

　서기 4세기에 로마의 황제 콘스탄티누스대제는 기독교를 공인하면서 성경에 기록되어 있던 윤회에 대한 말씀들을 없애기로 결정하여 서기 325년 니케아 공의회 이후 모든 복음서에서 환생을 암시하는 구절들을 모두 삭제해 버렸습니다. 그 후 6세기경 동로마제국의 폭군인 유스티니아누스 황제는 단독으로 윤회설을 이단이라 결정하고 553년에 콘스탄티노풀 공의회를 소집하여 환생사상을 가르쳤던 오리게네스와 그의 지지자들을 이단으로 규정하였습니다. 이렇게 황제와 그의 아내는 윤회사상이 왕권에 대한 도전으로 간주하였는데 이는 윤회설이 자신들을 신격화하는데 방해가 된다고 생각했기 때문입니다.

당시 서로마제국에서는 오리게네스의 윤회설이 인정받고 있었습니다. 그런데 황제가 환생설을 신봉하는 교파에 대한 무자비한 학살과 탄압을 하면서 기독교 환생설이 자취를 감추게 된 것입니다. 그럼에도 불구하고 환생설은 완전히 소멸되지 않았으며 이단으로 몰렸던 교파들의 신앙 속에서 면면히 이어져 온 것입니다.

그 후 환생설은 르네상스 시대에 잠깐 지성인들의 관심을 끌었다가 곧 잊혀진 뒤, 19세기 말경에 이르러 다시 신지학(神智學, theosophy)운동이 일어나면서 기존의 기독교 교리에 도전하게 되었습니다.

신지학자들은 불교와 힌두교의 윤회사상을 연구하여 서양의 기독교적 전통과 조화를 시키는데 힘을 기울였습니다. 현대의 성직자들 중에도 초기 기독교의 성인들처럼 윤회에 대해 긍정적인 시각을 가진 사람들이 더러 있었습니다. 벨기에 가톨릭 교구의 메르시 추기경은 "개인적으로 윤회사상을 믿지는 않지만 윤회론이 가톨릭교회의 본질적인 가르침과 모순되지는 않는다"고 선언했고, 영국 런던 성바울교회의 잉그 감독은 "윤회론과 근대 감리교 교리사이에는 아무런 모순이 없다"고 말했으며, 감리교 목사인 레슬리 웨더헤드도 윤회론의 지지자였습니다.

이렇게 서양의 대표적 지성인들 가운데에는 자신이 윤회론을 믿는다는 사실을 공공연히 밝혔던 인물들이 의외로 많이 있습니다. 고대 그리스의 플라톤, 피타고라스, 플루타크 등과 로마의 대 문호였던 버질, 에니우스를 비롯해 근세에는 쇼펜하우어, 헤겔, 볼테르, 에머슨, 발자크, 위고, 베토벤, 나폴레옹, 톨스토이, 블레이크, 브라우닝, 휘트먼, 벤저민 프랭클린, 헨리 포드 등이 윤회론을 믿었다는 사실이 알려져 있습니다.

그러나 오늘날 기독교를 이렇게 발전하도록 크게 공헌한 사람은 콘스탄티누스 대제이지만 하나님에게는 대역 죄인이라는 것을 알아야 합니다. 이렇게 콘스탄티 황제는 기독교의 교리를 만들어 오늘날 기독교인들에게 큰 공헌을 하였지만 하나님 앞에서는 하나님의 말씀을 자기 마음대로 가감하여 왜곡한 대역 죄인입니다.

이 한사람의 대죄인 때문에 기독교에 전생과 윤회는 자

취를 감추게 되었고 이 때문에 오늘날 기독교회가 전생과 윤회를 부정하고 있는 것이며 누가 전생과 윤회에 대해서 말하면 무조건 이단으로 매도하고 있습니다. 그러나 거짓과 진실은 반드시 밝혀져야 하며 성경에서 삭제된 말씀들은 다시 복원되어야 합니다.

오늘날 하나님의 말씀을 진리로 믿고 올바른 신앙생활을 하려는 기독교인들이라면 하루속히 기독교의 교리에서 벗어나 하나님의 말씀대로 신앙생활을 해야 합니다. 왜냐하면 거짓으로 왜곡된 말씀을 진실로 믿고 신앙생활을 한다면 천국으로 가는 것이 아니라 지옥으로 들어가게 되기 때문입니다. 이러한 이유로 오늘날 기독교인들은 사후세계에 천국과 지옥이 있다는 것과 내생이 있다는 것은 의심 없이 믿고 있으나 전생이 있다는 것은 모두 부정을 하고 있는 것입니다.

그러나 이 세상 모든 만사에는 원인 없는 결과가 없고 뿌리 없는 나무도 없듯이 전생이 있기 때문에 현생이 있고 현생이 있기 때문에 내생도 존재하는 것입니다. 이 말은 내가 어제 존재했기 때문에 오늘 존재하고 있는 것이며 오늘 존재하고 있기 때문에 내일도 존재 할 수 있는 것입니다. 이렇게 지극히 당연한 사실을 기독교인들은 기독교의 교리 때문에 전생을 모두 외면을 하고 있습니다. 더욱 놀라운 사실은 전생을 부정하고 있는 것은 기독교회들이며 하나님께서는 성경을 통하여 전생에 대해 분명하게 말씀하고 있습니다.

비록 콘스탄티누스 대제가 전생과 윤회의 말씀들을 성경에서 모두 삭제하였다하나 하나님께서는 오늘날 기독교인들을 위해서 전생과 윤회의 말씀들을 욥기서와 전도서 등에 부분적으로 감추어 놓으신 것입니다.

기독교회가 하나님께서 말씀하고 계신 전생이나 윤회를 부정하는 것은 곧 하나님의 말씀을 부정하는 것과 같은 것입니다. 그러므로 오늘날 기독교인들이 여기에 기록된 전생과 윤회에 대한 하나님의 말씀들을 의심하지 않고 받아들인다면 신앙생활에 많은 도움이 될 것입니다.

오늘날 기독교인들은 하나님의 아들로 거듭나는 것이 당대에 혹은 예수를 믿음으로 순간적으로 이루어지는 줄 알고 있지만 하나님은 수십 번 혹은 수백 번의 윤회를 거쳐야 하나님의 아들이 된다고 말씀하고 있습니다. 왜냐하면 마태복음을 보면 예수님이 하나님의 아들로 태어나기까지 아브라함으로부터 시작하여 열네 대, 열네 대, 열네 대 모두 사십이 대의 윤회 끝에 예수로 태어나셨다 말씀하고 있기 때문입니다.

이와 같이 땅에 속한 죄인들이 여섯째 날인 하나님의 아들로 거듭나려면 육천년, 즉 수십 번 혹은 수백 번의 윤회를 거쳐야 하나님의 아들로 거듭나게 되는 것입니다.

그러므로 인간들이 이 세상에 태어나는 진정한 의미나 신앙의 목적은 오직 하나님의 말씀으로 새롭게 창조를 받아 하나님의 형상과 모양이 같은 하나님의 아들로 거듭나기 위함이라야 합니다.

14. 땅이 내는 육축과 기는 것과 각종 짐승들

[창세기 1장 24절] 하나님이 가라사대 땅은 생물을 그 종류
대로 내되 육축과 기는 것과 땅의 짐승을 종류대로 내라 하시
고 (그대로 되니라)

וַיֹּאמֶר אֱלֹהִים תּוֹצֵא הָאָרֶץ נֶפֶשׁ חַיָּה לְמִינָהּ 24
레미나흐　　하야　　네페쉬　하아레쯔　　토쩨　　엘로힘　　바이오메르
그 종류대로 생　　　물은　　땅은　　내되 내라　하나님이　가라사대 하시고

בְּהֵמָה וָרֶמֶשׂ וְחַיְתוֹ־אֶרֶץ לְמִינָהּ וַיְהִי־כֵן:
켄　　바예히　　레미나흐　　아레쯔　베하예토　바레메스　베헤마
그대로　되니라　종류대로　땅의　짐승을　기는 것과　육축과

　　하나님께서 생물을 그 종류대로 내라고 하시는 땅은 애
굽과 광야와 가나안, 즉 애굽의 존재와 광야의 존재와 가나
안의 존재들을 말씀하신 것입니다.　애굽의 존재들은 미물
과 기는 짐승을 생산하는 것이며, 광야의 존재들은 걷는 들
짐승과 육축들을 종류대로 생산하는 곳 입니다.

　　이 말씀은 영적인 비유로 애굽에 속한 땅이 종류대로
내야 하는 미물과 기는 짐승들은 곧 불신자나 세상교회에
서 오직 믿음 하나 붙잡고 초보적인 신앙생활을 하고 있는
어린 신앙인들을 말하며, 광야의 땅이 내야하는 짐승과 육
축들은 애굽의 과정을 마치고 홍해바다를 건너 광야로 나

와 율법을 통해서 시험과 연단을 받고 있는 청년의 신앙을 말하고 있습니다.

이런 과정을 통해서 육축의 존재가 되면 가나안 땅에 들어가 예수님의 제자들과 같은 양이 되어 참 목자의 음성을 듣게 되는데 이때부터 하나님의 아들이 주는 생명의 떡을 먹고 하나님의 아들로 거듭나게 되는 것입니다.

[요한복음 10장 14~16절] 나는 선한 목자라 내가 내 양을 알고 양도 나를 아는 것이 아버지께서 나를 아시고 내가 아버지를 아는 것 같으니 나는 양을 위하여 목숨을 버리노라 또 이 우리에 들지 아니한 다른 양들이 내게 있어 내가 인도하여야 할 터이니 저희도 내 음성을 듣고 한 무리가 되어 한 목자에게 있으리라.

예수님께서 많은 짐승들 중에 육축, 즉 양으로 인정하는 자들은 오직 예수를 믿고 따르는 그의 제자들뿐입니다. 왜냐하면 예수를 선한 목자로 알고 그의 음성을 듣고 따르는 자들은 그 많은 유대인들 중에 오직 예수님의 열두 제자뿐이었기 때문입니다.

예수님께서 우리 밖에 있는 양들도 내가 인도하겠다고

말씀하시는 양들은 유대인들 모두를 말하는 것이 아니라 유대교회의 제사장들 가운데서 벗어나 참 목자를 찾고 있는 길 잃은 양들, 즉 영적인 나그네, 고아, 과부와 같은 존재들을 비유하여 말씀하신 것입니다.

이렇게 예수님은 예수님을 하나님의 아들이며 구원자라고 믿고 따르는 자, 즉 예수님의 우리 안에 있는 양들의 목자이지 들짐승들이나 미물과 같은 자들의 목자가 아니라는 것입니다. 왜냐하면 들짐승들은 목자를 보면 도망가거나 목자를 해치려하기 때문입니다. 이렇게 참 목자이신 예수님은 오직 우리 안에 있는 양들만이 목자의 음성을 듣고 따르며 또한 양의 문으로 들어가고 나오며 참 목자가 주는 꼴(말씀)을 먹는 것입니다.

[창세기 1장 25절] 하나님이 땅의 짐승을 그 종류대로 육축을 그 종류대로 땅에 기는 모든 것을 그 종류대로 만드시니 하나님의 보시기에 좋았더라

25 וַיַּעַשׂ אֱלֹהִים אֶת־ חַיַּת הָאָרֶץ לְמִינָהּ וְאֶת־

바야아스 엘로힘 에트 하야트 하아레쯔 레미나흐 베에트

만드시니 하나님이 짐승을 땅의 그 종류대로 (그리고)

הַבְּהֵמָה לְמִינָהּ וְאֶת כָּל־ רֶמֶשׂ הָאֲדָמָה

합베헤마 레미나흐 베에트 콜 레메스 하아다마

육축을 그 종류대로 (그리고) 모든 것을 기는 땅에

116

לְמִינֵהוּ וַיַּרְא אֱלֹהִים כִּי־ טוֹב:

토브	키	엘로힘	바야르	레미네후
좋았더라		하나님의	보시기에	그 종류대로

땅에 기는 짐승들은 각종 뱀뿐만 아니라 악어와 같은 파충류들이 있고 걷는 짐승들도 호랑이, 사자를 비롯하여 노루, 늑대, 다람쥐 등이 있으며 가정에서 키우는 육축도 소, 양, 돼지, 개, 고양이 등이 있습니다. 이렇게 하나님은 하나님의 백성을 신앙의 차원에 따라 각종 짐승으로 비유하여 말씀하고 있는 것입니다. 하나님께서 사람으로 인정하는 분은 오직 예수님이시며 또한 예수님과 같이 하나님의 생명으로 거듭난 하나님의 아들들입니다.

이와 같이 하나님의 백성도 신앙의 세계와 사람의 영적 차원에 따라 여러 부류로 나누어지는 것입니다. 때문에 세상교회에는 목사, 장로, 집사와 일반 교인들이 있고 광야교회에는 모세를 중심으로 하여 제사장과 각 부장들이 있으며 가나안 교회에는 예수님과 그의 제자들이 있는 것입니다. 하나님께서 만물을 창조하시고 기뻐하신 것은 자연만물이 아니라 바로 영적 존재들, 즉 하나님의 아들과 그의 백성입니다.

15. 하나님의 형상과 모양대로 만드신 사람

[창세기 1장 26절] 하나님이 가라사대 우리의 형상을 따라 우리의 모양대로 우리가 사람을 만들고 그로 바다의 고기와 공중의 새와 육축과 온 땅과 땅에 기는 모든 것을 다스리게 하자 하시고

וַיֹּאמֶר אֱלֹהִים נַעֲשֶׂה אָדָם בְּצַלְמֵנוּ כִּדְמוּתֵנוּ 26
키드무테누　　　베짤메누　　　아담　나아세　엘로힘　바이오메르
우리의 모양대로 우리의 형상을 따라 사람을 우리가 만들고 하나님이 가라사대 하시고

וְיִרְדּוּ בִדְגַת הַיָּם וּבְעוֹף הַשָּׁמַיִם וּבַבְּהֵמָה
우밥베헤마　핫솨마임　우베오프　하얌　비가트　베이르두
육축과　　공중의　　새와　바다의　고기와　그로 다스리게 하자

וּבְכָל־ הָאָרֶץ וּבְכָל־ הָרֶמֶשׂ הָרֹמֵשׂ עַל־ הָאָרֶץ׃
하아레쯔　알　하로메스　하레메스　우베콜　하아레쯔　우베콜
땅　에　기는　것을　모든　땅과　온

만물을 창조하신 하나님께서 창조한 만물을 다스리기 위해서는 반드시 하나님(예수님)과 같은 영적 존재가 있어야 하는 것입니다. 그러므로 하나님은 자신의 형상과 모양이 같은 사람(하나님)을 만드신 것입니다. 하나님께서 하나님의 형상과 모양대로 만드신 창조물은 말씀으로 완성된 (육일창조) 하늘들, 즉 예수님과 사도들을 말하고 있습니

다. 이렇게 하나님께서 흙으로 만든 아담을 육일동안 말씀으로 재창조하여 하나님의 형상과 모양대로 만드셨는데도 불구하고 오늘날 기독교인들은 처음부터 하나님의 형상과 모양이 같은 사람, 즉 하나님으로 만들었다고 오해를 하고 있는 것입니다. 기독교인들의 주장대로라면 하나님과 같은 사람이 뱀의 미혹을 받아 선악과를 따먹고 죄인이 되었다는 것입니다.

이것은 하나님의 형상과 모양이 같은 예수님이나 사도들도 뱀의 미혹을 받아 범죄 할 수 있고 죄인이 될 수 있다는 것입니다. 그러므로 하나님께서 하나님의 형상과 모양대로 만들어 바다의 고기와 공중의 새와 육축과 온 땅에 기는 짐승을 다스리게 하기 위하여 만든 사람은 아담이나 오늘날 기독교인들이 아니라 하나님의 말씀으로 육일 동안 창조하여 완성된 하나님의 아들(예수님)을 말하고 있습니다. 그런데 기독교인들은 이러한 사실도 모르고 하나님께서 처음부터 사람을 하나님의 형상과 모양대로 창조하셨다고 믿고 있는 것입니다.

이것은 에덴동산의 뱀과 같이 거짓증거를 하는 오늘날의 삯꾼목자들 때문입니다. 오늘날 삯꾼목자들은 오늘날의 선악과를 만들어 가지고 지금도 교인들에게 먹이고 있는 것입니다. 오늘날의 선악과는 교인들을 미혹하기 위해서 하나님의 말씀을 가감하여 만든 각종교리를 말합니다. 이들은 뱀의 후손으로 지금도 교인들에게 예수를 믿기만 하면 하나님과 같은 아들이 되어 천국에 들어간다고 미혹하고 있는 것입니다. 이렇게 창세기에 아담과 하와를 미혹하던 뱀의 후손들이 지금도 곳곳에서 교인들에게 선악과를 먹여 지옥으로 보내고 있는 것입니다.

이와 같이 하나님의 형상과 모양대로 지음을 받은 사람은 예수님이며 또한 예수님으로부터 창조를 받은 사도들을 말하고 있습니다. 하나님의 형상과 모양대로 지음을 받은 사람(인자)은 예수를 믿는다고 순간적으로 되는 것이 아니라 하나님의 말씀으로 육일동안 창조(여섯 번 거듭남)를 받아 하나님의 아들(인자)로 거듭나는 것입니다. 이렇게 하나님은 바다의 고기(애굽의 백성)와 공중의 새(영적 지도자)와 육축(예수님의 제자들)과 땅에 기는 모든 짐승(이스라엘 백성)을 다스리기 위해서 하나님의 형상과 모양이 같은 사람 곧 하나님의 아들(예수님)을 창조하시는 것입니다.

하나님의 아들이신 예수님께서 자신을 인자, 즉 사람의 아들이라 말씀하신 것은 바로 이 때문입니다. 세상사람이나 오늘날 기독교인들은 자신들이 모두 만물의 영장인 사람이라고 생각하고 있지만 성경에 하나님께서 사람으로 인 정하시는 분은 하나님의 말씀이 임한 선지자들과 성령으로 잉태된 예수님이시며 또한 예수님으로 말미암아 창조된 열 두 사도들을 말하고 있습니다.

　이렇게 바다에서 사는 고기는 곧 애굽(세상)에서 살고 있는 하나님의 백성들을 말하며 광야에서 훈련을 받고 있 는 자들은 짐승이라 말하는 것입니다. 예전이나 지금이나 예수를 믿는 기독교인들이 건물이나 차량에 물고기 표시를 하고 다니는 것은 자신이 곧 물고기이며 애굽인이라는 것 을 나타내는 것입니다. 이렇게 아직 출애굽을 하지 못하고 애굽에서 신앙생활을 하고 있는 자들은 자신이 사람이 아 니라 바다의 물고기의 상태라는 것을 알아야합니다.

　[창세기 1장 27절] 하나님이 자기 형상 곧 하나님의 형상대 로 사람을 창조하시되 남자와 여자를 창조하시고

27 וַיִּבְרָא אֱלֹהִים אֶת־ הָאָדָם בְּצַלְמוֹ בְּצֶלֶם

| 베첼렘 | 베짤모 | 하아담 | 에트 | 엘로힘 | 바이브라 |
| 곧 형상대로 | 자기형상 | 사람을 | | 하나님이 | 창조하시되 |

אֱלֹהִים בָּרָא אֹתוֹ זָכָר וּנְקֵבָה בָּרָא אֹתָם:

| 오탐 | 바라 | 우네케바 | 자칼 | 오토 | 바라 | 엘로힘 |
| (그들을) | 창조하시고 | 여자를 | 남자와 | (그를) | (창조하시되) | 하나님의 |

하나님은 첫째날 창조를 시작하여 여섯째 날에 비로소 하나님의 형상대로 사람을 창조하신 것입니다. 하나님이 사람을 창조하실 때 모두 동일한 사람으로 창조하신 것이 아니라 남자와 여자로 창조하셨다고 말씀하고 있습니다. 그런데 상기의 남자와 여자가 원문에 '이쉬'(남자)와 '이쏴'(여자)로 기록되어있지 않고, '쟈칼'(수컷)과 '네케바'(암컷)로 기록되어 있는데 이것은 씨를 소유한 남자와 씨를 받아야 하는 여자를 분명히 나타내기 위함입니다. 이렇게 남자와 여자는 모두 인격을 갖추고 있는 동일한 사람 같지만, 남자는 씨를 가지고 열매를 맺는 나무이며 여자는 남자로부터 씨를 받아야 할 밭이라는 것을 말하고 있는 것입니다.

　　결국 여자는 남자로부터 씨를 받아서 다시 거듭나야 남자가 된다는 것을 말씀하고 있는 것입니다. 그러므로 고린도전서 11장 3절을 통해서 "여자의 머리는 남자요 남자의 머리는 그리스도요 그리스도의 머리는 하나님이라"고 말씀하신 것입니다. 여기서 여자는 세례요한을 가리키며, 남자는 성자 하나님인 예수, 그리스도는 성령 하나님, 그리고 하나님은 성부 하나님을 말씀하고 있는 것입니다. 상기의 말씀과 같이 성경은 삼위를 성부 하나님, 성령 하나님, 성자 하나님이라고 분명하게 말씀하고 있는데, 기독교의 교리는 성부, 성자, 성령이라고 2위인 성령 하나님을 3위로 바꾸어 놓은 것입니다. 성자 하나님은 성령 하나님에 의해서 잉태되어 나타났기 때문에 성령 하나님의 위가 성자 하나님보다 먼저입니다.

하나님께서는 위를 분명히 말씀하고 있는데 목회자들이 하나님의 위계질서를 마음대로 바꾸어놓은 것입니다. 이렇게 영적인 무지로 말미암아 오늘날 기독교는 하나님의 위격까지 바꾸어 놓는 엄청난 범죄를 하고 있는 것입니다. 그러면 여자 아래는 어떠한 것들이 존재하고 있을까요? 여자(세례요한) 아래는 육축(예수님의 제자들)이 있고, 육축 아래는 들짐승(유대인)이 있고, 들짐승 아래는 기는 짐승(이스라엘 백성)이 있고, 기는 짐승 아래는 물고기(애굽교인)들이 있는 것입니다.

이것은 세상에 어린아이들이 다니는 유치원과 초등학교가 있고 청년들이 다니는 중학교와 고등학교가 있고 장성한 자들이 다니는 대학교와 대학원이 있는 것과 같은 것은 것입니다. 이와 같이 영적인 세계도 사람의 상태와 차원에 따라 각기 다른 세계가 있는 것입니다.

16. 하나님께서 창조하신 사람에게 주신 복

[창세기 1장 28절] 하나님이 그들에게 복을 주시며 그들에게 이르시되 생육하고 번성하여 땅에 충만하라, 땅을 정복하라, 바다의 고기와 공중의 새와 땅에 움직이는 모든 생물을 다스리라 하시니라.

28 וַיְבָרֶךְ אֹתָם אֱלֹהִים וַיֹּאמֶר לָהֶם אֱלֹהִים פְּרוּ

바이바레크	오탐	엘로힘	바이오메르	라헴	엘로힘	페루
복을 주시며	그들에게	하나님이	하시니라	이르시되 (하나님이)	그들에게	생육하고

וּרְבוּ וּמִלְאוּ אֶת־הָאָרֶץ וְכִבְשֻׁהָ וּרְדוּ בִּדְגַת הַיָּם

우레부	우밀우	에트	하아레쯔	베킵슈하	우레두	비드가트	하얌
번성하여	충만하라		땅에	땅을 정복하라	다스리라	바다의 고기와

וּבְעוֹף הַשָּׁמַיִם וּבְכָל־חַיָּה הָרֹמֶשֶׂת עַל־הָאָרֶץ:

우베오프	핫솨마임	우베콜	하야	하로메세트	알	하아레쯔
새와	공중의	모든	생물을	움직이는	에	땅

하나님께서 남자와 여자에게 복을 주시는 것은 땅을 정복하고 충만케 하여 생육하고 번성하게 하기 위함입니다. 그러면 하나님께서 주시는 진정한 복은 무엇이며 정복하고 충만케 하여 생육하고 번성케 하라는 땅은 무엇을 말하는 것일까? 구약성경에 복이라는 단어는 주로 '바라크' 로 기록되어 있는데 '바라크' 라는 단어의 뜻은 '복을 주다, 축복

하다' 라는 의미와 '저주하다, 무릎꿇다' 라는 의미로 양면성이 있습니다. 이 말은 복이 저주이며 저주가 곧 복이라는 뜻입니다. 왜냐하면 굶주리고 목이 갈한 자만이 양식과 물의 소중함을 알듯이 하나님께 저주를 받아 고통을 받는 자가 하나님이 주시는 진정한 복을 알 수 있기 때문입니다.

이 말은 고통을 받아보지 않은 자는 진정한 행복을 모르고, 지옥을 들어가 보지 않은 자는 천국이 얼마나 좋다는 것을 모른다는 것입니다. 이렇게 하나님께서 주시는 복은 저주를 받아 고통가운데서 얻어지는 복이 진정한 복이라는 뜻입니다. 믿음의 조상 아브라함이 복의 근원이 된 것은 하나님의 명령에 따라 본토, 친척, 아비 집을 떠나 수많은 고통과 시련을 받으며 하나님이 지시하는 땅으로 들어갔기 때문입니다.

[창세기 12장 1~4절] 여호와께서 아브람에게 이르시되 너는 너의 본토 친척 아비 집을 떠나 내가 네게 지시할 땅으로 가라 내가 너로 큰 민족을 이루고 네게 복을 주어 네 이름을 창대케 하리니 너는 복의 근원이 될찌라 너를 축복하는 자에게는 내가 복을 내리고 너를 저주하는 자에게는 내가 저주하리니 땅의 모든 족속이 너를 인하여 복을 얻을 것이니라 하신지라 이에 아

브람이 여호와의 말씀을 좇아 갔고 롯도 그와 함께 갔으며 아
브람이 하란을 떠날 때에 그 나이 칠십오 세였더라.

오늘날 기독교인들은 아브라함이 복의 근원이 된 것이
오직 하나님을 믿는 믿음으로 된 것처럼 생각하고 있지만
아브라함이 복의 근원이 된 것은 하나님의 말씀에 따라 본
토, 친척, 아비 집을 떠나 수많은 고난을 받으며 하나님이
지시하는 땅으로 들어갔기 때문입니다. 이렇게 아브라함이
하나님으로부터 복을 받아 복의 근원이 된 것은 하나님의
말씀에 순종함으로 되었다는 것을 말해주는 것입니다. 만
일 아브라함이 하나님의 말씀에 불순종하여 본토, 친척, 아
비 집을 떠나지 않았거나 하나님께서 지시하는 땅으로 들
어가지 않았다면 저주의 근원이 되었을 것입니다.
　　하나님께서 아브라함에게 지시하신 땅은 바로 오늘날
기독교인들이 들어가야 할 가나안 땅입니다. 아브라함은
가나안 땅을 들어가기까지 수많은 고난과 시련을 받았고
그 결과 하나님으로부터 약속된 축복을 받아 복의 근원이
된 것입니다. 만일 아브라함이 오늘날 기독교인처럼 하나
님을 믿기만 하면 복을 주신다는 생각으로 가나안 땅으로
들어가지 않았다면 절대로 복을 받았거나 복의 근원이 되

지 못했다는 것입니다.

이와 같이 오늘날 기독교인들도 하나님이 주시는 복을 받으려면 아브라함과 같이 지금 본토, 친척, 아비 집을 떠나 하나님이 지시하는 가나안 땅으로 들어가야 합니다. 그런데 오늘날 기독교인들이 애굽교회에 안주하면서 오직 예수만 믿고 있다면 절대로 하나님께서 주시는 복을 받을 수 없고 천국도 들어갈 수 없다는 것을 알아야 합니다.

왜냐하면 예수님께서도 "네가 나를 따라 오려면 너를 부인하고 네 십자가를 지고 따라오라"고 말씀하고 있기 때문입니다. 또한 예수님께서 "천국은 나더러 주여 주여 하며 나를 믿기만 하는 자들이 들어가는 것이 아니라 하나님의 뜻대로 행한 자들만 들어간다"고 말씀하고 있기 때문입니다. 신약성경에서는 복이라는 단어를 주로 '유로기아'로 기록하고 있는데 '유로기아'의 뜻은 좋은 말씀, 즉 생명의 말씀을 말하고 있습니다. 그러므로 하나님께서 주시는 복은 하나님의 말씀 곧 하나님의 생명을 말합니다.

또한 땅을 정복하라는 땅은 토지나 대지를 말하는 것이 아니라 땅에 속한 존재들, 즉 구원시켜야 할 하나님의 백성을 말하고 있습니다. 이와 같이 하나님께서 하나님의 형상과 모양대로 지음을 받은 남자와 여자에게 복(말씀)을 주시는 것은 땅에 속한 하나님의 백성들을 말씀으로 정복하고 충만케 하여 생육하고 번성하게 하라는 뜻입니다.

그런데 하나님께서 정복하고 충만케 하고 다스리라고 하시는 땅의 존재들이 바로 바다의 고기와 공중의 새와 땅에 움직이는 모든 생물이라 말씀하고 있는 것입니다. 이러한 짐승들은 땅에 속한 존재들, 즉 하나님의 백성들을 영적인 차원과 그 상태에 따라 분류하여 말씀하신 것입니다.

그러므로 하나님의 아들로 창조 받은 하나님의 아들들은 하나님으로부터 받은 말씀(복)을 가지고 하나님의 백성들을 말씀으로 양육하고 번성케 하여 충만케 하라는 것입니다.

이 말은 하나님의 형상과 모양대로 지음을 받은 남자와 여자는 하나님으로부터 받은 말씀(복)으로 땅에 속한 죄인들을 구원하고 양육시켜 하나님의 아들로 거듭나게 하라는 것입니다.

17. 하나님께서 사람들에게 양식으로 주신 식물들

[창세기 1장 29절] 하나님이 가라사대 내가 온 지면의 씨 맺는 모든 채소와 씨 가진 열매 맺는 모든 나무를 너희에게 주노니 너희의 식물이 되리라

וַיֹּאמֶר אֱלֹהִים הִנֵּה נָתַתִּי לָכֶם אֶת־ כָּל־ עֵשֶׂב זֹרֵעַ 29
바이오메르 엘로힘 힌네 나탓티 라켐 에트 콜 에세브 조레아
하나님이 가라사대 하시니 (보라) 내가 주노니 너희에게 모든 채소 맺는

זֶרַע אֲשֶׁר עַל־ פְּנֵי כָל־ הָאָרֶץ וְאֶת־ כָּל־ הָעֵץ
제라 아쉐르 알 페네이 콜 하아레쯔 베에트 콜 하에쯔
씨 아쉐르 의 면 온 모든 지 하아레쯔 베에트 모든 나무를

אֲשֶׁר־ בּוֹ פְרִי־ עֵץ זֹרֵעַ זָרַע לָכֶם יִהְיֶה לְאָכְלָה׃
아쉐르 보 페리 에쯔 조레아 자라 라켐 이흐예 레아켈라
아쉐르 맺는 열매 (나무) 가진 씨 너희 되리라 식물이

하나님께서 하나님의 형상과 모양대로 지으신 남자와 여자에게 복(말씀)을 주신 후 온 지면의 씨 맺는 모든 채소와 씨가진 열매 맺는 모든 나무를 이들에게 주시면서 이것들이 너희의 식물, 즉 양식이 되리라고 말씀하고 있습니다. 그러면 하나님께서 말씀으로 육일동안 하나님의 형상과 모양대로 창조하신 목적이 결국 씨가진 채소와 열매 맺는 나무를 먹을 양식으로 주시기 위함이란 말인가? 오늘날 기독교인들이 식사를 할 때마다 일용할 양식을 주신 하나님께

감사기도를 하고 있습니다. 그러나 이런 일반적인 육신의 양식은 신자나 불신자나 모두 동일하게 먹고 있는 양식입니다. 그러면 하나님께서 하나님의 형상과 모양대로 지음을 받은 하나님의 자녀들이 먹어야할 양식은 과연 무엇을 말씀하실까? 하나님이 먹으라고 주신 양식은 예수님과 사도들이 먹은 양식을 보면 잘 알 수 있습니다.

[요한복음 4장 31~34절] 그 사이에 제자들이 청하여 가로되 랍비여 잡수소서 가라사대 내게는 너희가 알지 못하는 먹을 양식이 있느니라 제자들이 서로 말하되 누가 잡수실 것을 갖다 드렸는가 한대 예수께서 이르시되 나의 양식은 나를 보내신 이의 뜻을 행하며 그의 일을 온전히 이루는 이것이니라.

상기의 말씀을 보면 예수님이 먹는 양식은 예수님의 제자들도 전혀 모르고 있다는 것을 알 수 있습니다. 예수님께서 먹어야 할 양식은 육신의 양식이 아니라 하나님의 뜻을 행하는 것이라는 말인데 하나님의 뜻은 죽은 영혼들을 살리는 것입니다. 이렇게 예수님께서 잡수시는 영적인 양식은 음식물이 아니라 구원시켜야 할 수가성 우물가의 여인이 바로 예수님이 먹을 양식이라는 것입니다.

즉 예수님이나 사도들이 먹는 양식은 육신의 양식이 아니라 이웃에 죽어있는 하나님의 백성이 양식이라는 것입니다. 그러므로 예수님께서 주기도문을 통해서 가르쳐주신 일용할 양식도 육신의 양식이 아니라 영적인 양식, 즉 하나님의 말씀을 말하고 있습니다.

　이와 같이 아직 하나님의 아들로 거듭나지 못한 자들의 일용할 양식은 하나님의 말씀이며 하나님의 아들로 거듭난 자들의 양식은 이웃에 죽어있는 영혼들입니다. 사도행전 10장을 보면 베드로가 먹어야 할 양식을 하나님께서 친히 가르쳐주시는 것을 볼 수 있습니다.

　[사도행전 10장 9~16절] 이튿날 저희가 행하여 성에 가까이 갔을 그 때에 베드로가 기도하려고 지붕에 올라가니 시간은 제 육시더라 시장하여 먹고자 하매 사람이 준비할 때에 비몽사몽간에 하늘이 열리며 한 그릇이 내려오는 것을 보니 큰 보자기 같고 네 귀를 매어 땅에 드리웠더라 그 안에는 땅에 있는 각색 네 발 가진 짐승과 기는 것과 공중에 나는 것들이 있는데 또 소리가 있으되 베드로야 일어나 잡아 먹으라 하거늘 베드로가 가로되 주여 그럴 수 없나이다. 속되고 깨끗지 아니한 물건을 내가 언제든지 먹지 아니하였삽나이다 한대 또 두 번째 소리

있으되 하나님께서 깨끗게 하신 것을 네가 속되다 하지 말라 하더라 이런 일이 세 번 있은 후 그 그릇이 곧 하늘로 올리워 가니라.

상기의 말씀을 보면 사도이신 베드로도 자신이 먹어야 할 영적 양식을 전혀 모르고 있는 것을 볼 수 있습니다. 그래서 하나님께서 베드로가 먹을 양식에 대해서 기도할 때에 비몽사몽간에 환상으로 보여 주신 것입니다.

베드로는 그 환상에 나타난 부정한 짐승들을 보고 절대 먹지 않겠다고 세 번이나 거절을 하였으나 하나님은 내가 깨끗하게 하였으니 먹으라고 말씀하신 것입니다. 그런데 베드로에게 먹으라고 환상으로 보여주신 부정한 짐승은 실제 짐승들이 아니라 구원받을 고넬료의 가족이었고 베드로가 먹어야 할 양식은 곧 고넬료의 가족이었던 것입니다.

이와 같이 하나님의 형상대로 지음을 받은 자들이 먹을 양식은 식물이나 먹는 밥이 아니라 구원시켜야 할 하나님의 백성을 말하고 있는 것입니다.

[창세기 1장 30절] 또 땅의 모든 짐승과 공중의 모든 새와 생명이 있어 땅에 기는 모든 것에게는 내가 모든 푸른 풀을 식

물로 주노라 하시니 그대로 되니라

וּלְכָל ־ חַיַּת הָאָרֶץ וּלְכָל ־ ע֣וֹף הַשָּׁמַ֗יִם 30
핫솨마임   오프   울레콜   하아레쯔   하야트   울레콜
공중의   새와   모든   땅의   짐승과   또 모든

וּלְכֹ֣ל ־ רוֹמֵ֣שׂ עַל ־ הָאָ֔רֶץ אֲשֶׁר ־ בּ֣וֹ נֶ֣פֶשׁ חַיָּ֗ה
하야   네페쉬   보   아쉐르   하아레쯔   알   로메스   울레콜
생   명이   있어   땅   에   기는   모든것에게는

אֶת ־ כָּל ־ יֶ֥רֶק עֵ֖שֶׂב לְאָכְלָ֑ה וַֽיְהִי ־ כֵֽן׃
캔   바예히   레아켈라   에세브   예레크   콜   에트
그대로   되니라   내가 식물로 주노라   풀을   푸른   모든

　　상기의 말씀을 보면 하나님의 형상과 모양으로 지음을
받은 남자와 여자에게만 먹을 양식을 주신 것이 아니라 땅
의 모든 짐승과 공중의 모든 새와 땅에 기는 모든 것들에게
도 먹을 양식을 주신 것입니다. 이러한 짐승들이 먹어야 할
양식은 바로 푸른 풀이라 말씀하고 있습니다. 그러면 푸른
풀은 영적으로 어떤 존재를 말하는 것일까? 하나님께서 짐
승과 새와 기는 짐승들에게 먹으라는 푸른 풀은 바다에 떼
를 지어있는 물고기들, 즉 애굽에 존재하고 있는 하나님의
백성을 말합니다.

　　이렇게 광야의 짐승들이 먹어야할 풀은 잡초가 아니라
푸른 풀인데, 푸른 풀은 하나님의 백성 가운데 회개하여 마
음이 깨끗하고 진실한 자들을 말하고 있습니다.

결국 출애굽하여 광야에서 훈련을 받고 있는 종들의 양식은 애굽교회의 교리와 기복신앙에서 벗어나 진리를 찾아 방황하고 있는 자들이라는 것입니다. 이와 같이 예수님이 먹을 양식은 가나안의 차원에 이른 그의 제자들이며 모세가 먹는 양식은 출애굽한 하나님의 백성을 말하고 있는 것입니다. 또한 제사장, 즉 오늘날 목회자들이 먹는 양식은 애굽의 교인들을 말하고 있는 것입니다.

　　이렇게 영적 존재들이 먹어야 하는 식물은 곧 하나님의 백성을 말하고 있는 것입니다. 이것은 하나님의 말씀으로 창조된 짐승들은 애굽에 있는 물고기들을 구원시키고 가나안에 육축들은 광야에서 훈련받고 있는 짐승들을 구원시켜 가나안으로 인도하라는 것입니다.

18. 여섯째의 날 하나님의 형상과 모양대로 창조받은 하나님의 자녀

[창세기 1장 31절] 하나님이 그 지으신 모든 것을 보시니 보시기에 심히 좋았더라 저녁이 되며 아침이 되니 이는 여섯째 날이니라

31 וַיַּרְא	אֱלֹהִים	אֵת־	כָּל־	אֲשֶׁר	עָשָׂה	וְהִנֵּה־	טוֹב
바야르	엘로힘	에트	콜	아쉐르	아사	베힌네	토브
보시니	하나님이	모든것을		그 지으신		보시기에	좋았더라

מְאֹד	וַיְהִי־	עֶרֶב	וַיְהִי־	בֹקֶר	יוֹם	הַשִּׁשִׁי׃ פ
메오드	바예히	에레브	바예히	보케르	욤	핫쉿쉬
심히	되며	저녁이	되니	아침이	이는 날이니라	여섯째

하나님께서 땅을 하늘로 창조하셨다는 것은 첫째 날을 여섯째 날로 창조하여 하나님의 형상과 모양이 같은 사람, 즉 하나님의 아들로 완성시켰다는 것입니다. 이러한 과정을 통해서 창조된 하나님의 아들을 바라보시고 하나님은 심히 좋아하신 것입니다. 그러면 첫째 날이 하나님의 말씀으로 창조되어(거듭나서) 여섯째 날로 완성되는 과정의 존재들은 구체적으로 어떤 존재들을 말하는 것일까요?

하나님께서 처음에 창조하신 존재는 원어에 '쉐레쯔'(떼

지어 있는 무리)로 미생물과 같이 떼를 지어있는 무리들을 말하고 있습니다. 이러한 미생물(물고기)이 거듭나서 기는 짐승이 되는 것이며 기는 짐승이 다시 거듭나서 걷는 짐승이 되는 것입니다. 또한 걷는 짐승들이 거듭나면 육축이 되는 것이며 육축이 다시 거듭날 때 사람이 되는 것입니다. 그런데 육축이 거듭나는 사람은 남자가 아니라 여자입니다. 이렇게 다섯 번 거듭나서 사람이 된 여자가 남자의 씨를 받아 다시 거듭날 때 비로소 하나님의 형상과 모양으로 완성된 남자가 되는 것입니다.

하나님은 이렇게 여섯째 날로 거듭난 남자 안에 들어가 안식하게 되는데 하나님이 안식하고 계신 남자를 일곱째 날이라 말하는 것입니다. 결국 하나님이 안식하고 계신 일곱째 날이 바로 하나님의 아들이며 예수그리스도를 말하는 것입니다.

이와 같이 미생물과 기는 짐승은 애굽의 존재들을 말하며 들짐승들과 육축들은 광야의 존재들이며 여자와 남자는 가나안의 존재들을 말하고 있는 것입니다. 이렇게 미물이 하나님의 아들로 거듭나는 과정에는 반드시 돕는 배필이 있어야 하는데 돕는 배필을 영적으로 신랑 혹은 남편이라 말하고 있습니다. 그런데 예수님과 수가성 우물가의 여인이 대화하는 것을 보면 돕는 남편도 그 상태와 차원에 따라 각기 다르다는 것을 알 수 있습니다.

[요한복음 4장 13~18절] 예수께서 대답하여 가라사대 이 물을 먹는 자마다 다시 목마르려니와 내가 주는 물을 먹는 자는 영원히 목마르지 아니하리니 나의 주는 물은 그 속에서 영생하도록 솟아나는 샘물이 되리라 여자가 가로되 주여 이런 물을 내게 주사 목마르지도 않고 또 여기 물 길러 오지도 않게 하옵소서 가라사대 네 남편을 불러 오라 여자가 대답하여 가로되 나는 남편이 없나이다 예수께서 가라사대 네가 남편이 없다 하는 말이 옳도다 네가 남편 다섯이 있었으나 지금 있는 자(도)는 네 남편이 아니니 네 말이 참되도다.

지금 예수님과 대화를 하고 있는 수가성 우물가의 여인은 생수를 주는 일곱째 남편(예수님)을 만나기 위해 지금까지 야곱의 우물(오늘날 교회)로 나가 물(말씀)을 길어 먹으며 열심히 신앙생활을 하고 있는 신실한 여인입니다. 때문에 예수님께서 여인에게 네 남편을 불러오라고 하였을 때 남편이 없다고 대답을 한 것입니다.

왜냐하면 지금까지 남편이 다섯이나 있었고 지금도 여

섯째 남편과 함께 살고 있으나 현재의 남편도 자신에게 생
수(생명의 말씀)를 주는 남편이 아니기 때문입니다.

수가성 우물가의 여인이 지금까지 섬기고 살아온 남편
들은 세상의 남편, 애굽교회의 남편(목사), 광야교회의 남
편(모세), 요단강가의 남편(세례요한) 등입니다. 그러나 이
런 남편들은 자신에게 영원히 목마르지 않는 생수, 즉 생명
의 말씀을 주지 못해 항상 목이 갈한 것입니다.

그러므로 이 여인은 지금도 남편과 함께 살고 있지만
남편이 없다고 말한 것인데 그 이유는 자신에게 생수를 주
는 일곱째 남편이 진정한 남편이라는 것을 알고 있었기 때
문입니다. 여인에게 생수를 주는 일곱째 남편은 지금 여인
앞에 서있는 예수님이신 것입니다. 이와 같이 미물이 여섯
째 날로 창조가 되려면, 첫째 남편으로부터 일곱째 남편까
지 만나서 살아야 하는 것입니다. 이들이 바로 상태에 따라
하나님께서 짝지어 주시는 영적인 남편이요 신랑이며 목자
들입니다.

그런데 오늘날 목회자들은 말씀의 영적인 의미를 모르
기 때문에 수가성 우물가의 여인을 보고 음탕한 창녀로 매
도를 하며 설교를 하고 있는 것입니다. 이렇게 하나님의 뜻
이나 영적인 의미를 모르고 설교를 하는 자들을 예수님께

서 소경이며 거짓 선지자이며 삯꾼목자라 말씀하고 있는 것입니다.

이렇게 하나님의 뜻도 모르고 자기 마음대로 말씀을 가감하여 해석하며 전하고 있는 자들이 바로 창세기에 아담과 하와를 미혹한 뱀의 후손들인 것입니다.

메시야

업은 아기 삼면 찾듯
눈앞에 계신 메시야를 모르네
이천년을 기다린 메시야
이천년을 더 기다려도 오지 않으리

마음자리 바꾸어
마음 눈을 뜨면
눈앞에 계신 메시야
확연하게 보련마는

미련하고 어리석은 백성들
오늘도 뜬구름 바라보며
구름타고 오실 메시야를
학수고대하며 기다리네.

편 지

당신이 보내주신 편지는
사랑의 기쁨과 서글픔으로
가득 차 있습니다

기다리는 슬픔이
너무 벅차긴 해도
당신을 만날 수 있는
소망이 있기에
마냥 기쁘기만 합니다

당신을 만나는 그날에
그 동안 간직했던
모든 일들을
사랑의 노래로 꽃 피우렵니다

아름답고 향기로운 열매로
당신이 보내주신 편지에
보답하는 양이 되고 싶습니다.

제2장

하나님께서 안식하시는 곳

천지와 만물이 다 이루니라

וַיְכֻלּוּ הַשָּׁמַיִם וְהָאָרֶץ וְכָל־ צְבָאָם׃

[창세기 2장 1절] 천지와 만물이 다 이루니라

וַיְכֻלּוּ הַשָּׁמַיִם וְהָאָרֶץ וְכָל־צְבָאָם׃ 1

째바암	베콜	베하아레쯔	핫솨마임	바이쿨루
물이	만	지와	천	다 이루니라

　　창세기 2장 1절은 하나님께서 계획하시고 창조하신 천지만물을 다 이루셨다고 말씀하고 있습니다. 하나님께서 창조하신 천지와 만물은 지금까지 말씀드린 바와 같이 자연만물이 아니라 하나님으로부터 창조 받아야할 하나님의 아들과 광야의 종들과 애굽의 무리들을 말하고 있습니다. 그러므로 하늘(천)은 하나님의 아들이며 땅(지)은 하나님의 종이며 만물(피조물)은 하나님의 백성들을 비사로 말씀하신 것입니다.

　　이렇게 하나님께서 말씀으로 창조하시는 천지만물은 창조받을 인간들의 존재들을 차원적으로 말씀하고 있는 것입니다. 이렇게 하나님께서는 애굽에 존재하는 하나님의 백성(땅들)을 구원하여 광야의 존재인 하나님의 종으로 거듭나게 하고, 광야에 존재하고 있는 종들은 가나안의 존재인 하나님의 아들로 창조하신다는 것입니다. 때문에 1장에서 땅을 하늘로 창조하시겠다는 계획하고 시작하신 일들을 모두 이루셨다고 2장에서 말씀하신 것입니다.

1. 하나님께서 안식하시는 곳

[창세기 2장 2절] 하나님의 지으시던 일이 일곱째 날이 이를 때에 마치니 그 지으시던 일이 다하므로 일곱째 날에 안식하시니라

וַיְכַל אֱלֹהִים בַּיּוֹם הַשְּׁבִיעִי מְלַאכְתּוֹ אֲשֶׁר עָשָׂה 2
아사 아쉐르 멜라크토 핫쉐비이 바욤 엘로힘 바이칼
지으시던 하나님의 일이 일곱째 날이 이를 때에 (하나님이) 마치시니

וַיִּשְׁבֹּת בַּיּוֹם הַשְּׁבִיעִי מִכָּל־מְלַאכְתּוֹ אֲשֶׁר עָשָׂה׃
아사 아쉐르 멜라크토 믹콜 핫쉐비이 바욤 바이쉬보트
지으시던 그 일이 다하므로 일곱째 날에 안식하시니라

하나님께서 첫째 날(미생물)을 육일동안 말씀으로 창조를 하셔서 여섯째 날을 만드신 것은 일곱째 날, 즉 하나님의 아들로 창조된 일곱째 날 안에 들어가 안식하시기 위함입니다. 하나님께서 육일동안 창조하신 여섯째 날은 결국 하나님이 거하시는 처소, 즉 하나님의 집이며 하나님의 성전인 것입니다. 성경에 예수님을 하나님의 교회(성전)라고 말씀하고 있는 것은 예수님 안에 하나님이 안식하고 계시기 때문입니다.

이와 같이 하나님이 거하시는 하나님의 교회는 하나님

의 말씀으로 창조된 하나님의 아들들을 말하고 있습니다. 때문에 예수님은 하나님의 성전을 건축하는 하늘나라의 목수로 유대 땅에 오셨기 때문에 예수님은 건물로 된 교회는 하나도 건축하지 않으시고 오직 그의 제자들 안에 말씀으로 영적인 성전만 건축하신 것입니다.

　예수님은 말씀으로 영적인 열두 교회를 건축하시다가 도중에 한 채(가룟유다)를 실패하셔서 그 후에 사도바울을 부르셔서 열두 교회(사도)로 채우신 것입니다. 사도행전 7장에 예수님이 건축하는 성전과 세상목자들이 건축하는 성전에 대해서 자세히 말씀하고 있습니다.

[사도행전 7장 46~49절] 다윗이 하나님 앞에서 은혜를 받아 야곱의 집을 위하여 하나님의 처소를 준비케 하여 달라 하더니 솔로몬이 그를 위하여 집을 지었느니라 그러나 지극히 높으신 이는 손으로 지은 곳에 계시지 아니하시나니 선지자의 말한바 주께서 가라사대 하늘은 나의 보좌요 땅은 나의 발등상이니 너희가 나를 위하여 무슨 집을 짓겠으며 나의 안식할 처소가 어디뇨.

　상기의 말씀은 다윗 왕이 생전에 그렇게 소망하며 지으

려 했던 하나님의 집(성전)을 건축하지 못하고 그의 아들 솔로몬 왕이 예루살렘 성전을 건축하였다고 말씀하고 있습니다. 그런데 지극히 높으신 하나님은 사람이 손으로 지은 건물 성전에 계시지 않는다고 말씀하고 있는 것입니다. 문제는 유대인들이나 오늘날 기독교인들이 하나님이 계신 성전을 모르고 또한 하나님이 안식하시는 처소(집)가 어느 곳인지 조차도 모르고 있다는 것입니다. 때문에 하나님은 이러한 것도 모르면서 너희가 어떻게 나를 위하여 무슨 집(성전)을 짓겠느냐고 말씀하시는 것입니다.

하나님의 성전(집)은 하나님의 말씀으로 건축된 하나님의 아들들을 말하는데 하나님의 성전은 하늘의 건축면허를 소지한 하나님의 아들들만이 건축할 수 있는 것입니다. 하나님께서 하나님의 아들들을 통하여 말씀으로 건축된 성전에만 들어가서 안식하십니다. 그러므로 하나님께서는 첫째 날로부터 시작하여 여섯째 날로 창조를 하시는 목적은 일곱째 날인 하나님의 아들 안에 들어가셔서 안식하시려는 것입니다. 이와 같이 하나님은 일곱째 날로 완성된 자들 안에 들어가 안식하고 계신데 일곱째 날은 곧 예수님과 사도들과 같은 하나님의 아들들을 말하고 있습니다.

그러므로 성경에서 하나님이 계신 하나님의 나라를 천

국이라 말하는데 하나님이 계신 천국은 바로 예수님과 하나님의 생명으로 거듭난 하나님의 아들들을 말하고 있는 것입니다. 왜냐하면 하나님은 예수님 안에 계시며 또한 예수님과 같이 하나님의 아들로 거듭난 자들 안에 계시기 때문입니다.

때문에 예수님은 자신이 곧 천국이라고 말씀하신 것이며 기독교인들도 예수님이 계신 곳은 천국이나 지옥이나 모두 천국이라 말하는 것입니다. 이것은 천국이 어느 특정한 장소를 가리키는 것이 아니라 땅이 하늘로 거듭난 존재들을 말하고 있는 것입니다. 그런데 유대인들이나 오늘날 기독교인들이 천국의 실체를 모르기 때문에 천국은 하나님을 믿는 자들만이 사후에 들어가는 곳(장소)으로 생각하고 있습니다.

그러나 천국은 자신의 마음속에 이루지는 것이기 때문에 현생에서 천국이 자기 안에 이루어지지 않으면 살아서나 죽어서나 천국은 없는 것입니다. 왜냐하면 자기 마음속이 지옥이면 천국에 가 있어도 지옥이요 자기 마음이 천국이면 지옥에 들어가 있어도 천국이기 때문입니다. 때문에 생전에 천국을 이루지 못한 자들은 죽어서도 천국에 들어가지 못한다는 것을 알아야 합니다.

그럼에도 불구하고 오늘날 기독교인들은 현생에 자신이 하나님의 생명으로 거듭나서 천국이 되려하지 않고 죽으면 천국에 들어간다는 망상을 하고 있는 것입니다. 그러나 천국은 상기에서 말씀드린 바와 같이 하나님의 말씀으로 육일동안 창조 받아 하나님이 거할 수 있는 처소가 준비된 하나님의 아들에게 만이 이루어지는 것입니다. 오늘날 예수를 믿고 있는 기독교인들이 사후에는 천국으로 들어간다는 소망을 가지고 신앙생활을 열심히 하고 있지만 현생에 천국을 이루지 못한 자들은 사후에도 천국이 없다는 것을 알아야 합니다. 그러므로 오늘날 기독교인들은 사후에 천국에 들어가려고 하지 말고 이 세상사는 동안에 신앙생활을 열심히 하여 천국을 이루어야 합니다.

　그러면 하나님께서 말씀하고 계신 지옥은 과연 어느 곳을 말씀하신 것일까? 오늘날 기독교인들은 지옥도 사람들이 고통을 받는 장소적 개념으로 알고 있습니다. 즉 지옥은 뜨거운 기름 가마 속이나 뱀들이 우굴 거리는 곳으로 죄인들이 큰 고통을 받는 어느 특정한 장소로 알고 있는 것입니다. 그러나 사람이 받는 모든 고통은 육신이 존재할 때만 느낄 수 있으며 육신이 없으면 고통도 느끼지 못합니다. 그런데 사람이 죽으면 육신은 썩어 없어져 버리고 혼만 남는데 혼이 어떻게 고통을 받는단 말인가?

　사람의 고통은 육신이 존재할 때만 느낄 수 있는 것이며 사람이 짓는 죄업이나 선업도 육신이 존재할 때만 범할 수 있는 것입니다. 결국 사람의 선업과 악업은 육신이 존재하기 때문에 발생되는 것이며 선과 악업에 따른 행복과 고통도 육신이 존재 할 때만이 받을 수 있는 것입니다. 그러므로 지옥은 어느 특정한 장소가 아니라 혼의 생명이 육신을 입고 있을 동안 육신으로 인해서 받는 고통을 지옥이라 말하는 것입니다.

　성경에서 지옥을 음부 혹은 무저갱 이라고도 말하는데 성경이 말하는 지옥도 장소적 개념이 아니라 존재적 개념으로 어둠의 존재들을 말하고 있는 것입니다. 이렇게 지옥은 아직 하나님의 생명으로 거듭나지 못한 존재들, 즉 어둠 속에 갇혀서 고통 받고 있는 죄인의 존재들을 말하고 있습니다. 사람들의 고통은 죄 때문에 받는 것이며 죄는 사람 안에 자리 잡고 있는 욕심 때문에 발생되는 것입니다. 때문에 하나님께서 욕심이 잉태하면 죄를 낳고 죄가 장성하여 사망하게 된다고 말씀하시는 것입니다. 그런데 죄의 근원은 욕심이지만 욕심의 근원은 육신입니다. 때문에 죄로 인한 고통도 육신이 받게 되는 것입니다. 이렇게 지옥과 천국은 자신이 만드는 것인데 자신의 마음이 천국이면 지옥에 있어도 천국이지만 자신의 마음이 지옥이면 천국에 가도 지옥인 것입니다.

이와 같이 천국과 지옥은 내생에만 있는 것이 아니라 현생에도 존재하고 있는 것입니다. 사람들이 세상을 살아가면서 하루속히 이 세상의 고통 속에서 벗어나 고통도 없고 죽음도 없는 천국으로 들어가려는 것은 자신이 살고 있는 이 세상이 바로 지옥이라는 것을 말해주고 있는 것입니다. 이와 같이 천국과 지옥은 자신 안에서 만들어지는 것인데 현생에서 하나님의 생명으로 거듭나 하나님의 아들이 되면 천국이 되는 것이며 하나님의 생명으로 거듭날 생각은 하지도 않고 육신의 종노릇을 하면서 천국만 가려는 자들은 지옥인 것입니다.

그런데 현생에서 자신이 지은 죄를 씻지 않고 오히려 죄를 더 범하고 있는 자들은 내생에 열악한 몸(지옥)으로 태어나 배나 더 심한 지옥의 고통을 받게 되는 것입니다. 이것은 현실이 말해주듯이 어떤 사람은 좋은 환경에서 태어나 비교적 행복한 삶을 살아가는 반면에 어떤 사람은 태어날 때부터 불구나 소경으로 태어나 평생을 고통 속에서 살아가는 것을 볼 수 있습니다. 그러나 현생에서 하나님의 뜻에 따라 신앙생활을 열심히 하여 하나님의 생명으로 거듭난 자들은 생사화복의 윤회에서 벗어나 천국을 누리고 있는 것입니다.

이것이 바로 갈라디아서 6장의 말씀과 같이 심은 대로 거두게 하시는 하나님의 공의입니다. 그러므로 오늘날 기독교인들은 신앙생활을 자신의 욕심을 채우기 위해서 하지 말고 자신 안에 들어 있는 욕심을 버리기 위해서 해야 합니다. 만일 현생에서 전생에 지은 모든 죄업을 씻고 자신 안에 들어있는 욕심들을 모두 버린다면 하나님의 생명으로 거듭나서 천국이 이루어 질 것입니다.

[창세기 2장 3절] 하나님이 일곱째 날을 복 주사 거룩하게 하셨으니 이는 하나님이 그 창조하시며 만드시던 모든 일을 마치시고 이날에 안식하셨음이더라

3 וַיְבָרֶךְ אֱלֹהִים אֶת־יוֹם הַשְּׁבִיעִי וַיְקַדֵּשׁ אֹתוֹ

| 오토 | 바이카데쉬 | 핫쉐비이 | 욤 | 에트 | 엘로힘 | 바이바레크 |
| (그 날을) | 거룩하게 하셨으니 | 일곱째 | 날을 | | 하나님이 | 복 주사 |

כִּי בוֹ שָׁבַת מִכָּל־ ס[ב] מְלַאכְתּוֹ אֲשֶׁר־

| 아쉐르 | 멜라크토 | | 믹콜 | 쇼바트 | 보 | 키 |
| 그 | | 모든일을 마치고 | 안식 하셨 | 이날에 | 이는 음이더라 |

בָּרָא אֱלֹהִים לַעֲשׂוֹת:

| 라아소트 | 엘로힘 | 바라 |
| 만드시던 | 하나님이 | 창조하시며 |

153

하나님께서 복을 주시는 일곱째 날의 존재는 곧 육일 동안 말씀으로 창조된 하나님의 아들입니다. 하나님께서 일곱째 날에 주시는 복은 하나님의 생명이며 하나님의 말씀입니다. 신약성경에 복이라는 단어가 '유로기아' 로 기록되어 있는데, '유로기아' 라는 단어의 뜻은 좋은 말씀, 즉 생명의 말씀을 말하고 있습니다.

하나님은 이런 창조의 과정을 통해서 말씀으로 건축된 여섯째 날의 성전, 즉 하나님의 아들에게 복(하나님의 생명)을 주시고 그 안에 들어가 안식하시는 것입니다. 하나님은 지금도 변함없이 땅을 하늘로 창조하시기 위해서 말씀으로 역사하고 계시며 또한 오늘날 하나님의 형상과 모양으로 창조된 자들 안에 들어가셔서 안식을 하시는 것입니다.

오늘날 기독교인들이 창세기의 말씀을 통해서 하나님의 아들로 거듭나는 것은 이러한 창조의 과정을 통해서 이루어지는 것이며 예수를 믿고 입으로 시인한다하여 순간적으로 아들이 되는 것이 아니라는 것을 알아야 합니다. 그러므로 오늘날 기독교인들은 창세기의 말씀을 통해서 하나님의 뜻과 하나님의 아들로 창조되는 과정들을 올바로 알아서 올바른 신앙생활을 해야 하는 것입니다.

2. 하나님이 천지를 창조하신 대략

[창세기 2장 4절] 여호와 하나님이 천지를 창조하신 때에 천지의 창조된 대략이 이러하니라

אֵלֶּה תוֹלְדוֹת הַשָּׁמַיִם וְהָאָרֶץ בְּהִבָּרְאָם 4
베힙바레암　베하아레쯔　핫쇠마임　톨레도트　엘레
창조하신　　지를　　천　　대략이　이러하니라

בְּיוֹם עֲשׂוֹת יְהוָה אֱלֹהִים אֶרֶץ וְשָׁמָיִם:
베쇠마임　에레쯔　엘로힘　예호바　아소트　베욤
천　　지의　하나님이　여호와　창조된　때에

　여호와 하나님께서 천지만물을 창조하신 일들을 2장 3절까지 모두 마치시며 "천지의 창조된 대략이 이러하니라"고 말씀하고 있습니다. 이 말씀은 하나님께서 천지만물을 창조한 일들이 대강 이러하다는 뜻으로 볼 수 있습니다. 그런데 '대략'이라는 단어는 원어에 '톨레다'로 기록되어 있으며 뜻은 출생, 계보, 족보, 역사 등의 의미입니다.

　그러므로 상기의 말씀은 여호와 하나님께서 땅을 하늘로 만드시는(낳는) 과정과 계획이 이러하다는 뜻입니다. 왜냐하면 하나님께서 흙으로 인간을 만드시는 실제 창조는 2장 5절부터 시작되기 때문입니다.

　하나님은 창세기 1장을 통해서 하나님의 백성에게 천

지를 창조하시는 계획과 창조되는 과정을 구체적으로 말씀
하신 것입니다.

　이렇게 땅에 속한 하나님의 백성이 하늘에 속한 하나님
의 아들로 거듭나려면 상기와 같은 과정을 거쳐서 창조되
어야 하는 것입니다. 이와 같이 오늘날 기독교인들도 하나
님의 아들로 거듭나려면 반드시 상기와 같은 과정을 통해
서 하나님의 형상과 모양이 같은 하나님의 아들로 창조되
어야 하는 것입니다. 그런데 오늘날 목회자들은 하나님께
서 인간들을 만드실 때 처음부터 하나님의 형상과 모양이
같은 사람, 즉 하나님의 아들로 만들었다고 오해를 하고 있
습니다.

　만일 하나님께서 처음에 인간들을 하나님의 형상과 모
양이 같은 하나님의 아들로 만들었다면 하나님의 아들도
뱀의 유혹을 받아 선악과를 먹고 타락하여 죄인이 될 수 있
다는 것입니다. 그러나 영원한 생명을 소유한 하나님(아들)
이 죄를 범하고 또한 그 죄로 말미암아 죽는다는 것은 어불
성설입니다. 이 모든 것들은 창세기의 말씀을 올바로 보지
못하는 소경된 서기관과 삯꾼목자들 때문에 일어난 일들입
니다. 이렇게 소경된 목회자들은 지금도 천지창조를 자연
만물 창조라고 주장을 하면서 자신이 하나님의 아들로 창

조 받을 생각은 하지 않고 건물성전만을 건축하고 있는 것입니다.

　　그러나 예수님은 하나님의 뜻과 창세기에 나타난 하나님의 설계도를 분명히 알고 있기 때문에 이 세상에 오셔서 건물성전은 하나도 짓지 않으시고 말씀으로 건축하는 영적인 성전, 즉 그의 제자들 안에 말씀으로 하나님의 성전을 건축하신 것입니다. 예수님께서 유대인들이 46년동안 지은 예루살렘성전을 바라보시면서 "이 성전을 헐라 내가 사흘 동안에 다시 지으리라"고 말씀하신 성전은 바로 사람들 안에 말씀으로 건축되는 하나님의 교회를 말씀하고 있는 것입니다.(요한복음 2장19절)

　　왜냐하면 예전이나 지금이나 목회자들은 한결같이 말씀으로 사람 안에 건축하는 하나님의 성전은 짓지 않고 건물성전만 짓고 있기 때문입니다. 이렇게 하나님의 천지창조는 2장 4절로 모두 끝을 맺고 있습니다. 이 말씀을 통해서 창세기에 나타난 천지창조를 알았다면 이제부터라도 자기 안에 하나님의 말씀으로 하나님이 거하실 하나님의 성전을 건축해야 합니다. 사도바울도 하나님의 성전은 건물이 아니라 바로 우리 안에 말씀으로 건축되는 성전이라고 분명히 말씀하고 있습니다.

[고린도전서 3장 16~17절] 너희가 하나님의 성전인 것과 하
나님의 성령이 너희 안에 거하시는 것을 알지 못하느뇨 누구든
지 하나님의 성전을 더럽히면 하나님이 그 사람을 멸하시리라
하나님의 성전은 거룩하니 너희도 그러하니라.

사도바울은 하나님의 성령이 거하는 하나님의 성전을
'너희', 즉 사람들이라고 분명히 말씀하고 있습니다. 그리
고 하나님의 성령이 거하는 '너희'는 하나님을 믿는 자들
이 아니라 하나님의 말씀으로 거룩하게 된 자들, 즉 예수님
이나 사도들과 같은 자들을 말하고 있습니다. 이렇게 예수
님이나 사도들은 건물성전을 하나님의 성전으로 인정을 하
지 않고 하나님의 말씀으로 거룩하게 되어 하나님의 성령
이 거하시는 사람들만을 성전이라 말씀하고 있습니다. 때
문에 사람들이 모여서 예배드리는 건물들은 회당 혹은 예
배당이라 말하는 것입니다.

오늘날 건물교회를 부정하는 무교회주의자들을 볼 수
있는데 이들은 교회나 성전이 아무리 화려하고 웅장하다
해도 하나님의 성령, 즉 하나님의 생명으로 거듭난 하나님
의 아들이 없으면 교회로 인정을 하지 않는 것입니다.

하나님께서 말씀이 처음 시작되는 창세기 1장에 천지

창조를 기록해 놓으신 것은 하나님이 거하실 하나님의 성전을 사람들 안에 건축하기 위함입니다. 이것은 하나님의 백성에게 신앙생활을 통해서 하나님의 말씀으로 하나님의 성전을 건축하라는 뜻입니다.

　그래서 오늘날 기독교인들은 하나님께서 보내주시는 건축자(참 목자)를 찾아서 하루속히 하나님의 말씀으로 하나님의 성전을 건축해야 합니다. 하나님은 오늘날 기독교인들에게 창세기의 설계도면대로 하나님의 성전을 건축하라고 명하고 계시며, 하나님은 지금도 하나님의 성전으로 건축된 자들 안에 들어가 안식하시기를 원하고 계십니다.

3. 하나님께서 흙으로 만든 최초의 사람

[창세기 2장 5~6절] 여호와 하나님이 땅에 비를 내리지 아니하셨고 경작할 사람도 없었으므로 들에는 초목이 아직 없었고 밭에는 아직 채소가 나지 아니하였으며 안개만 땅에서 올라와 온 지면을 적셨더라.

5 וְכֹל שִׂיחַ הַשָּׂדֶה טֶרֶם יִהְיֶה בָאָרֶץ וְכָל־ עֵשֶׂב

에세브 베콜 바아레쯔 이흐예 테렘 핫사데 시아흐 베콜
초목이 (모든) (땅에는) 었고 아직 없- 밭에는 채소가 (모든)

הַשָּׂדֶה טֶרֶם יִצְמָח כִּי לֹא הִמְטִיר יְהֹוָה אֱלֹהִים

엘로힘 예호바 힘티르 로 키 이쯔마흐 테렘 핫사데
하나님이 여호와 비를 내리지 아니 하셨고 므로 나지 아니 하였으며 들에는

עַל־ הָאָרֶץ וְאָדָם אַיִן לַעֲבֹד אֶת־ הָאֲדָמָה: 6 וְאֵד

베에드 하아다마 에트 라아보드 아인 베아담 하아레쯔 알
안개만 (땅을) 경작 할- 없었으 사람도 땅 에

יַעֲלֶה מִן הָאָרֶץ וְהִשְׁקָה אֶת־ כָּל־ פְּנֵי־ הָאֲדָמָה:

하아다마 페네이 콜 에트 베히쉬카 하아레쯔 민 야알레
지 면을 온 적셨더라 땅 에서 올라와

상기의 말씀을 보면 하나님께서 사람을 최초로 창조하신 시점이 창세기 1장이 아니라 2장 5절 이하라는 것을 알 수 있습니다. 왜냐하면 하나님께서 사람을 흙으로 창조하시는 것이 2장 5절에 나오기 때문입니다.

상기의 말씀은 하나님께서 경작할 사람이 없어 땅에 비

를 내리시지 않았고 따라서 들에는 초목이 없고 밭에는 채
소도 나지 않았다고 말씀하고 있습니다. 단지 땅에서 안개
만 올라와 지면을 적셨다고 말씀하십니다. 이것은 2장 5절
이전에는 사람만 없는 것이 아니라 들에 초목이나 밭에 채
소도 없었다는 것입니다.

이것은 창세기 1장부터 2장 4절까지의 모든 천지창조
는 실제가 아니라 하나님이 땅을 취하여 말씀으로 자기의
모양과 형상이 같은 사람(하늘)으로 만드시겠다는 하나님
의 계획이라는 것을 말해주고 있는 것입니다.

이렇게 2장 4절까지의 천지창조는 땅을 하늘로 창조하
시겠다는 하나님의 계획이며 설계도라는 것을 알아야 합니
다. 그런데도 불구하고 오늘날 기독교인들은 사람을 처음
부터 하나님의 형상과 모양으로 만들었다고 주장을 하고
있는 것입니다.

[창세기 2장 7절] 여호와 하나님이 흙으로 사람을 지으시고
생기를 그 코에 불어넣으시니 사람이 생령이 된지라.

7 וַיִּיצֶר יְהוָה אֱלֹהִים אֶת־הָאָדָם עָפָר מִן־הָאֲדָמָה

하아다마	민	아파르	하아담	에트	엘로힘	예호바	바이쩨르
(그 땅)	(에서)	흙으로	사람을		하나님이	여호와	지으시고

וַיִּפַּח בְּאַפָּיו נִשְׁמַת חַיִּים וַיְהִי הָאָדָם לְנֶפֶשׁ חַיָּה:

하야	레네페쉬	하아담	바예히	하임	니쉬마트	베압파이브	바입파흐
생	령이	사람이	된지라	생	기를	그 코에	불어 넣으시니

상기의 말씀은 여호와 하나님이 사람을 흙으로 지으신 후 생기를 코에 불어넣어 생령이 되었다고 말씀하고 있습니다. 여기서 하나님께서 흙으로 만드신 사람은 육신을 말하며 육신의 코를 통해 생기를 불어넣은 것은 혼(사람의 생명)을 말합니다.

그런데 원문에 보면 흙으로 사람을 만드신 것이 아니라 흙으로부터 취한 티끌(아파르), 즉 고운 가루로 만드셨다고 기록되어 있습니다. 시편 90편 3절에 하나님께서 사람을 티끌로 돌아가라고 말씀하신 것은 사람이 티끌로 만들어졌기 때문입니다.

이 말은 각종 짐승들은 흙으로 만드시지만 사람은 흙을 체로 쳐서 나온 고운 가루(티끌)로 만든다는 뜻입니다. 즉 짐승들은 거친 흙으로 만들지만 사람은 흙이 고운가루로 변한 티끌로 만드는 것인데 이 티끌은 땅에 속한 죄인이 모든 죄를 깨끗하게 씻어 정결하게 된 처녀(마리아)와 같은 자를 말씀하고 있는 것입니다.

그리고 성경에 하나님께서 코에 생기를 불어넣어 사람

이 된 생령은 영(루아흐)이 아니라 혼(네페쉬)이라 분명히
기록되어 있습니다. 즉 하나님께서 사람의 몸에 불어넣은
생명은 영이 아니라 혼이라는 것입니다.

그러므로 사람은 처음부터 하늘에 속한 영적인 존재가
아니라 땅에 속한 혼적인 존재라는 것을 알아야 합니다. 사
람이 영(하나님의 말씀)으로 거듭나야 하는 것은 이 세상에
있는 사람은 모두가 혼적 존재이기 때문입니다. 왜냐하면
하나님께서 흙으로 만든 혼적 존재(첫아담)를 말씀으로 육
일동안 재창조하여 하늘에 속한 영적 존재(둘째 아담)로 만
드시기 때문입니다.

성경에 하나님을 토기장이로 비유하여 말씀하고 있는
데 토기장이는 그릇을 만들 때 처음부터 완성된 그릇을 만
드는 것이 아니라 처음에 흙에서 고운 가루를 취하여 물로
반죽을 하여 그릇의 형태를 만들어 놓고 만든 그릇을 도가
니 속에 넣어 오랜 시간 동안 불로 열을 가한 후 다시 꺼내
어 온전한 그릇만을 골라서 유액을 발라 완성을 시키는 것
입니다.

이와 같이 하나님께서 혼적 존재를 영적인 존재로 창조
하시기 위해서 애굽에 있는 하나님의 백성을 광야로 출애
굽 시켜 불기둥과 구름기둥 속에서 연단을 시킨 후, 가나안

으로 들여보내 하나님의 아들로 거듭나게 하시는 것입니다. 이것은 하나님께서 창세 때부터 계획하신 일이며 지금도 진행하고 계신 일입니다.

이것이 바로 창세기 1장에 하나님께서 땅을 하늘로 창조하시기 위해 계획하신 일이며 지금도 계속되고 있는 일들입니다.

4. 동산 중앙에 있는 선악을 알게 하는 나무

[창세기 2장 8~9절] 여호와 하나님이 동방의 에덴에 동산을 창설하시고 그 지으신 사람을 거기 두시고 여호와 하나님이 그 땅에서 보기에 아름답고 먹기에 좋은 나무가 나게 하시니 동산 가운데에는 생명나무와 선악을 알게 하는 나무도 있더라.

8 וַיִּטַּע יְהֹוָה אֱלֹהִים גַּן־בְּעֵדֶן מִקֶּדֶם וַיָּשֶׂם שָׁם

| 쇼-ㅁ | 바야셈 | 믹케뎀 | 베에덴 | 간 | 엘로힘 | 예호바 | 바잇타 |
| 거기 | 두시고 | 동방의 | 에덴에 | 동산을 | 하나님이 | 여호와 | 창설하시고 |

אֶת־הָאָדָם אֲשֶׁר יָצָר: 9 וַיַּצְמַח יְהֹוָה אֱלֹהִים מִן־

| 민 | 엘로힘 | 예호바 | 바야쯔마흐 | 야짜르 | 아쉐르 | 하아담 | 에트 |
| 에서 | 하나님이 | 여호와 | 나게 하시니 | 그 지으신 | | 사람을 | |

הָאֲדָמָה כָּל־עֵץ נֶחְמָד לְמַרְאֶה וְטוֹב לְמַאֲכָל

| 레마아콜 | 베토브 | 레마르에 | 네흐마드 | 에쯔 | 콜 | 하아다마 |
| 먹기에 | 좋은 | 보기에 | 아름답고 | 나무가 | (모든) | 그 땅 |

וְעֵץ הַחַיִּים בְּתוֹךְ הַגָּן וְעֵץ הַדַּעַת טוֹב וָרָע:

| 바라 | 토브 | 핫다아트 | 베에쯔 | 학간 | 베토크 | 하하임 | 베에쯔 |
| 악을 | 선 | 알게하는 | 나무도 있더라 | 동산 가운데에는 | | 생명 | 나무와 |

하나님께서 동방에 에덴동산을 만드신 후 흙으로 지은 사람을 그곳에 두시고 그 땅에서 보기에 아름답고 먹기에 좋은 나무가 나게 하셨는데 동산 가운데는 생명나무와 선악을 알게 하는 나무도 있다고 말씀하십니다. 그런데 하나

님께서 만드신 동방의 에덴동산은 지금 어느 곳을 말하며 각종나무들은 무엇을 말하는 것일까? 오늘날 기독교인들은 에덴동산을 지상낙원과 같은 곳으로, 이스라엘 부근 어느 곳에 있었던 것으로 막연히 생각하고 있습니다. 그런데 에덴이라는 단어는 히브리어 '아단'에서 유래된 것으로 기쁨, 즐거움이라는 긍정적인 의미와 주색에 빠져 살다, 스스로 즐겁게 하다라는 부정적인 의미를 포함하고 있습니다.

그러므로 성경에서 말하는 에덴동산은 하나님의 백성들이 살아가는 신앙의 세계, 즉 애굽, 광야, 가나안을 말하고 있는 것입니다. 때문에 에덴동산에 각종나무가 있고 동산 중앙에는 먹으면 죽는 선악나무와 먹으면 살 수 있는 생명나무가 있는 것입니다. 이것은 보기에 아름답고 먹기에 좋은 나무가 있는 곳은 애굽 땅을 말하며, 먹으면 죽는 선악나무가 있는 곳은 광야를 말하며, 먹으면 살아나는 생명나무가 있는 곳은 가나안땅을 말하고 있는 것입니다.

하나님께서 에덴동산에 이러한 각종나무들을 준비하신 것은 사람이 그 나무의 열매를 먹고 살아서 하나님의 아들로 거듭나게 하기 위함입니다. 그러면 하나님이 에덴동산에 사람들을 살게 하기 위해서 존재하고 있는 각종나무들은 과연 어떤 나무들일까? 오늘날 기독교인들이 다른 나무는 모른다 해도 동산 중앙에 있던 생명나무와 선악나무에 대해서는 반드시 알아야 합니다. 왜냐하면 선악을 알게 하는 나무를 모르면 인류의 조상 아담과 하와가 범한 선악과의 여독으로 원죄에서 영원히 벗어날 수 없기 때문입니다. 오늘날 기독교인들은 아담 할아버지의 범죄로 말미암아 태어날 때부터 자신도 알지 못하는 원죄의 누명을 쓰고 죄인으로 태어난 것입니다.

그러나 성경에는 원죄라는 구절이나 단어 자체가 없을 뿐만 아니라 조상이나 아비가 지은 죄가 그 자손에게 전가된다는 말씀도 없습니다. 원죄는 단지 기독교회가 기독교의 교리로 만들어 놓은 것입니다. 하나님은 자기가 지은 죄로 자신이 죽는 것이지 아비가 지은 죄 때문에 자식이 죽는 법은 없다고 말씀하고 있습니다.

[예레미아서 31장 29~30절] 그때에 그들이 다시는 이르기를 아비가 신 포도를 먹었으므로 아들들의 이가 시다 하지 아니하겠고 신 포도를 먹는 자마다 그 이가 심 같이 각기 자기 죄악으로만 죽으리라.

하나님은 자신이 지은 죄를 조상 탓이라고 말하는 자들

때문에 상기의 말씀을 통해서 이같이 말씀 하시는 것입니다. 오늘날 기독교인들이 아담 할아버지의 죄 때문에 우리가 태어날 때부터 죄인이 되었다고 주장하는 것은 상기의 말씀과 같이 아비가 신 포도를 먹었기 때문에 아들의 이도 시다는 자들과 같은 것입니다.

그러나 신 포도를 먹은 아비의 이만 시지 아비의 이가 시다고 아들의 이까지 시지 않다는 것입니다. 즉 아비가 지은 죄 때문에 아비가 죽는 것이지 부모의 죄 때문에 자식이 죽는 것이 아니라는 것입니다. 이와 같이 원죄는 기독교가 교리로 만든 것이며 하나님의 말씀이 아닙니다. 원죄를 현실적으로 굳이 말한다면 아담이 선악과를 먹은 죄의 여독이 아니라 전생에 자신이 지은 죄라 말할 수는 있습니다.

그런데 기독교회는 전생이 없다고 부정을 하고 있기 때문에 사람들이 전생에 지은 죄를 이생에서 받고 있다는 사실을 모르고 원죄라는 명목을 만들어 교인들을 모두 죄 속에 가두어 놓은 것입니다. 이렇게 사람들이 전생에서 자신이 지은 죄를 원죄라 할 수 있는데 만일 전생에 지은 죄를 이생에서 모두 해결하지 못하고 죽으면 그 죄들이 내생에 다시 원죄가 되어 죄 값을 받게 되는 것입니다.

그러나 전생에서 지은 죄와 현생에서 지은 죄를 모두

해결하고 하나님의 생명으로 거듭난다면 생노병사의 윤회에서 벗어나 영원한 천국에 이르게 되는 것입니다. 그러므로 오늘날 기독교인들이 하나님이 계신 천국으로 들어가려면 먼저 현생에서 원죄와 자범죄를 모두 하나님의 말씀으로 깨끗이 씻어서 정결한 몸이 되어야 합니다.

이렇게 현생에서 모든 죄를 해결하고 하나님의 생명으로 거듭난다면 내생에 다시 태어나지 않고 영원한 천국에 이르게(천국으로 완성) 되는 것입니다. 천국에 이르게 된다는 말은 곧 천국의 존재, 즉 하나님의 아들로 완성이 된다는 말입니다.

이렇게 아담이 지은 원죄를 씻는 것이 아니라 자신이 전생에 지은 죄를 이생에서 하나님의 말씀으로 모두 깨끗이 씻어야 땅의 존재에서 벗어나 천국에 이르게 되는 것입니다. 그런데도 불구하고 오늘날 기독교인들은 교리와 기복신앙에서 벗어나려 하지 않고 오히려 욕심으로 죄를 쌓고 있는 것입니다. 그러면 아담과 하와가 먹은 선악나무의 열매는 과연 무엇을 말하고 있는 것일까? 나무의 열매는 사람들이 먹고 사는 양식입니다. 그렇다면 하나님의 백성이 먹고 사는 양식은 무엇일까?

오늘날 기독교인들 중에 육에 속한 자들은 나무의 열매

를 육신의 양식이라 말하겠지만 영에 속한 자들은 나무의 열매는 육신의 양식이 아니라 하나님의 말씀이라 말합니다.

하나님의 백성이 먹는 모든 열매는 나무로부터 나옵니다. 그러면 하나님의 백성에게 열매를 공급하는 나무들은 영적으로 어떤 나무를 말하는 것일까요? 성경을 보면 많은 나무들이 나옵니다. 상수리나무, 감람나무, 포도나무, 무화과나무와 같은 좋은 나무들도 있고 들포도나무와 가시와 엉겅퀴와 같은 악한 나무도 있습니다. 그런데 성경에서 말씀하고 있는 나무들은 사람의 존재로 포도나무는 예수님을 무화과나무는 이스라엘 백성을 들포도나무는 광야의 존재를 가시와 엉겅퀴는 애굽의 존재들을 비유하여 말씀하고 있는 것입니다.

이렇게 하나님께서 말씀하시는 나무들은 식물들을 말하는 것이 아니라 모두 영적인 존재들을 비유하여 말하고 있는 것입니다. 그러면 아담과 하와가 먹은 선악과는 어떤 존재를 말하고 있을까? 선악나무는 하나님의 선과 악을 알게 해주는 나무로 광야의 모세와 율법을 말하고 있습니다. 왜냐하면 애굽교회, 즉 세상교회의 목사와 교리 속에서 신앙생활을 하며 의인(하나님의 아들)노릇을 하는 자들이 출애굽을 하여 모세의 율법으로 나오면 자신이 죄인이라는 것을 알게 되어 애굽의 존재는 모두 죽어야 하기 때문입니다.

애굽인들의 선과 악은 교리를 기준하고 있지만 광야로 나오면 선악이 하나님의 법인 율법입니다. 동방의 의인인 욥은 하나님 앞에서 많은 선을 행하였지만 하나님이 보실 때는 욥의 의가 자신의 의이며 따라서 욥이 교만하고 악하기 때문에 사단을 들어 징계하신 것을 볼 수 있습니다.

동방의 의인이라는 욥도 하나님의 뜻이나 하나님이 말씀하시는 선과 악을 몰랐기 때문에 하나님께서 사단을 들어 욥을 징계하신 것입니다.

5. 에덴에서 발원하는 네 강

[창세기 2장 10~14절] 강이 에덴에서 발원하여 동산을 적시고 거기서부터 갈라져 네 근원이 되었으니 첫째의 이름은 비손이라 금이 있는 하윌라 온 땅에 둘렀으며 그 땅의 금은 정금이요 그곳에는 베델리엄과 호마노도 있으며 둘째강의 이름은 기혼이라 구스 온 땅에 둘렀고 세째 강의 이름은 힛데겔이라 앗수르 동편으로 흐르며 네째 강은 유브라데더라.

10 וְנָהָר֙ יֹצֵ֣א מֵעֵ֔דֶן לְהַשְׁק֖וֹת אֶת־ הַגָּ֑ן וּמִשָּׁם֙ יִפָּרֵ֔ד

베나하르	오쩨	메에덴	레하쉬코트	에트	학간	우밋사-□	잎파레드
강이	발원하여	에덴에서	적시도		동산을	거기서부터	갈라져

11 וְהָיָ֖ה לְאַרְבָּעָ֣ה רָאשִׁ֑ים שֵׁ֥ם הָֽאֶחָ֖ד פִּישׁ֑וֹן ה֗וּא

베하야	레아릅바아	라쉼	쉠	하에하드	피숀	후
되었으니	네	근원이	이름은	첫번째	비손이라	(그것은)

הַסֹּבֵ֗ב אֵ֚ת כָּל־ אֶ֣רֶץ הַֽחֲוִילָ֔ה אֲשֶׁר־ שָׁ֖ם הַזָּהָֽב׃

핫쏘베브	에트	콜	에레쯔	하하빌라	아쉐르	쒀-□	핫자하브
둘렀으며		온	땅에	하윌라	(거기에)	있는	금이

12 וּֽזֲהַ֛ב הָאָ֥רֶץ הַהִ֖וא ט֑וֹב שָׁ֥ם הַבְּדֹ֖לַח וְאֶ֥בֶן הַשֹּֽׁהַם׃

우자하브	하아레쯔	하후	토브	쒀-□	합베돌라흐	베에벤	핫쏘함
그 금은	땅의	그	정금이요	곳에는 있으며	베델리엄과		호마노도

13 וְשֵֽׁם־ הַנָּהָ֥ר הַשֵּׁנִ֖י גִּיח֑וֹן ה֣וּא הַסּוֹבֵ֔ב אֵ֖ת כָּל־

베쉠	한나하르	핫쉬니	기혼	후	핫쏘베브	에트	콜
이름은	강의	둘째	(그것은) 기혼이라		둘렀고		온

14 אֶ֖רֶץ כּֽוּשׁ׃ וְשֵׁם֙ הַנָּהָ֣ר הַשְּׁלִישִׁ֔י חִדֶּ֖קֶל ה֣וּא

에레쯔	쿠쉬	베쉠	한나하르	핫쉘리쉬	힛데겔	후

(그것은) 힛데겔아라   세째   강의   이름은   구스   땅에

הַהֹלֵךְ קִדְמַת אַשּׁוּר וְהַנָּהָר הָרְבִיעִי הוּא פְרָת׃

페라트   후   하레비이   베한나하르   앗슈르   키드마트   하홀레크
유브라데더라 (그것은) 베째   강은   앗수르   동편으로   흐르며

　　상기의 말씀은 강이 에덴에서 발원하여 동산을 적시고
그곳에서부터 강이 넷으로 갈라져 네 땅의 근원이 되었다
고 말씀하고 있습니다. 즉 에덴 동산 안에 있는 네 땅에 네
강이 흐르고 있다는 것입니다. 그러면 네 강은 어떤 강을
말하며 네 땅은 과연 어떤 땅을 말하고 있을까 ?

　　창세기에 나타난 이 강들과 땅들은 성경 속이나 그 당
시에만 존재하고 있었던 것인가, 아니면 지금도 그 땅들이
존재하고 있으며 그 강물은 지금도 흐르고 있는 것일까?
만일 지금도 이 강과 땅들이 존재하고 있다면 어느 나라에
있으며 그 강들은 지금 어느 강을 말하는 것일까? 기독교
인들은 의아해 하겠지만 이 땅과 강들은 지금까지 존재하
고 있으며 앞으로도 영원히 존재할 것입니다.

　　문제는 하나님께서 말씀하시는 땅이나 강은 영적인 비
유로 이 세상의 어느 지역이나 지정된 어느 강을 말하고 있
는 것이 아니라는 것입니다. 그러면 이 땅과 강들은 성경에
서 어느 곳에 있으며 영적으로 무엇을 말하는 것일까? 에

덴에서 발원하여 흐르고 있는 네 강과 땅을 원문에서 찾아 보면 첫째 땅은 하윌라(금과 보석)로 기록되어 있는데 하윌 라는 세상의 부귀영화가 있는 애굽을 말하며 둘째 땅의 구 스(검은, 그슬린)는 불에 검게 그을린 땅이라는 의미로 광 야를 말하며 셋째 땅의 앗수르(생명)는 영원한 생명이 존재 하는 가나안 땅을 말하며 넷째 땅은 영원한 안식을 말하고 있는 것입니다.

그리고 첫째, 비손(욕심, 교만, 권위)강은 원문에 욕심 과 교만과 권위라는 뜻으로 애굽교회의 전통적 유전과 교 리를 말하며 둘째, 기혼(해산의 고통, 수고)강은 시험과 연 단으로 고통받는 광야와 율법을 말하며 셋째, 힛데겔(옳은, 정의) 강은 하나님의 진리와 생명, 즉 가나안의 은혜와 진 리를 말하고 있습니다.

그러면 넷째, 유브라데(결실하다, 열매를 맺다)강은 무엇 을 말하는 것일까? 넷째 강은 영원한 안식의 땅에 있는 그 리스도(성령)를 말하고 있습니다. 이 네 땅들은 하나님의 백성이 영원한 천국에 들어가기 위해서 통과 해야할 땅들 (애굽-광야-가나안-안식)이며 네 강들은 차원적인 하나님 의 말씀(유교병, 무교병, 생명의 떡, 영원한 생명)을 말하고 있습니다.

이렇게 하나님께서는 하나님의 백성이 걸어가야 하는 길과 과정을 네 땅과 네 강으로 비유하여 말씀하고 있는 것입니다. 이 땅과 강들은 하나님의 백성에게 옛날이나 지금이나 앞으로도 영원토록 존재할 것입니다.

그러므로 하나님의 백성이 영원한 천국으로 들어가려면 이 길을 따라 가야합니다. 예수님은 이 길을 좁고 협착한 생명의 길이라 말씀하고 있습니다.

6. 먹으면 죽는 선악나무의 실과

[창세기 2장 15~17절] 여호와 하나님이 그 사람을 이끌어 에덴 동산에 두사 그것을 다스리며 지키게 하시고 여호와 하나님이 그 사람에게 명하여 가라사대 동산 각종 나무의 실과는 네가 임의로 먹되 선악을 알게 하는 나무의 실과는 먹지 말라 네가 먹는 날에는 정녕 죽으리라 하시니라.

15 וַיִּקַּח יְהוָה אֱלֹהִים אֶת־ הָאָדָם וַיַּנִּחֵהוּ בְגַן־

베간 바얀니헤후 하아담 에트 엘로힘 예호바 바익카흐
동산에 두사 그 사람을 하나님이 여호와 이끌어

עֵדֶן לְעָבְדָהּ וּלְשָׁמְרָהּ: 16 וַיְצַו יְהוָה אֱלֹהִים

엘로힘 예호바 바이짜브 울레솨메라흐 레아베다흐 에덴
하나님이 여호와 ·명하여 지키게 하시고 그것을 다스리며 에덴

עַל־ הָאָדָם לֵאמֹר מִכֹּל עֵץ־ הַגָּן אָכֹל תֹּאכֵל:

토켈 아콜 학간 에쯔 미콜 레모르 하아담 알
네가 먹되 임의로 동산 나무의 각종 실과는 가라사대 하시니라 그 사람 에게

17 וּמֵעֵץ הַדַּעַת טוֹב וָרָע לֹא תֹאכַל מִמֶּנּוּ כִּי

키 밈멘누 토칼 로 바라 토브 핫다하트 우메에쯔
(만약) (그것으로부터) 먹지 말라 악을 선 알게하는 나무의 실과는

בְּיוֹם אֲכָלְךָ מִמֶּנּוּ מוֹת תָּמוּת:

타무트 모트 밈멘누 아칼레카 베욤
죽으리라 정령 (그것으로부터) 네가 먹는 날에는

상기의 말씀은 여호와 하나님이 아담을 이끌어 에덴동

산에 두시고 그 나무들을 다스리고 지키게 하시면서 하나님께서 아담에게 명하여 이르시되 동산 각종 나무의 열매는 임의로 먹되 선악을 알게 하는 나무로부터 나오는 실과는 먹지 말라고 명하신 것입니다. 하나님께서 아담에게 먹지 말라는 것은 선악 나무로부터 나오는 열매를 먹는 날에는 반드시 죽기 때문이라고 말씀하고 있습니다. 그런데 아담은 간교한 뱀의 미혹을 받아 선악과를 먹게 되었고 따라서 모든 사람에게 원죄라는 죄명이 주어진 것입니다,

때문에 오늘날 기독교인들은 전지전능한 하나님께서 이미 아담이 뱀의 미혹을 받아 선악과를 먹을 줄 알면서 왜 선악과를 만들어 먹게 하여 그의 후손들까지 원죄의 누명을 쓰게 만들었느냐고 원망을 하는 것입니다. 이 말은 하나님께서 선악과를 만들어 놓지 않았다면 아담이 선악과를 먹을 일도 없고 범죄 할 일도 없었을 것이 아니냐는 뜻입니다. 결국 하나님께서 아담이 선악과를 먹을 것이라는 것을 이미 아시면서 죄를 범하도록 선악과를 만들어 놓으셨다는 것입니다.

그러나 이러한 현상은 오늘날 기독교인들이 영적인 하나님의 뜻과 계획을 모르기 때문에 하는 말입니다. 만일 하나님의 뜻이나 말씀 속에 감추어있는 영적인 뜻을 안다면

오히려 감사할 것입니다. 하나님께서 에덴동산에 각종나무를 사람에게 양식으로 주신 것은 육적인 애굽의 백성이 먹을 양식이며 선악과는 출애굽을 하여 광야로 나온 하나님 백성이 먹을 양식이며 생명나무의 실과는 가나안에 이른 하나님의 자녀들이 먹으라고 준비해 놓으신 양식입니다. 때문에 선악과는 애굽의 육적인 종교인들이 출애굽을 하여 광야로 나온 자들이 먹는 양식으로 먹으면 죽게 되어 있는 것입니다.

왜냐하면 애굽에서 각종나무의 실과(각종교리)를 먹은 육적 존재가 홍해바다에서 죽어야 광야로 들어갈 수 있고 광야에 입성한 자들은 광야의 선악나무 열매(율법)를 먹어야 광야의 혼적 존재가 죽어서 요단강을 건너 가나안땅으로 들어가 생명나무의 실과(은혜와 진리)를 먹을 수 있기 때문입니다.

그러므로 애굽의 각종나무는 각종 교파의 제사장(목회자)들을 말하며 광야의 선악나무는 모세를 말하며 가나안의 생명나무는 예수님을 비유로 말씀하신 것입니다. 그러므로 모세의 율법은 애굽의 교인들에게 죄인이라는 것을 깨닫게 하여 애굽의 욕심을 제거 시키고 육적 존재를 죽이는 것이며, 예수님의 입에서 나오는 생명의 말씀은 율법으로 죽은 존재를 다시 살려서 하나님의 아들로 거듭나게 하는 것입니다. 이와 같이 선악나무의 열매를 먹고 죽지 않으면 가나안에 들어가 생명나무(예수님)의 열매를 먹을 수 없다는 것입니다. 때문에 하나님께서 선악나무의 실과를 먹으면 반드시 죽는다고 말씀하신 것입니다. 이것은 애굽에서 지은 헌집을 광야에서 헐어 버리지 않고는 가나안에 들어가 새집을 지을 수 없고 애굽과 광야의 존재가 죽지 않으면 가나안의 존재로 거듭날 수 없다는 뜻입니다.

이와 같이 하나님께서 선악과를 만들어 놓으신 것은 하나님의 백성을 죽이기 위해서 만든 것이 아니라 영원한 생명을 주시기 위해서 만들었다는 것입니다. 때문에 이스라엘 백성이 출애굽을 하여 광야로 들어가 모세를 통해서 사십년 동안 시험과 연단을 받은 후 가나안 땅으로 들어가게 된 것입니다. 오늘날 기독교인들이 이러한 하나님의 깊은 뜻을 알게 된다면 선악과를 만들어 주신 하나님께 오히려 감사를 하게 될 것입니다.

[갈라다아서 3장 22~24절] 그러나 성경이 모든 것을 죄 아래 가두었으니 이는 예수 그리스도를 믿음으로 말미암은 약속을 믿는 자들에게 주려 함이니라 믿음이 오기 전에 우리가 율

법 아래 매인바 되고 계시될 믿음의 때까지 갇혔느니라 이같이 율법이 우리를 그리스도에게로 인도하는 몽학선생이 되어 우리로 하여금 믿음으로 말미암아 의롭다 함을 얻게 하려 함이니라.

상기의 말씀과 같이 성경(율법)이 모든 사람을 죄 아래 가둔 것은 하나님의 약속을 믿는 자들에게 예수그리스도를 통해서 하나님의 생명을 주기 위함이라 말씀하고 있습니다. 이어지는 말씀은 믿음이 오기 전에는 모든 사람이 율법 아래 매인바 되어 계시될 믿음의 때까지 갇혀있다고 말씀하고 있습니다. 여기서 계시될 믿음의 때는 몽학선생인 율법이 예수님에게로 인도 되어 하나님의 아들로 거듭나는 때를 말하고 있습니다. 이렇게 선악과인 율법은 하나님의 백성을 죽이려는 것이 아니라 죽은 영혼을 살려서 영원한 생명을 주시기 위한 목적으로 만드신 것입니다.

이렇게 애굽의 죄 아래 있는 자들이 광야로 나와 율법으로 죽지 않으면 다시 사는 부활이 없는 것입니다. 즉 애굽에서 각종나무의 실과를 먹은 자들이 광야로 나와 선악과의 실과를 먹고 죽지 않으면 가나안으로 들어가 생명나무의 실과를 먹을 수 없다는 것입니다. 오늘날 기독교인들은 하나님의 이러한 뜻을 모르기 때문에 모세와 율법을 폐

해버리고 지금도 선악과를 만드신 하나님을 원망하고 있는 것입니다.

그러나 하나님께서 각종실과의 열매나 선악나무의 열매나 생명나무의 열매는 모두 하나님의 백성들을 구원하고 살려서 영원한 생명을 주시기 위해서 준비해 놓으신 하늘의 양식입니다. 그러므로 애굽의 종교인들은 유교병을 먹은 것이며 광야로 나온 신앙인들은 무교병을 먹은 것이며 가나안으로 들어간 하나님의 자녀들은 생명의 떡을 먹은 것입니다. 때문에 하나님께서 아직 애굽에서 유교병을 먹고 있는 자들은 광야의 만나(선악과)를 절대로 먹지 말라고 말씀하신 것입니다.

때문에 오늘날 기독교인들도 아직 세상교회에서 기복적인 신앙생활을 하면서 각종 교파의 목회자들이 주는 유교병(각종교리)을 먹고 있는 자들은 모세가 주는 율법(선악과)을 먹어서는 절대로 안 되는 것이며 만일 먹는 날에는 반드시 죽게 되는 것입니다.

[창세기 2장 18~19절] 여호와 하나님이 가라사대 사람이 독처하는 것이 좋지 못하니 내가 그를 위하여 돕는 배필을 지으리라 하시니라 여호와 하나님이 흙으로 각종 들짐승과 공중의

각종 새를 지으시고 아담이 어떻게 이름을 짓나 보시려고 그것
들을 그에게로 이끌어 이르시니 아담이 각 생물을 일컫는 바가
곧 그 이름이라.

18 וַיֹּאמֶר יְהוָה אֱלֹהִים לֹא־ טוֹב הֱיוֹת הָאָדָם
바이오메르　예호바　엘로힘　로　토브　헤요트　하아담
(여호와) 가라사대 하시니라　하나님이　못하니　좋치　처하는 것이　사람의

לְבַדּוֹ אֶעֱשֶׂה־ לּוֹ עֵזֶר כְּנֶגְדּוֹ: 19 וַיִּצֶר יְהוָה
예호바　바이쩨르　케넥도　에제르　로　에에세흐　레밧도
여호와　지으시고　베필을　돕는　그를 위하여　내가 지으리라　독

אֱלֹהִים מִן הָאֲדָמָה כָּל־ חַיַּת הַשָּׂדֶה וְאֵת־ כָּל־ עוֹף
엘로힘　하아다마　민　콜　하야트　핫사데　베에트　콜　오프
하나님이　흙으로　각종　짐승과　들　각종　새를

הַשָּׁמַיִם וַיָּבֵא אֶל־ הָאָדָם לִרְאוֹת מַה־ יִּקְרָא־ לוֹ
핫솨마임　바야베　엘　하아담　릴오트　마　이크라　로
공중의　이끌어 이르시니　에게로　그　보시려고 어떻게 이름을 짓나 아담이 그것들을

וְכֹל אֲשֶׁר יִקְרָא־ לוֹ הָאָדָם נֶפֶשׁ חַיָּה הוּא שְׁמוֹ:
베콜　아쉐르　이크라　로　하아담　네페쉬　하야　후　쉐모
바가　일컫는　(그것을) 아담이　각-물을　생　곧　그 이름이라

　　상기의 말씀은 여호와 하나님이 사람이 홀로 사는 것을
보시고 아담을 위해 돕는 배필을 짓기 위하여 흙으로 각종
들짐승과 공중에 나는 새를 지으셨다고 말씀하고 있습니
다. 하나님께서 아담을 위해서 흙으로 각종 들짐승과 공중
의 각종 새를 지으셔서 돕는 배필을 만드신 것은 아담이 하

는 일을 돕기 위해서라고 말씀하십니다. 이렇게 하나님께서 아담을 위해 많은 짐승들과 새들을 지으신 것은 이들을 하나님의 형상과 모양이 같은 하나님의 아들로 창조하기 위해서입니다.

창세기 1장 24절 이하에서 이미 들짐승과 공중에 나는 새를 말씀으로 내라하시고 하나님의 형상과 모양이 같은 사람까지 만드셨는데 사람이 독처하는 것이 좋지 못하다고 하여 흙으로 들짐승과 공중에 나는 새를 지으신다고 말씀하십니다. 이것은 창세기 1장이 하나님께서 만물을 실제 창조를 하신 것이 아니라 창조의 계획을 말씀하신 것이라는 것을 말해주는 것입니다. 문제는 하나님께서 사람을 위해서 돕는 배필을 지으신 것이 사람이 아니라 짐승들이라는 것입니다.

사람을 도울 수 있는 배필은 사람이지 새나 들짐승들이 사람의 배필이 될 수 없습니다. 그러므로 사람을 도우라고 하나님께서 지으신 짐승들은 실제 짐승들이 아니라 차원적인 사람의 존재들을 비유로 말씀하고 있는 것입니다. 즉 아담은 경작을 하는 사람이고 짐승들은 경작을 받아야 할 사람들이라는 뜻입니다. 이렇게 아담을 돕는 배필인 짐승들은 들의 짐승들을 말하는 것이 아니라 짐승의 상태에 있는 사람들을 비유하여 말씀한 것입니다.

　그러므로 성경에 아담과 짐승들은 목자와 양의 관계로 예수님과 제자들을 비유하고 있는 것입니다. 오늘날 기독교인들은 창세기 4장 14절에 아벨을 죽인 가인이 "나를 만나는 자가 나를 죽인다"는 말씀 때문에, 그러면 아담 이전에도 사람들이 이미 존재하고 있지 않았느냐는 의문을 제기하고 있습니다.

　이것은 오늘날 기독교인들이 하나님께서 흙으로 만든 각종 짐승들이 모두 사람들을 비유하여 말씀하셨다는 사실을 모르기 때문에 하는 말입니다.

7. 가인 이전에 존재하던 사람들

[창세기 4장 14~15절] 주께서 오늘 이 지면에서 나를 쫓아 내시온즉 내가 주의 낯을 뵈옵지 못하리니 내가 땅에서 피하며 유리하는 자가 될찌라 무릇 나를 만나는 자가 나를 죽이겠나이다. 여호와께서 그에게 이르시되 그렇지 않다 가인을 죽이는 자는 벌을 칠배나 받으리라 하시고 가인에게 표를 주사 만나는 누구에게든지 죽임을 면케 하시니라.

　상기의 말씀은 오늘날 기독교인들에게 큰 충격과 더불어 많은 의문을 갖게 합니다. 왜냐하면 이 당시에 성경에 나타난 사람은 아담과 하와 그리고 가인 이외에는 없었다고 생각하기 때문입니다. 그런데 상기의 말씀을 보면 가인의 가족 이외에도 사람들이 많이 있었다는 것을 분명히 말씀하고 있는 것입니다. 이러한 성경구절을 바라보면서 오늘날 기독교인들은 정확무오한 하나님의 말씀에도 오류가 있다고 생각할 수도 있습니다.
　그러나 이것은 오늘날 목회자들이나 기독교인들이 하나님께서 창세기를 통해서 말씀하고 계신 육축이나 들짐승 그리고 기는 짐승들이 실제 짐승이 아니라 사람을 그 상태와 차원에 따라 비유로 말하고 있다는 것을 전혀 모르기 때문입니다.

하나님은 아직 하나님의 아들로 거듭나지 못한 죄인들을 짐승이라 말하고 있으며 하나님의 아들로 거듭난 자들을 사람이라 말씀하고 있습니다. 때문에 예수님께서 자신을 하나님의 아들이라는 말씀보다 인자, 즉 사람의 아들이라는 말씀을 자주하신 것입니다. 그런데 성경에서 말씀하시는 짐승은 다 같은 짐승이 아니라 애굽에 머물러 있는 존재들은 미물이나 기는 짐승이며, 광야로 나온 자들은 들짐승이며, 광야에서 요단강으로 나온 자들은 육축이며, 가나안에 이른 자들을 사람(여자)이라 말씀하시는 것입니다.

이렇게 하나님의 아들로 거듭나는 과정을 거쳐 가나안에 이른 자(여자)가 남자(예수)의 씨(생명의 말씀)를 받고 거듭날 때 비로소 하나님의 아들(남자)이 되는 것입니다. 이어지는 말씀은 여호와 하나님께서 아담에게 흙으로 만든 짐승들에게 이름을 지으라고 하셨고 아담은 하나님의 말씀에 따라 짐승들에게 이름을 만들어준 것입니다.

그러면 오늘날 사람들이 부르고 있는 소, 돼지, 양, 사자, 호랑이, 코끼리 등의 이름들이 모두 아담이 지으셨다고 생각할 수도 있습니다. 그러면 정말 그 당시에 아담이 짐승들의 이름을 모두 지었을까? 그렇지 않습니다. 아담이 짐승들에게 지은 이름은 짐승들의 명칭이 아니라 짐승들의 영적 차원을 구분해 준 것입니다.

그러므로 성경에 말씀의 차원에 따라 기는 짐승이 있고 들짐승이 있고 육축이 존재하고 있는 것입니다. 예수님께서 자신은 인자며 그의 제자들은 양이며 유대인들은 들짐승이라 말씀한 것은 바로 이런 이유 때문입니다. 이러한 영적인 뜻을 모르는 오늘날 기독교인들은 모두 자신이 사람이거나 하나님의 아들이라 생각을 하고 있지만, 하나님이 보실 때에는 들짐승이나 기는 짐승 아니면 아직 미생물에 불과한 존재일 수도 있다는 것을 알아야 합니다.

오늘날 기독교인들이 하나님의 말씀을 통해서 날마다 거듭나야 하는 것은 바로 이 때문입니다. 즉 미물의 존재가 여섯 번 거듭나야 비로소 하나님의 아들(인자)이 된다는 것입니다. 그런데 오늘날 목회자들은 이러한 사실을 모르기 때문에 미물이나 기는 짐승의 존재라도 예수를 믿기만 하면 즉시에 모두 하나님의 아들이 된다고 거짓증거를 하고 있는 것입니다.

8. 아담의 갈빗대로 만든 여자

[창세기 2장 20~22절] 아담이 모든 육축과 공중의 새와 들의 모든 짐승에게 이름을 주니라 아담이 돕는 배필이 없으므로 여호와 하나님이 아담을 깊이 잠들게 하시니 잠들매 그가 그 갈빗대 하나를 취하고 살로 대신 채우시고 여호와 하나님이 아담에게서 취하신 그 갈빗대로 여자를 만드시고 그를 아담에게로 이끌어 오시니

20 וַיִּקְרָא הָאָדָם שֵׁמוֹת לְכָל־ הַבְּהֵמָה וּלְעוֹף

울레오프	합베헤마	레콜	쉐모트	하아담	바이크라
새와	육축과	모든	이름을	아담이	주니라

הַשָּׁמַיִם וּלְכָל חַיַּת הַשָּׂדֶה וּלְאָדָם לֹא־ מָצָא עֵזֶר

에제르	마짜	로	울레아담	핫사데	하야트	울레콜	핫솨마임
돕는	(발견할 수) 없으므로	아담이	들의	짐승	모든-에게	공중의

כְּנֶגְדּוֹ 21 וַיַּפֵּל יְהוָה אֱלֹהִים תַּרְדֵּמָה עַל־ הָאָדָם

하아담	알	탈데마	엘로힘	예호바	바얍펠	케넥도
아담을	깊이	잠들게	하나님이	여호와	하시니	베필이

וַיִּישָׁן וַיִּקַּח אַחַת מִצַּלְעֹתָיו וַיִּסְגֹּר בָּשָׂר תַּחְתֶּנָּה:

타흐텐나	바사르	바이쓰골	밋짤오타이브	아하트	바익카흐	바이솬
대신	살로	채우시고	그 갈빗대	하나를	그가 취하고	잠들매

22 וַיִּבֶן יְהוָה אֱלֹהִים אֶת־ הַצֵּלָע אֲשֶׁר לָקַח

라카흐	아쉐르	핫젤라	에트	엘로힘	예호바	바이벤
취하신	그 갈빗대로		하나님이	여호와	만드시고

מִן־ הָאָדָם לְאִשָּׁה וַיְבִאֶהָ אֶל־ הָאָדָם:

하아담	엘	바이비에하	레잇솨	하아담	민
아담	에게로	그를 이끌어 오시니	여자를	아담	에게서

상기의 말씀은 아담이 모든 육축과 공중의 새와 들의 모든 짐승들에게 이름을 준 후 여호와 하나님이 아담에게 돕는 배필이 없기 때문에 아담의 몸에서 갈빗대 하나를 취하여 여자를 만드셨다 말씀하고 있습니다. 하나님께서 아담과 각종 들의 짐승과 공중의 새들도 모두 흙으로 만드셨는데, 여자는 무엇 때문에 흙이 아닌 아담의 갈빗대로 만드셨을까? 그러면 남자는 여자보다 갈비뼈 하나가 적단 말인가? 또한 이 세상에 존재하는 여자들의 조상은 모두 남자의 갈비뼈란 말인가? 아무리 생각을 해도 이해 할 수 없는 일입니다.

이 말씀 속에는 사람들이 알 수 없는 큰 비밀이 숨겨 있습니다. 그러면 여자를 만든 갈비뼈의 실체는 무엇일까? 문제는 하나님께서 여자를 만드신 이유가 아담을 돕기 위해서 만드셨다는데 있습니다. 즉 여자는 아담을 돕는 배필이라는 것입니다.

그러므로 아담이 모든 짐승의 상태와 차원에 따라 이름을 준 것과 같이 아담의 갈빗대로 만든 여자도 차원적인 영적 존재를 말하고 있다는 것입니다. 즉 짐승들은 흙(아다마)으로 만들었고 아담은 흙으로부터 취한 티끌(아파르)로 만들었으며 여자는 아담으로부터 취한 갈빗대로 만들었다는 것입니다. 이것은 짐승은 흙에서 나오고 아담은 흙에서 취한 티끌에서 나오며 여자는 티끌에서 취한 아담에게서 나온다는 것을 말해 주고 있습니다.

때문에 아담이 여자를 바라보고 이는 내 뼈 중의 뼈요, 살 중의 살이라 말하고 있는 것입니다. 그러면 여자들은 남자와 달리 뼈 속에 뼈가 있고 살 속에 또 살이 있단 말인가? 이 말은 창세기의 비밀이요, 성경 전체의 비밀이라 할 수 있습니다. 그러므로 이 구절은 오늘날 기독교인들이 성경을 아무리 보고 또 보아도 알 수 없고 이해조차 할 수 없는 말씀입니다.

때문에 성경말씀은 하나님의 비밀이며, 하나님의 비밀은 그리스도이며, 그리스도의 비밀은 곧 예수님이라 말씀하고 있는 것입니다. 그러므로 하나님의 영적인 말씀은 하나님의 생명으로 거듭나 영안이 열린 자들만이 보고 알 수 있는 것입니다.

지금 하나님께서 아담의 갈빗대에서 취하여 만든 돕는 배필은 곧 하나님의 아들(예수님)을 말씀하고 있습니다. 왜냐하면 하나님이 아담을 깊은 잠에 들게 하신 것은 첫 아담의 죽음을 말하며, 아담의 갈빗대에서 취하여 만든 여인은 하나님의 생명으로 부활된 둘째 아담, 즉 예수님(하나님의 아들)을 말씀하고 있기 때문입니다.

　그러므로 하나님은 하나님의 아들로 거듭난 예수님을 가리켜 이는 살 중의 살이요, 뼈 중의 뼈라고 말씀하시는 것입니다. 이렇게 하나님께서 아담의 갈비뼈로 만드신 여자는 죽은 자들 가운데서 하나님의 생명으로 거듭난 하나님의 아들들을 말씀하고 있는 것입니다.

　이렇게 하나님께서 아담의 갈비뼈에서 만드시는 여자의 실체는 하와가 아니라 장차 나타날 둘째 아담, 즉 예수님(하나님의 아들)을 말씀하고 있는 것입니다.

9. 뼈 중의 뼈와 살 중의 살

[창세기 2장 23절] 아담이 가로되 이는 내 뼈 중의 뼈요 살 중의 살이라 이것을 남자에게서 취하였은즉 여자라 칭하리라 하시니라.

23 וַיֹּאמֶר הָאָדָם זֹאת הַפַּעַם עֶצֶם מֵעֲצָמַי וּבָשָׂר

우바사르	메아짜마이	에쩨엠	하파암	조트	하아담	바이오메르
살이라	내 뼈 중의	뼈요	(자 보아라)	이는	아담이	가로되 하니라

מִבְּשָׂרִי לְזֹאת יִקָּרֵא אִשָּׁה כִּי מֵאִישׁ לֻקֳחָה־זֹאת:

조트	루코하	메이쉬	키	이솨	익카레	레조트	밉베사리
(이 여자를)	취하였은-	남자에게서	즉	여자라	칭하리라	이것을	살 중의

상기의 말씀을 이해하려면 먼저 하나님이 말씀하시는 영적인 뼈와 살을 알아야 합니다. 예수님은 그의 제자들과 성찬식을 통해 떡과 포도주를 나누어주면서 이는 내 살과 피라고 말씀하고 있습니다. 때문에 오늘날 기독교인들도 부활절에 떡과 포도주를 만들어 놓고 성찬식을 하고 있는 것입니다. 이렇게 예수님이 주신 떡과 포도주는 예수님의 살과 피라 생각하고 있기 때문에 오늘날 기독교인들이 성찬식에 예수님의 살과 피인 떡과 포도주를 먹고 마시고 있는 것입니다.

그러면 오늘날 기독교인들이 먹는 떡과 포도주가 진정 예수님의 살과 피란 말인가? 그러나 예수님이 주신 떡과 포도주는 비유로 하신 말씀이며 진정한 예수님의 살과 피가 아니라는 것을 알아야 합니다. 왜냐하면 예수님의 성찬식에 참여했던 예수님의 제자들도 예수님이 먹고 마시라는 살과 피가 영적으로 무엇인지 모르기 때문에 몹시 힘들어 했던 것을 볼 수 있습니다.

예수님이 제자들에게 먹으라고 주신 살과 피는 곧 예수님의 입에서 나오는 생명의 말씀을 말하고 있습니다. 때문에 예수님이 가르쳐준 주기도문의 일용할 양식도 육신의 양식이 아니라 하나님이 주시는 영의 양식, 즉 예수님이 주시는 말씀을 말하고 있는 것입니다. 이렇게 예수님이 먹으라고 주신 살과 피도 육신의 떡이나 포도주가 아니라 예수님의 입에서 나오는 말씀을 비유하여 말씀하신 것입니다. 때문에 예수님이 그의 제자들에게 내가 너희에게 이른 말이 곧 영이요 생명이라고 말씀하신 것입니다.

이와 같이 예수님의 제자들이 삼년반 동안 먹은 양식이 곧 예수님의 입에서 나오는 말씀이었으며 이 말씀을 먹은 제자들이 결국 하나님의 생명으로 거듭나서 하나님의 아들이 된 것입니다.

이렇게 아담이 말하는 살과 뼈는 예수님이 말씀하신 살(떡)과 피(포도주)이며, 이는 하나님의 생명으로 거듭난 자의 입에서 나오는 생명의 말씀을 말하고 있습니다. 또한 살과 뼈는 살 중의 살과 뼈 중의 뼈와는 전혀 다른데, 이는 예수님이 말씀하신 물과 생수와 같이 다른 것입니다. 즉 물은 아직 거듭나지 못한 제사장이나 목사의 입에서 나오는 말씀을 말하며 생수는 하나님의 생명으로 거듭난 하나님의 아들의 입에서 나오는 말씀을 말하고 있습니다. 이와 같이 살과 뼈는 땅에 속한 자들을 말하며 살 중의 살과 뼈 중의 뼈는 하나님의 생명으로 거듭난 하나님의 아들들을 말하고 있는 것입니다.

그러므로 아담의 갈빗대로 만든 여자는 육신적인 여자를 말하는 것이 아니라 아담을 구원할 메시야 (돕는 배필), 즉 예수그리스도를 말씀하고 있는 것입니다. 이렇게 오늘날도 아직 하나님의 생명으로 거듭나지 못한 죄인들에게는 하나님의 생명으로 거듭난 하나님의 아들이 돕는 배필인 것입니다. 때문에 오늘날 기독교인들도 돕는 배필인 오늘날의 구원자(예수님)를 믿고 그 입에서 나오는 살과 피, 즉 생명의 말씀을 일용할 양식으로 먹어야 하나님의 아들로 거듭나게 되는 것입니다.

10. 사람이 부모를 떠나 한 몸을 이루어야 하는 아내

[창세기 2장 24~25절] 이러므로 남자가 부모를 떠나 그 아내와 연합하여 둘이 한 몸을 이룰찌로다 아담과 그 아내 두 사람이 벌거벗었으나 부끄러워 아니하니라.

24 עַל־ כֵּן יַעֲזָב־ אִישׁ אֶת־ אָבִיו וְאֶת־ אִמּוֹ
알 켄 야아자브 이쉬 에트 아빈 베에트 임모
므로 이러 떠나 남자가 에트 부 모를

25 וְדָבַק בְּאִשְׁתּוֹ וְהָיוּ לְבָשָׂר אֶחָד: וַיִּהְיוּ
베다바크 베이쉿토 베하유 레바사르 에하드 바이헤유
연합하여 그 아내와 둘이-이룰찌로다 몸을 한 으나

שְׁנֵיהֶם עֲרוּמִּים הָאָדָם וְאִשְׁתּוֹ וְלֹא יִתְבֹּשָׁשׁוּ:
쉐네헴 아룸밈 하아담 베이쉿토 벨로 이트보솨슈
두 사람이 벌거벗었- 아담과 그 아내 아니하니라 부끄러워

상기의 말씀은 목회자들이 결혼식장에서 전매특허처럼 주례사로 사용하는 말씀입니다. 남자가 장성하여 어른이 되면 부모를 떠나 여자와 결혼을 하여 한 몸을 이루는 것이 바로 하나님이 원하시는 뜻이라는 것입니다.

하나님께서 진정 육신의 남녀가 부모를 떠나 결혼하여 한 몸을 이루라고 말씀하셨단 말인가? 문제는 남녀가 결혼하는 것은 하나님의 말씀을 전혀 모르는 불신자나 타 종교

인들이나 아무것도 모르는 짐승들도 자연발생적으로 행하는 일들이라는 것입니다. 그런데 사도바울은 이러한 평범한 말씀을 보고 놀라면서 경건의 큰 비밀이라고 말씀하고 있는 것입니다.

[에베소서 5장 31~32절] 이러므로 사람이 부모를 떠나 그 아내와 합하여 그 둘이 한 육체가 될찌니 이 비밀이 크도다 내가 그리스도와 교회에 대하여 말하노라.

사도바울은 사람이 부모를 떠나 그 아내와 합하여 둘이 한 몸이 되어야 한다고 말씀을 하면서 이것이 하나님의 큰 비밀이라 말씀하고 있습니다.

사람이 장성하여 여자와 한 몸이 되기 위해 부모의 곁을 떠나 결혼하여 사는 것이 무슨 큰 비밀이란 말인가? 그러나 사도 바울은 사람이 부모를 떠나 아내와 한 몸을 이루는 영적인 하나님의 뜻을 깨닫고 놀라서 큰 비밀이라 말씀하고 있는 것입니다.

사도바울이 이 말씀을 보고 놀란 것은 하나님께서 말씀하시는 남녀의 연합은 육신의 결합이 아니라 그리스도와 한 몸이 되는 것을 깨달았기 때문입니다.

오늘날 기독교인들이 자신들은 신부이며 예수님은 신
랑이라 말하고 있습니다. 그러므로 기독교인들은 신앙생활
을 통해서 신부단장을 하고 세마포를 준비하여 예수 신랑
을 만나 결혼을 해야 한다고 말하는 것입니다.

　이와 같이 하나님께서 사람이 부모를 떠나 그 아내와
연합하여 한 몸이 되라는 아내는 육신적인 여자가 아니라
예수그리스도를 말씀하고 있는 것입니다. 즉 여기서 말하
는 아내는 육신적인 여자가 아니라 하나님께서 짝지어주신
신랑인 곧 예수님을 말하고 있습니다. 이렇게 하나님께서
창세기의 말씀을 통해서 한몸을 이루라고 짝지어 주신 아
내는 육신적인 여자가 아니라 예수님을 말씀하고 있는 것
입니다.

　사도바울이 상기의 말씀에서 놀란 것은 하나님이 짝지
어 주신 아내가 여자가 아니라 영적신랑인 예수님이며 예
수님은 아담의 갈비뼈로 만든 돕는 배필(여자), 곧 뼈중의
뼈이며 살 중의 살인 예수그리스도라는 것을 깨달았기 때
문입니다. 그러므로 사도바울은 하나님이 짝지어 주신 아
내가 곧 그리스도와 교회라 말씀하고 있는 것입니다.

　결국 하나님께서 말씀하시는 남녀의 결합은 곧 하나님
의 백성이 정결한 처녀의 몸으로 신부단장이 되면 그리스

도와 연합하여 한 몸을 이루게 된다는 것을 말씀하고 있는 것입니다. 그러므로 오늘날 기독교인들도 하나님의 말씀으로 정결케 되어 신부 단장을 하게 되면 신랑 되신 예수님이 오셔서 결합하여 한 몸이 되는 것입니다. 이것이 성경 속에 감추어져 있는 그리스도의 비밀이며 곧 경건의 비밀이라는 것입니다. 상기의 말씀대로 오늘날 기독교인들이 지금 섬기고 있는 교회와 목자인 부모를 떠나서 그리스도와 연합하여 한 몸을 이루는 것이 바로 하나님께서 원하시는 하나님의 뜻입니다.

이어지는 말씀에 아담과 아내가 벌거벗었으나 전혀 부끄러움을 느끼지 않았다는 말씀은 예수님과 한 몸을 이룬 자들은 모든 죄에서 벗어나 죄를 전혀 의식하지 않게 된다는 말씀입니다. 이렇게 상기의 말씀들은 창세기의 역사적 사건을 기록한 것이 아니라 오늘날 기독교인들에게 이루어질 일들을 성경을 통해서 말씀하고 있는 것입니다.

그러므로 오늘날 기독교인들은 하루속히 지금 섬기고 있는 세상교회의 육신적인 부모 곧 애굽의 목회자와 광야의 목자를 떠나서 하나님께서 짝지어주신 참 목자 곧 예수 신랑을 만나서 한 몸을 이루어 하나님의 아들로 거듭나야 하는 것입니다.

사랑의 열매

넓은 대지에
씨 뿌려 놓은 듯한
우리들의 현실은
무엇이 그리 바쁘던지

제 갈길로 가다가
우연인가 필연인가
우리들 인연의
만남이 무르익어
사랑의 싹이 트입니다

사랑의 달콤한 향기
코 끝에 냄새를 풍기고
사랑의 아름다운 노래로
흥겨워 집니다

싱그러운 사랑의 열매가
주렁주렁 달려서
농부의 마음은 마냥
즐겁기만 합니다.

제3장

말하는 뱀의 실체

여호와 하나님의 지으신 들짐승 중에 뱀이 가장 간교하더라

וְהַנָּחָשׁ הָיָה עָרוּם מִכֹּל חַיַּת הַשָּׂדֶה אֲשֶׁר עָשָׂה יְהוָה אֱלֹהִים

1. 말하는 뱀의 실체

[창세기 3장 1~3절] 여호와 하나님의 지으신 들짐승 중에 뱀이 가
장 간교하더라 뱀이 여자에게 물어 가로되 하나님이 참으로 너희더
러 동산 모든 나무의 실과를 먹지 말라 하시더냐 여자가 뱀에게 말하
되 동산 나무의 실과를 우리가 먹을 수 있으나 동산 중앙에 있는 나
무의 실과는 하나님의 말씀에 너희는 먹지도 말고 만지지도 말라 너
희가 죽을까 하노라 하셨느니라.

וְהַנָּחָשׁ הָיָה עָרוּם מִכֹּל חַיַּת הַשָּׂדֶה אֲשֶׁר עָשָׂה 1
아사 아쉐르 핫사데 하야트 미콜 아룸 하야 베한나하쉬
지으신 들 짐승 중에 가장 간교 하더라 뱀이

יְהוָה אֱלֹהִים וַיֹּאמֶר אֶל־הָאִשָּׁה אַף כִּי־אָמַר
아마르 키 아프 하잇솨 엘 바이오메르 엘로힘 예호바
하시더냐 참으로 여자 에게 뱀이 물어가로되 하나님의 여호와

אֱלֹהִים לֹא תֹאכְלוּ מִכֹּל עֵץ הַגָּן: 2 וַתֹּאמֶר הָאִשָּׁה
하잇솨 밧토메르 학간 에쯔 미콜 토켈루 로 엘로힘
여자가 말하되 동산나무의 모든 실과를 너희더러 먹지 말라 하나님이

אֶל־הַנָּחָשׁ מִפְּרִי עֵץ־הַגָּן נֹאכֵל: 3 וּמִפְּרִי הָעֵץ
하에쯔 우밉페리 노켈 학간 에쯔 밉페리 한나하쉬 엘
나무의 실과는 우리가 먹을 수 있으나 동산 나무의 실과를 뱀 에게

אֲשֶׁר בְּתוֹךְ־הַגָּן אָמַר אֱלֹהִים לֹא תֹאכְלוּ מִמֶּנּוּ
밈멘누 토켈루 로 엘로힘 아마르 학간 베토크 아쉐르
(그것으로부터) 너희는 먹지도 말고 하나님의 말씀에 하셨느니라 동산 중앙에 있는

וְלֹא תִגְּעוּ בּוֹ פֶּן־תְּמֻתוּן:
테무툰 펜 보 틱게우 벨로
너희가 죽을 까 하노라 (그것을) 만지지도 말고

상기의 말씀을 보면 말하는 간교한 뱀이 등장하여 여자 곧 하와와 대화를 하고 있습니다. 불신자나 이교도들은 도저히 이해 할 수 없는 일이지만 하나님의 백성은 이 말씀 때문에 창세 때는 뱀도 말을 하였다고 믿고 있는 것입니다. 우리나라에도 어른들의 오고가는 말에 옛날에 호랑이가 담배를 피우던 시절이 있었다는 말과 호랑이가 말을 하였다는 이야기가 있습니다. (떡을 이고 가는 할머니와 호랑이의 대화) 그러나 오늘날 기독교인들은 호랑이가 담배를 피웠다거나 혹은 말을 하였다는 것은 우리나라의 우화라고 말하면서도 성경에 뱀이 사람과 말을 하였다는 것은 의심 없이 믿고 있는 것입니다. 그러면 정말 뱀이 하나님의 말씀을 가지고 사람과 말을 하였단 말인가?

이것은 모두 하나님의 영적인 비유의 말씀을 모르기 때문에 일어나는 오해입니다. 본문에서 말하는 간교한 뱀은 위에서 말씀드린 바와 같이 기는 짐승의 하나로 하나님의 말씀을 가지고 외식하는 간교한 목회자를 말하고 있는 것입니다.

이렇게 들짐승 중에 가장 간교한 뱀은 하나님의 백성 가운데 가장 지혜롭고 교활한 자로 하나님의 말씀을 가지고 거짓증거를 하는 거짓 선지자와 제사장들이며, 오늘날 하나님의 말씀을 가지고 자기욕심을 채우기 위하여 목회를 하고 있는 삯꾼목자들을 말합니다.

[이사야서 56장 9~12절] 들의 짐승들아 삼림 중의 짐승들아 다 와서 삼키라 그 파숫군들은 소경이요 다 무지하며 벙어리개라 능히 짖지 못하며 다 꿈꾸는 자요 누운 자요 잠자기를 좋아하는 자니 이 개들은 탐욕이 심하여 족한줄을 알지 못하는 자요 그들은 몰각한 목자들이라 다 자기 길로 돌이키며 어디 있는 자이든지 자기 이만 도모하며 피차 이르기를 오라 내가 포도주를 가져오리라 우리가 독주를 잔뜩 먹자 내일도 오늘 같이 또 크게 넘치리라 하느니라.

하나님은 이사야 선지자를 통해서 "들의 짐승들아 삼림중의 짐승들아 다 와서 삼키라"고 말씀하고 있습니다. 그런데 들의 짐승들과 삼림 중의 짐승들을 먹이고 보살피는 파수꾼들은 모두 소경으로 다 무지한 벙어리개라고 말씀하고 있습니다.

그러면 들의 짐승들은 오늘날 누구를 가리키며 소경된 벙어리개는 어느 누구를 말하는 것일까? 들의 짐승들은 오늘날 하나님의 백성을 말하며 이 개들은 바로 탐욕이 가득한 몰지각한 목자들이라는 것입니다. 이런 목자들은 하나님의 말씀을 날마다 보고 또 전하기도 하지만 말씀 속의 영적인 의미는 보지 못하는 소경이요, 영적인 하나님의 말씀은 전하지도 못하는 벙어리라는 것입니다.

이러한 목자들은 탐욕이 심하여 족한 줄을 모르고 교인들을 기복적인 말씀으로 미혹하면서 우리 교회는 언제나 하나님의 은혜가 넘친다고 큰소리 치고 있는 것입니다. 이런 자들이 바로 오늘날 짐승이요 간교한 뱀들인 것입니다. 이들은 예전이나 지금이나 하나님의 말씀을 가감하거나 일부를 변형하여 하나님의 백성을 기복으로 미혹하여 멸망시키고 있는 뱀들이라는 것입니다.

그러므로 하나님께서는 들의 짐승들과 삼림중의 짐승들을 향해 하루속히 이러한 뱀들에게서 벗어나 내게 와서 먹고 마시라고 말씀하시는 것입니다. 왜냐하면 하나님의 백성이 먹어야 할 양식은 삯꾼목자들이 주는 오염된 말씀(가감된 말씀)이 아니라 참 목자가 주는 생명의 말씀이기 때문입니다.

[고린도후서 11장 3~4절] 뱀이 그 간계로 이와를 미혹케 한 것 같이 너희 마음이 그리스도를 향하는 진실함과 깨끗함에서

떠나 부패할까 두려워하노라 만일 누가 가서 우리의 전파하지 아니한 다른 예수를 전파하거나 혹 너희의 받지 아니한 다른 영을 받게 하거나 혹 너희의 받지 아니한 다른 복음을 받게 할 때에는 너희가 잘 용납하는구나.

상기의 말씀을 보면 뱀이 그 간계로 이와를 미혹했듯이 오늘날도 하나님의 말씀을 가진 간교한 목자들(간교한 뱀들)이 다른 예수, 다른 영, 다른 복음을 가지고 하나님의 백성을 미혹하고 있다고 말씀하고 있습니다. 이런 뱀들은 하나님의 말씀을 자기 마음대로 가감하여 하나님의 백성을 기복신앙으로 인도하고 있는 오늘날 삯꾼목자들과 거짓 선지자들을 말합니다. 사도바울은 이런 뱀들 때문에 하나님의 백성들이 그리스도를 향하는 진실함과 깨끗함에서 떠나 부패할까 두려워하고 있는 것입니다.

이 뱀들은 오늘날도 변함없이 교인들에게 교리적인 예수를 믿으라고 가르치며, 또한 가감된 다른 복음을 전하며, 악령을 가지고 성령이라 속이면서 멸망의 길로 인도하고 있는 것입니다. 이들은 마치 뱀이 선악과를 먹으면 하나님과 같이 된다고 미혹하듯이 우리는 예수를 믿기만 해도 모두 하나님의 아들과 같이 된다고 속이고 있는 것입니다.

[마태복음 23장 29~33절] 화 있을찐저 외식하는 서기관들과 바리새인들이여 너희는 선지자들의 무덤을 쌓고 의인들의 비석을 꾸미며 가로되 만일 우리가 조상 때에 있었더면 우리는 저희가 선지자의 피를 흘리는데 참예하지 아니하였으리라 하니 그러면 너희가 선지자를 죽인 자의 자손 됨을 스스로 증거함이로다 너희가 너희 조상의 양을 채우라 뱀들아 독사의 새끼들아 너희가 어떻게 지옥의 판결을 피하겠느냐.

상기의 말씀에 예수님께서 "뱀들아 독사의 새끼들아"라고 말씀하는 자들은 실제 뱀이나 독사들을 말하는 것이 아니라 외식하는 서기관과 바리새인들을 가리켜 말씀하신 것입니다. 이 뱀들은 교회당 안과 밖에 예수님의 십자가를 걸어놓고 만일 우리가 예수님 당시에 있었다면 예수님이 유대인들에게 십자가에 달려 죽게 하지는 않았을 것이라고 큰소리친다는 것입니다.

그런데 지금 이렇게 말하는 자들은 자신이 바로 예수를 죽인 자들의 자손(뱀들의 자식)이라는 것을 스스로 인정하는 자들이라는 것입니다.

왜냐하면 이들은 유대인들과 같이 오늘날 하나님께서 보내주신 하나님의 아들들을 이단으로 매도를 하며 핍박을 하고 있기 때문입니다. 만일 이들이 예수님을 십자가에 못 박는 자가 아니라면 오늘날 하나님께서 보내주시는 구원자들을 믿고 영접해야 합니다.

그런데 이들은 지금도 하나님께서 보내주신 구원자들을 이단으로 정죄하며 핍박하고 있는 것입니다. 예수님은 이런 자들을 향해 지금도 "뱀들아! 독사의 새끼들아! 너희가 어떻게 지옥의 판결을 피하겠느냐"라고 말씀하고 있습니다.

2. 뱀과 더불어 하나님의 말씀을 가감하고 있는 여자

　이제 뱀이 여자에게 접근하여 하나님의 말씀으로 미혹하는 과정을 살펴보기로 하겠습니다. 이 간교한 뱀은 하나님께서 아담에게 동산 각종나무의 실과는 임의로 먹되 선악을 알게 하는 나무의 실과는 먹지 말라고 하실 때 아담과 함께 있었거나 아니면 아담 곁에서 하나님의 하시는 말씀을 엿들었던 자입니다. 왜냐하면 하나님께서 뱀에게는 이런 말씀을 명하거나 가르쳐 주신 적이 없었기 때문입니다.

　문제는 간교한 뱀이 하나님의 말씀을 듣고 조금 알고 있는 것을 가지고　말씀을 가감하여 여자를 미혹하고 있는 것입니다. 뱀이 여자에게 "하나님께서 동산 모든 나무의 실과를 먹지 말라고 하시더냐"고 묻고 있습니다. 여자는 뱀에게 "동산나무의 실과는 우리가 먹을 수 있으나 동산 중앙에 있는 나무의 실과는 하나님께서 먹지도 말고 만지지도 말라"고 하셨다고 말하고 있습니다.

　그러나 하나님은 동산의 각종나무는 임의로 먹어도 되는데 단지 동산 중앙에 있는 선악과의 실과만 먹지 말라고 말씀하신 것입니다. 그런데 뱀은 "동산의 모든 나무의 실과를 먹지 말라고 하시더냐"고 묻는 것입니다. 동산 중앙에는 먹으면 죽는 선악나무도 있지만 먹으면 죽은 영혼이 살아나는 생명나무도 있는 것입니다. 즉 동산 중앙에는 하나님의 백성들이 먹으면 죽는 나무와 먹으면 살아나는 두 나무가 있다는 것입니다. 그런데 여자는 동산 중앙에 있는 나무의 실과는 모두 먹지도 말고 만지지도 말라고 하나님의 말씀을 가감하여 뱀에게 말한 것입니다.

이렇게 하나님께서 동산 중앙에 선악을 알게 하는 나무의 실과를 먹으면 반드시 죽는다고 말하고 있는데 여자는 뱀에게 먹으면 "죽을까 하노라"라고 말하는 것입니다. 선악과를 먹으면 "죽을까 하노라"하는 말의 의미 속에는 죽을 수도 있고 죽지 않을 수도 있다는 양면성을 내포하고 있습니다.

이렇게 여자를 미혹하는 뱀이나 미혹을 당하고 있는 여자는 모두 하나님의 말씀을 확실히 모르기 때문에 자기들 마음대로 하나님의 말씀을 가감하고 있는 것입니다.

이것은 하나님께서 창세기의 여자와 뱀의 대화를 통해서 오늘날 목회자들도 하나님의 말씀을 가감하여 교인들을 미혹하고 있다는 것을 보여 주는 것입니다.

3. 선악과를 먹는 날에는 너희 눈이 밝아져
하나님과 같이 된다고 미혹하고 있는 오늘날의 뱀들

[창세기 3장 4~5절] 뱀이 여자에게 이르되 너희가 결코 죽지 아니하리라 너희가 그것을 먹는 날에는 너희 눈이 밝아 하나님과 같이 되어 선악을 알 줄을 하나님이 아심이니라

4 וַיֹּאמֶר הַנָּחָשׁ אֶל־ הָאִשָּׁה לֹא־ מוֹת תְּמֻתוּן:

바이오메르	뱀이		엘	하잇솨	로	모트	테무툰
이르되			여자에게	결코 아니하리라			너희가 죽지

5 כִּי יֹדֵעַ אֱלֹהִים כִּי בְּיוֹם אֲכָלְכֶם מִמֶּנּוּ וְנִפְקְחוּ

키	오데아	엘로힘	키	베욤	아칼레켐	밈멘누	베니프케후
이러라	아심	하나님이	줄을	날에는	너희가먹는	그것을	밝아

עֵינֵיכֶם וִהְיִיתֶם כֵּאלֹהִים יֹדְעֵי טוֹב וָרָע:

에네켐	비흐이템	케엘로힘	오데에	토브	바라
너희 눈이	되어	하나님과 같이	알	선	악을

상기의 말씀은 하나님께서 선악을 알게 하는 나무의 실과를 먹으면 정녕 죽는다고 말씀하셨는데도 불구하고 뱀은 여자에게 너희가 그것을 먹어도 결코 죽지 않을 뿐만 아니라 오히려 눈이 밝아져(영안이 열려) 하나님과 같이 된다고 미혹을 하고 있습니다. 즉 뱀의 말은 선악을 알게 하는 나무의 실과, 즉 모세가 주는 만나(율법)를 먹어도 죽지 않고

오히려 하나님의 생명으로 부활이 되어 하나님의 아들과 같이 될 수 있다는 뜻입니다.

이것은 오늘날 목회자들이 예수를 믿기만 하면 혼적생명이 죽지 않아도 하나님의 아들로 거듭날 수 있다고 하는 말과 동일한 것입니다. 그러나 이것은 예전이나 지금이나 헌집을 헐지 않으면 새집을 다시 지을 수 없고 옛사람이 죽지 않으면 새사람으로 거듭날 수 없는 것입니다. 때문에 예수님께서 너희가 죽고자 하면 살겠고 살고자하면 죽는다고 말씀하신 것입니다. 즉 너희의 육적 존재가 죽지 않으면 혼적 존재로 거듭날 수 없고 혼적 존재가 죽지 않으면 영적 존재로 부활될 수 없다는 뜻입니다.

예수님께서 유아 시절에 애굽에서 할례를 받은 것은 육적인 생명이 죽고 혼적인 생명으로 거듭나기 위함이요, 요단강에서 요한에게 세례를 받으신 것은 혼적인 생명이 죽고 영적인 생명으로 거듭나기 위함이며, 십자가에서 죽으신 것은 그리스도로 부활하기 위하여 돌아가신 것입니다. 때문에 예수님께서 그의 제자들에게 아무든지 나를 따라오려거든 자기를 부인하고 자기 십자가를 지고 나를 좇아오라고 말씀하신 것입니다.

이 말은 예수님과 같이 하나님의 아들로 거듭나 그리스

도로 부활이 되려면 예수님이 가신 생명의 좁은 길을 따라 가야 한다는 것입니다.

[마태복음 16장 24~26절] 이에 예수께서 제자들에게 이르시되 아무든지 나를 따라 오려거든 자기를 부인하고 자기 십자가를 지고 나를 좇을 것이니라 누구든지 제 목숨을 구원코자 하면 잃을 것이요 누구든지 나를 위하여 제 목숨을 잃으면 찾으리라 사람이 만일 온 천하를 얻고도 제 목숨을 잃으면 무엇이 유익하리요 사람이 무엇을 주고 제 목숨을 바꾸겠느냐.

상기의 말씀은 예수님께서 제자들에게 친히 하신 말씀입니다. 예수님은 아무든지 나를 따라 오려거든 먼저 자신을 부인하라는 것입니다. 예수님의 제자들이나 오늘날 기독교인들이 예수를 믿고 따르는 것은 믿음과 신앙의 차원에 따라 각기 다르겠지만 궁극적인 목적은 하나님의 생명으로 거듭나 하나님의 아들이 되는 것이라 생각합니다. 그런데 예수님은 나를 따라서 하나님의 아들이 되려면 먼저 자신의 존재를 부인해야 한다고 말씀하시는 것입니다. 예수님께서 자신을 부인하라는 말은 자신을 버리라는 말이며 결국 자신의 혼적 존재를 죽이라는 뜻입니다.

왜냐하면 육적인 존재가 죽어야 혼적인 존재로 거듭나고 혼적 존재가 죽어야 영적 존재로 거듭나 하나님의 아들이 될 수 있기 때문입니다. 때문에 예수님께서 "누구든지 제 목숨을 구원코자하면 잃을 것이요 누구든지 나를 위하여 제 목숨을 잃으면 영원한 생명을 찾을 것이라" 말씀하시는 것입니다.

　결국 자신의 존재가 죽지 않으면 하나님의 생명으로 거듭날 수 없다는 것입니다. 그런데 상기의 간교한 뱀은 선악과를 먹고 죽지 않아도 하나님과 같이 될 수 있다고 말하며, 오늘날의 뱀들도 예수를 믿기만 하면 죽지 않고 모두 하나님의 아들이 될 수 있다고 교인들을 속이고 있는 것입니다.

　때문에 오늘날 기독교인들은 모두 이러한 뱀들, 즉 거짓 선지자와 삯꾼목자들에게 미혹되어 죽어 가고 있는 것입니다. 그러나 하나님이 보내주신 참 목자들은 놋뱀이 되어 오늘날 불뱀들에게 물려 죽어 가는 영혼들을 살리고 있습니다.

　그러므로 기독교인들은 하루속히 오늘날의 구원자인 놋뱀을 찾아서 참 목자를 믿고 그의 말을 영접한다면 불뱀에게 물린 독이 제거되는 것은 물론 죽은 영혼이 살아나게 되는 것입니다. 그런데 에덴동산에서 아담과 하와를 미혹하던 간교한 뱀의 후손들은 지금도 하나님백성의 영혼을 미혹하여 죽이고 있는 것입니다.

[요한복음 8장 44~45절] 너희는 너희 아비 마귀에게서 났으니 너희 아비의 욕심을 너희도 행하고자 하느니라 저는 처음부터 살인한 자요 진리가 그 속에 없음으로 진리에 서지 못하고 거짓을 말할 때마다 제 것으로 말하나니 이는 저가 거짓말쟁이요 거짓의 아비가 되었음이니라 내가 진리를 말하므로 너희가 나를 믿지 아니하는도다.

상기와 같이 예수님은 유대인들에게 너희는 너희 아비 마귀에서 났기 때문에 너희 아비의 욕심을 너희도 행하고 있다는 것입니다. 또한 예수님께서 저희가 처음부터 살인한 자라고 말씀하시는 것은 에덴동산의 간교한 뱀과 같이 저희도 하나님의 말씀을 가감하여 영혼을 죽이고 있기 때문이라는 것입니다. 왜냐하면 에덴동산에 간교한 뱀이 선악과를 먹으면 하나님과 같이 된다고 미혹하는 것과 같이 오늘날 목회자들도 예수를 믿기만 하면 하나님의 아들이 된다고 미혹하여 영혼을 죽이고 있기 때문입니다.

이렇게 오늘날 삯꾼목자들은 예수를 믿기만 하면 구원을 받아 아들이 된다고 하는 반면에 예수님께서는 구원을 받아 하나님의 아들이 되려면 첫째 나를 믿고, 둘째 내 음성을 듣고, 셋째 내가 주는 생명의 떡(생명의 말씀)을 먹고, 넷째 내 아버지의 뜻대로 행하고, 다섯째 천국을 침노하듯이 침노해야 하나님의 아들로 거듭난다고 말씀하시는 것입니다.

　또한 오늘날 삯꾼목자들은 예수님께서 지고가신 십자가를 믿기만 하면 구원을 받는다고 말하는데 예수님은 구원을 받아 하나님의 아들이 되려면 첫째 너를 부인하고, 둘째 내가 지고 간 십자가를 너도 지고 나를 따라 와야 한다고 말씀하고 있습니다. 문제는 하나님의 아들로 거듭나려면 반드시 오늘날 살아계신 실존 예수가 계셔야 한다는 것입니다.

　왜냐하면 하나님의 아들로 거듭나게 하는 것은 산 자, 즉 오늘날 살아 계신 예수님이며 죽은 자, 즉 예수를 믿음으로 하나님의 아들이 되었다는 목회자들은 총회장이나 신학박사라 해도 거듭나게 할 수 없기 때문입니다.

　그럼에도 불구하고 오늘날 목회자들은 자신들도 아직 하나님의 아들로 거듭나지 못한 상태에서 교인들에게 예수를 믿기만 하면 모두 하나님의 아들이 되었다고 속이고 있는 것입니다. 이렇게 유대제사장이나 오늘날 목회자들도 짝퉁 상품을 만들어 내듯이 거짓말로 구원을 시켜 하나님의 아들을 만들고 있는 것입니다.

때문에 예수님께서 너희가 말을 할 때마다 자기의 것으로 거짓을 말하기 때문에 너희는 거짓말쟁이요 거짓의 아비가 되었다는 것인데 이는 너희 속에 진리, 즉 생명의 말씀이 없기 때문이라는 것입니다. 그러므로 예수님께서 내가 너희에게 진리를 말해도 너희는 내 말을 믿지도 않고 듣지도 않는다고 말씀하시는 것입니다.

4. 선악나무의 실체

[창세기 3장 6절] 여자가 그 나무를 본즉 먹음직도 하고 보암직도 하고 지혜롭게 할 만큼 탐스럽기도 한 나무인지라 여자가 그 실과를 따먹고 자기와 함께한 남편에게도 주매 그도 먹은지라.

6 וַתֵּרֶא הָאִשָּׁה כִּי טוֹב הָעֵץ לְמַאֲכָל וְכִי תַאֲוָה-
타아바 베키 레마아칼 하에쯔 토브 키 하잇솨 바테레
-직도 하고   먹음 그나무를 -직 도하고 즉 여자가   본-

הוּא לָעֵנַיִם וְנֶחְמָד הָעֵץ לְהַשְׂכִּיל וַתִּקַּח
밧틱카흐 레하스킬 하에쯔 베네흐마드 라에나임 후
여자가 따 지혜롭게 할 만큼 나무인지라 탐스럽기도 한 보암 (그것이)

מִפְּרְיוֹ וַתֹּאכַל וַתִּתֵּן גַּם לְאִישָׁהּ עִמָּהּ וַיֹּאכַל:
바이오칼 임마흐 레이솨흐 감 밧틷텐 밧토칼 밉펠레요
그도 먹은 지라 자기와 함께 한 남편에게 도 주매 먹고 그 실과를

상기의 여자는 그 나무의 실과를 먹어도 죽지 않을 뿐만 아니라 오히려 하나님과 같이 된다는 뱀의 말을 듣고 그 나무를 바라보니 먹음직도 하고, 보암직도 하고, 지혜롭게 할 만큼 탐스럽게 보여 그 실과를 따먹고 남편에게도 주어 먹게 한 것입니다. 뱀의 말을 듣기 전에는 그 나무의 실과가 두렵고 끔찍하게 보였는데, 뱀의 말을 듣고 나니 그 나

무의 실과가 갑자기 먹음직스럽기도 하고, 보기에도 아름답고 먹으면 지혜로워질 것 같은 생각이 든 것입니다. 이렇게 뱀들이 하는 말의 위력이 대단한 것과 같이 오늘날 목회자들의 말도 사람을 살리기도 하고 죽이기도 하는 것입니다. 즉 참 목자가 전하는 생명의 말씀은 죽은 영혼을 살리지만 삯꾼목자나 거짓 선지자가 가감해서 전하는 말은 영혼을 죽이는 것입니다.

상기의 여자는 간교한 뱀의 미혹에 넘어가 뱀이 주는 말을 받아먹게 된 것입니다. 왜냐하면 여자는 선악을 알게 하는 나무의 실과를 먹으면 반드시 죽는다고 하신 하나님의 말씀을 외면하고, 뱀이 그 나무의 실과를 먹으면 죽지 않고 오히려 하나님과 같이 된다고 하는 말에 욕심이 생겨서 선악과를 먹었기 때문입니다.

문제는 여자가 자신만 먹고 죽는 것이 아니라 자기 남편에게도 주었다는 것입니다. 결국 미혹하는 뱀보다 여자에게 문제가 더 많다는 것을 말해주는 것입니다. 왜냐하면 여자가 하나님의 말씀을 올바로 알았다면 뱀이 미혹하는 말에 넘어가지 않았을 것이고 그 실과를 남편에게 주지도 않았을 것이기 때문입니다.

이것은 옛날이야기가 아니라 바로 오늘날 기독교의 현

실 속에서 일어나고 있는 일을 보여주고 있는 것입니다. 왜 냐하면 오늘날 기독교인들도 뱀에게 미혹 당한 여자와 같 이 예수를 믿기만 하면 모두 하나님의 아들이 된다는 거짓 목자의 말을 듣고 이웃에게 거짓증거를 하여 영혼들을 죽 이고 있기 때문입니다.

　그러므로 오늘날 기독교인들은 목자라고 무조건 다 믿 지 말고 하나님의 말씀을 통해서 참 목자인지 거짓목자인 지 확인해보아야 합니다. 왜냐하면 예수님의 말씀과 같이 지금 이 세상에는 수많은 삯꾼목자와 거짓 선지자가 예수 라는 이름을 가지고 교인들을 미혹하여 멸망으로 인도하고 있기 때문입니다.

　[창세기 3장 7절] 이에 그들의 눈이 밝아 자기들의 몸이 벗 은 줄을 알고 무화과나무 잎을 엮어 치마를 하였더라.

7 וַתִּפָּקַחְנָה עֵינֵי שְׁנֵיהֶם וַיֵּדְעוּ כִּי עֵירֻמִּם הֵם

헴	에룸밈	키	바예디우	쇠네헴	에네	밧팁파카흐나
자기들의	몸이 벗은 줄을		알고	그들의	눈이	이에-밝아

וַיִּתְפְּרוּ עֲלֵה תְאֵנָה וַיַּעֲשׂוּ לָהֶם חֲגֹרֹת:

하고로트	라헴	바야아수	테에나	알레	바이트페루
치마를 (그들을 위하여)	하였더라		무화과나무	잎을	엮어

뱀의 미혹을 받아 선악과를 먹은 아담과 하와는 마음 눈이 밝아져 자신들의 몸이 벗은 줄을 알게 되어 무화과나무 잎으로 치마를 만들어 앞부분을 가리게 된 것입니다. 아담과 아내가 뱀의 유혹을 받아 선악과를 먹은 결과는 자신들이 죄인이라는 것과 결국 죽게 된다는 것을 알게 된 것입니다. 오늘날 기독교인들이 이런 말씀을 보면서 "하나님은 무엇 때문에 선악과를 만들어 놓았으며 또한 아담과 하와가 뱀의 유혹에 넘어 갈 줄 아시면서 무엇 때문에 아담과 하와에게 뱀을 보내서 죄를 범하게 만들어 그 후손들까지 죄인을 만들었을까?" 하는 의구심과 더불어 하나님을 원망하는 사람도 있습니다.

　그러나 하나님은 하나님의 백성에게 선악과도 필요해서 만드셨고 간교한 뱀도 필요하기 때문에 도구로 만들어 놓으신 것입니다. 왜냐하면 각종나무(각 교파의 목회자들)의 실과 곧 유교병(각종교리)을 먹고 있는 육신적인 존재들은 선악과 곧 율법이 없으면 자신이 죄인인지를 모를 수밖에 없고, 뱀의 미혹을 물리치고 이겨야 가나안으로 들어가 생명나무의 실과를 먹을 수 있기 때문입니다. 이렇게 선악과를 먹고 혼적 존재가 죽지 않으면 영으로 부활되어 하나님의 아들로 거듭날 수 없는 것입니다.

이와 같이 하나님은 선악과나 생명과나 그리고 빛과 흑암의 세력도 하나님의 백성을 구원하여 영원한 하나님의 아들로 창조하기 위한 도구로 사용하시는 것입니다. 선악과를 먹은 아담과 그의 아내가 벗은 줄 알게 되었다는 것은 그들이 율법을 통해서 자신들이 죄인이라는 것과 아직 미완성된 피조물이라는 것을 알게 되었다는 것입니다. 이렇게 아담과 하와는 선악과를 먹은 후 자신들이 죄인이라는 것을 깨닫게 되어 무화과나무의 잎을 엮어 치마를 만들어 자신들의 죄를 가리려 한 것입니다.

　무화과나무는 동산 각종나무 중의 하나로 광야에 존재하는 모세와 율법을 말하고 있습니다. 오늘날 기독교인들도 애굽교회, 즉 세상교회의 목사들(각종나무)이 전하는 교리적인 말씀을 듣고 먹을 때는 모두 하나님의 아들이 되어 의인의 자리에 있다가 율법으로 나오게 되면 자신이 죄인이라는 것을 알게 되는 것입니다.

　이렇게 애굽교회의 교리신앙에서 벗어나 광야의 율법으로 나오면 자신이 죄인이라는 것과 벌거벗은 몸이라는 것을 깨닫고 율법의 행위로 자신의 죄를 가리려 하는 것입니다. 그러나 율법의 행위로 죄사함을 받거나 의롭다 함을 받지 못한다는 것을 알아야 합니다. 그러므로 애굽에서 광

야의 율법으로 나온 자들이 죄를 해결할 수 있는 유일한 길
은 애굽의 존재가 율법을 통해서 죽는 것입니다.

　왜냐하면 육신적인 애굽의 존재가 죽어야 광야의 혼적
인 존재로 거듭날 수 있고 광야의 혼적인 존재가 죽어야 가
나안의 영적인 존재로 거듭날 수 있기 때문입니다. 이와 같
이 하나님의 백성이 선악과를 먹고　죽어야 가나안땅으로
들어가 생명나무의 실과 곧 예수님이 주시는 생명의 말씀
을 먹게 되는 것입니다.

5. 아담아 지금 네가 어디 있느냐?

[창세기 3장 8~10절] 그들이 날이 서늘할 때에 동산에 거니시는 여호와 하나님의 음성을 듣고 아담과 그 아내가 여호와 하나님의 낯을 피하여 동산 나무 사이에 숨은지라 여호와 하나님이 아담을 부르시며 그에게 이르시되 네가 어디 있느냐 가로되 내가 동산에서 하나님의 소리를 듣고 내가 벗었으므로 두려워하여 숨었나이다.

8 וַיִּשְׁמְעוּ אֶת־ קוֹל יְהוָה אֱלֹהִים מִתְהַלֵּךְ בַּגָּן
바이쉬메우 에트 콜 예호바 엘로힘 미트할레크 박간
그들이-듣고 음성을 여호와 하나님의 거니시는 미트할레크 동산에

לְרוּחַ הַיּוֹם וַיִּתְחַבֵּא הָאָדָם וְאִשְׁתּוֹ מִפְּנֵי יְהוָה
레루아흐 하욤 바이트합베 하아담 베이쉿토 미페네 예호바
서늘 할 때에 날이 숨은지라 아담과 그 아내가 낯을 피하여 여호와

אֱלֹהִים בְּתוֹךְ עֵץ הַגָּן: 9 וַיִּקְרָא יְהוָה אֱלֹהִים
엘로힘 베토크 에쯔 학간 바이크라 예호바 엘로힘
하나님의 사이에 나무 동산 부르시며 여호와 하나님이

אֶל־ הָאָדָם וַיֹּאמֶר לוֹ אַיֶּכָּה: 10 וַיֹּאמֶר אֶת־ קֹלְךָ
엘 하아담 바이오메르 로 아예카 바이오메르 에트 콜레카
을 아담 그에게 이르시되 네가 어디 있느냐 가로되 하나님의 소리를

שָׁמַעְתִּי בַגָּן וָאִירָא כִּי עֵירֹם אָנֹכִי וָאֵחָבֵא:
쇼마으티 박간 바이라 키 에롬 아노키 바에하베
내가 듣고 동산에서 두려워하여 으므로 벗었 내가 숨었나이다

사람은 어느 누구나 잘못을 저지르거나 죄를 범하게 되면 마음이 불안하고 초조하여 모든 것이 두렵게 느껴지게 마련입니다. 이렇게 죄를 범한 죄인들은 경찰의 뒷모습만 보아도 자연히 피하게 되는 것입니다. 이와 같이 상기의 말씀에 그들의 날이 서늘하게 되었다는 것은 아담과 그 아내가 하나님의 명을 어기고 죄를 범한 후 그들의 마음이 불안하고 초조하게 되었다는 뜻입니다.

　아담이 이런 상태에서 동산에 거니시는 여호와 하나님의 음성을 듣게 된 것입니다. 범죄 하기 전에는 좋으신 하나님, 사랑의 하나님으로 하나님의 음성도 아름답게 들렸지만 범죄 한 후에는 두려운 하나님으로 바뀌게 된 것입니다. 그러므로 아담과 그의 아내는 하나님의 음성을 듣고 두려워 하나님의 얼굴을 피하여 동산 나무사이에 숨게 된 것입니다. 그런데 하나님은 아담을 부르시며 그들에게 이르시되 "네가 어디 있느냐"고 묻고 계십니다.

　하나님께서는 아담과 그 아내뿐만 아니라 오늘날 기독교인들에게도 "아담아 지금 네가 어디 있느냐"고 묻고 계시다는 것을 알아야 합니다.

　하나님께서 "아담아 지금 네가 어디 있느냐"고 묻는 것은 죄를 지적하시는 것이 아니라 영적인 상태와 지금 머물고 있는 곳, 즉 애굽에 있느냐 광야에 있느냐 가나안에 있느냐를 묻고 있는 것입니다.

왜냐하면 애굽의 어둠 가운데 있는 자들은 아무리 선을 행하여도 악으로 나타나며 빛 가운데 있는 자들은 악을 행해도 빛으로 나타나기 때문입니다. 즉 참 포도나무에 붙어 있는 가지는 참 포도열매를 맺지만 들 포도나무에 붙어 있는 가지는 아무리 선을 행하여도 들 포도 밖에 맺을 수 없는 것과 같은 것입니다.

그러므로 하나님께서 "아담아 네가 무엇을 하였느냐"를 물으신 것이 아니라 "네가 지금 어떤 나무 곧 어느 곳에 있느냐"를 묻고 계신 것입니다. 그런데 아담은 제 발이 저린 도둑과 같이 죄책감 때문에 하나님의 말씀은 아랑곳없이 자신이 벗은 것만 부끄러워하며 하나님이 두려워 숨었다고 말하고 있는 것입니다.

이렇게 하나님께서는 오늘날 기독교인들에게도 지금 네가 머물고 있는 곳이 애굽이냐 광야냐 가나안이냐를 묻고 계십니다. 내가 아직 출애굽도 못하고 애굽교회에 안주하면서 신앙생활을 하고 있다면 그 자체가 죄인이라는 것을 알아야 합니다.

[창세기 3장 11~12절] 가라사대 누가 너의 벗었음을 네게 고하였느냐 내가 너더러 먹지 말라 명한 그 나무 실과를 네가 먹었느냐 아담이 가로되 하나님이 주셔서 나와 함께 하게 하신 여자 그가 그 나무 실과를 내게 주므로 내가 먹었나이다.

11 וַיֹּאמֶר מִי הִגִּיד לְךָ כִּי עֵירֹם אָתָּה הֲמִן־
바이오메르　미　힉기드　레카　키　에롬　앗타　하민
가라사대　누가　고하였느냐　네게　음을　벗었　너회　(로 부터냐)

הָעֵץ אֲשֶׁר צִוִּיתִיךָ לְבִלְתִּי אֲכָל־ מִמֶּנּוּ אֲכָלְתָּ:
하에쯔　아쉐르　찜비티카　레빌티　아칼　밈멘누　아칼레타
그 나무 실과를　내가 너더러 명한　말라　먹지　(그것으로부터)　네가 먹었느냐

12 וַיֹּאמֶר הָאָדָם הָאִשָּׁה אֲשֶׁר נָתַתָּה עִמָּדִי הִוא
바이오메르　하아담　하잇솨　아쉐르　나탓타　임마디　후
가로되　아담이　여자　하나님이 주셔서　나와 함께 하게 하신　그가

נָתְנָה־ לִי מִן הָעֵץ וָאֹכֵל:
나테나　리　민　하에쯔　바오켈
내게 주므로　실과를　그 나무　내가 먹었나이다

하나님은 아담에게 "네가 어디 있느냐"고 현재 있는 위치를 묻고 계신데 아담은 내가 벗었으므로 두려워 숨었다고 동문서답을 하고 있습니다. 그러므로 하나님은 아담에게 "누가 너더러 벗었음을 고하였느냐"라고 말씀하시면서 "너는 무엇 때문에 내가 너더러 먹지 말라고 명한 그 나무의 실과를 먹었느냐?"고 책망을 하시는 것입니다.

하나님께서 책망하는 말씀에 아담은 자신의 잘못은 생각하지 않고 "하나님이 주셔서 함께 하게 하신 여자, 그가 그 나무의 실과를 내게 주므로 내가 먹었다"고 모든 책임을 여자에게 전가하고 있습니다.

　　여자는 하나님께서 아담을 도우라고 짝지어 주신 돕는 배필입니다. 바로 이 여자가 뱀의 미혹을 받아 선악과를 자신도 먹고 아담에게도 먹으라고 준 것입니다. 그러나 하나님께서 동산 중앙에 있는 선악을 알게 하는 나무의 실과를 먹지 말라고 명한 것은 여자가 아니라 바로 아담입니다.

　　그런데 아담은 자신이 하나님의 명령을 어기고 여자에게 선악과를 받아 먹고 나서 모든 책임을 여자에게 전가하고 있는 것입니다. 이것은 바로 오늘날 목회자들과 기독교인들의 현실을 보여주고 있는 것입니다. 왜냐하면 오늘날 기독교인들도 참 목자가 주는 하나님의 말씀은 외면하고 거짓목자들이 주는 가감된 말씀을 진리라고 받아먹고 심판대에서는 그 책임을 모두 거짓목자에게 전가하고 있기 때문입니다.

　[창세기 3장 13절] 여호와 하나님이 여자에게 이르시되 네가 어찌하여 이렇게 하였느냐 여자가 가로되 뱀이 나를 꾀므로 내가 먹었나이다.

13 וַיֹּאמֶר יְהוָה אֱלֹהִים לָאִשָּׁה מַה־ זֹּאת עָשִׂית
아시트   조트   마   라잇솨   엘로힘   예호바   바이오메르
네가 하였느냐 이렇게 어찌하여 여자에게 하나님이 여호와 이르시되

וַתֹּאמֶר הָאִשָּׁה הַנָּחָשׁ הִשִּׁיאַנִי וָאֹכֵל:
바오켈   힛쉬아니   한나하쉬   하잇솨   밧토메르
내가 먹었나이다 나를 꾀하므로 뱀이 여자가 가로되

    하나님께서 여자에게 네가 어찌하여 선악과를 아담에게 주어 먹게 하였느냐고 말씀하시는데 여자는 뱀이 나를 미혹하였기 때문에 먹었다고 자신의 잘못을 뱀에게 전가하고 있습니다. 여자 또한 아담과 같이 자신의 잘못을 시인하거나 뉘우치지 않고 모두 뱀에게 전가하고 있는 것입니다.

    결국 아담의 잘못은 여자에게 있고 여자의 잘못은 뱀에게 있다는 것입니다. 그러면 여자를 미혹하는 뱀은 오늘날 어떠한 존재들을 말하고 있을까? 여자를 미혹한 간교한 뱀은 오늘날 교인들을 미혹하여 영혼을 죽이고 있는 삯꾼목자들을 말하고 있습니다.

    왜냐하면 오늘날 삯꾼목자들은 간교한 뱀과 같이 기독교가 만든 이신칭의 교리를 가지고 예수를 믿기만 하면 모두 하나님의 아들이 되었다고 속이면서 천국으로 가는 길을 막고 있기 때문입니다. 그러나 예수님은 천국은 나를 믿기만 하는 자들이 아니라 내 아버지의 뜻대로 행하는 자만

들어간다고 말씀하고 있는 것입니다. 때문에 예수님께서 오늘날 삯꾼목자들에게 천국 문을 닫아 놓고 저희도 안 들어가고 들어가려는 자도 막으면서 교인하나가 생기면 배나 더 지옥자식을 만들고 있다 말씀하시는 것입니다. (마태복음 23장15절) 이렇게 오늘날 목회자들 대부분이 교회신학이나 기독교의 교리는 잘 알고 있으나 말씀의 영적인 의미는 잘 모르고 있는 것입니다.

때문에 이런 목회자들을 따라서 신앙생활을 하다가 주님 앞에 온 자들에게 주님께서 나는 너를 도무지 모른다고 하시는 것입니다. 그러나 이러한 사실도 모르고 삯꾼목자들 밑에서 신앙생활을 하다가 죽은 자들은 심판대에서 주님에게 "나는 하나님이 내게 보내 주신 목자가 주는 말씀을 먹고 마셨나이다"라고 항변하는 것입니다. 그러나 주님께서 나는 너를 모른다는 것은 물론 너를 가르친 목자도 도무지 모른다는 것입니다.

왜냐하면 하나님이나 예수님은 그런 삯꾼목자를 기름 부어 보낸 적이 없기 때문입니다. 그러므로 오늘날 하나님의 백성은 하루속히 삯꾼목자와 교리의 틀에서 벗어나 참목자와 하나님의 말씀으로 돌아가야 합니다.

6. 뱀을 저주하시는 하나님

[창세기 3장 14절] 여호와 하나님이 뱀에게 이르시되 네가 이렇게 하였으니 네가 모든 육축과 들의 모든 짐승보다 더욱 저주를 받아 배로 다니고 종신토록 흙을 먹을지니라.

14 וַיֹּאמֶר יְהוָה אֱלֹהִים אֶל־הַנָּחָשׁ כִּי עָשִׂיתָ זֹּאת
조트 아시타 키 한나하쉬 엘 엘로힘 예호바 바이오메르
이렇게 네가 하였 으니 뱀 에게 하나님이 여호와 이르시되 하시고

אָרוּר אַתָּה מִכָּל־הַבְּהֵמָה וּמִכֹּל חַיַּת הַשָּׂדֶה
핫사데 하야트 우믹콜 합베헤마 믹콜 앗타 아루르
들의 육축과 모든 짐승 모드-보다-더욱 네가 저주를-받아

עַל־גְּחֹנְךָ תֵלֵךְ וְעָפָר תֹּאכַל כָּל־יְמֵי חַיֶּיךָ:
하예이카 예메이 콜 토칼 베아파르 텔레크 게호네카 알
토록 신 종 먹을 지니라 흙을 다니고 배 로

하나님께서 아담과 그 아내에게는 범죄 한 이유를 일일이 물었지만 뱀에게는 아무런 질문도 하지 않고 저주하시는 것을 볼 수 있습니다. 하나님께서 뱀에게 하시는 저주는 모든 육축과 모든 짐승들보다 더욱 저주를 받아 배로 다니고 종신토록 흙을 먹고 살라는 것입니다. 이 말씀을 보면 하나님께서 저주를 하는 대상이 뱀 뿐만 아니라 모든 육축과 짐승들이라는 것을 알 수 있습니다.

단지 뱀은 다른 육축과 짐승들보다 더 저주를 받게 된다는 것입니다. 범죄 한 뱀이 저주의 대상이 되는 것은 당연하지만 범죄 하지도 않은 육축과 짐승까지 저주를 하신다는 것은 이해 할 수 없는 일입니다. 왜냐하면 육축과 짐승들은 하나님의 창조의 대상이며, 구원의 대상이지 저주의 대상이 아니기 때문입니다. 그러므로 이 말씀은 본문의 해석이 잘못되어 있음을 알 수 있습니다.

　원문에 기록된 진정한 뜻은 "여호와 하나님께서 뱀에게 이르시되 네가 이렇게 하였으니 네가 모든 육축과 모든 들의 짐승(살아 있는 생물, 동물)에게 저주를 받을지라" 입니다. 왜냐하면 모든 육축과 짐승들을 미혹하여 멸망하게 만드는 것이 바로 간교한 뱀이기 때문입니다. 이렇게 범죄 한 뱀은 육축과 들짐승들에게는 원망과 저주의 대상이며 하나님에게는 형벌의 대상이 되는 것입니다.

　하나님께서 범죄 한 뱀에게 내린 형벌은 종신토록 배로 다니면서 흙을 먹으라는 것입니다. 하나님께 범죄 한 뱀은 오늘날 삵꾼목자와 거짓 선지자들을 보면 잘 알 수 있습니다. 오늘날 삵꾼목자들이 무엇 때문에 교인들을 미혹할까요? 그 이유는 삵꾼목자들 안에 들어 있는 욕심을 교인들을 통해서 채우려 하기 때문입니다.

그러므로 사도바울께서는 욕심이 가득한 삯꾼목자들을 이렇게 말씀하고 있습니다.

[빌립보서 3장 17~19절] 형제들아 너희는 함께 나를 본받으라 또 우리로 본을 삼은 것 같이 그대로 행하는 자들을 보이라 내가 여러번 너희에게 말하였거니와 이제도 눈물을 흘리며 말하노니 여러 사람들이 그리스도 십자가의 원수로 행하느니라 저희의 마침은 멸망이요 저희의 신은 배요 그 영광은 저희의 부끄러움에 있고 땅의 일을 생각하는 자라.

사도바울은 자기 형제인 유대인들을 향해 자신을 본받으라고 눈물을 흘리며 호소하고 있는 것입니다. 왜냐하면 많은 사람들이 예수그리스도를 십자가의 원수로 생각하고 대적하고 있기 때문입니다. 그런데 유대인들이 이렇게 예수님이나 사도들을 십자가의 원수로 대적하는 이유는 자기 배를 신처럼 섬기고 있기 때문이라는 것입니다. 그런데 원문 성경에 신이라는 단어가 분명히 하나님(데오스)으로 기록이 되어 있습니다.

그러면 유대인들은 자기 배가 하나님이라는 말인데 이 말의 뜻은 자신의 욕심을 채우기 위해서 하나님을 믿고 섬기며 신앙생활을 하고 있다는 것입니다. 때문에 자기 욕심을 채우기 위해서 기복적인 신앙생활을 하는 자들의 결국은 멸망이라 말씀하시는 것입니다. 이런 자들은 하나님의 뜻을 이루기 위해서 신앙생활을 하는 것이 아니라 세상의 일, 즉 자기 욕심을 채우기 위해서 신앙생활을 하고 있다는 것입니다.

[디도서 1장 10~13절] 복종치 아니하고 헛된 말을 하며 속이는 자가 많은 중 특별히 할례당 가운데 심하니 저희의 입을 막을 것이라 이런 자들이 더러운 이를 취하려고 마땅치 아니한 것을 가르쳐 집들을 온통 엎드러치는도다 그레데인 중에 어떤 선지자가 말하되 그레데인들은 항상 거짓말장이며 악한 짐승이며 배만 위하는 게으름장이라 하니 이 증거가 참되도다.

상기의 말씀은 하나님의 말씀에 복종치 아니하고 헛된 거짓말을 하며 하나님의 백성을 속이는 자가 많은데 특히 할례당, 즉 보수신앙을 가진 자들에게 많이 있다는 것입니다. 이들이 못된 짓을 하는 것은 더러운 이익 곧 자기욕심을 채우기 위함이라는 것입니다. 이렇게 이런 자들이 헛된 가르침, 즉 하나님의 말씀을 가감하여 기복신앙으로 이끌며 하나님의 진리를 모두 변질시키고 있다는 것입니다. 그러므로 그레데인 중에 어떤 선지자는 이들은 항상 거짓말을 하는 악한 짐승이요, 자기 배만 위하는 자라고 말씀하고 있는 것입니다.

　문제는 교인들이 이러한 욕심 많은 삯꾼목자들을 오히려 좋아하며 따르는 자들이 많다는 것입니다. 사기꾼에게 사기를 당하는 자들은 자기 안에 사기꾼과 같은 욕심과 사기성이 있기 때문입니다. 때문에 오늘날도 기복을 강조하는 교회목사가 교인들에게 더 인기가 있고 이런 교회들이 더 크게 부흥이 되는 것입니다. 그러므로 삯꾼목자들은 이런 욕심 많은 교인들과 더불어 부귀영화를 누리고 있는 것입니다.

　이렇게 뱀이 배로 다닌다는 뜻은 욕심 많은 자들 위에 군림하면서 그들과 더불어 살아간다는 뜻입니다. 그런데 더욱 심각한 문제는 뱀이 종신토록 흙을 먹고 산다는 것입니다. 들에 있는 뱀은 곤충이나 짐승들을 잡아먹고 사는데 흙을 양식으로 먹고 살아가는 뱀은 과연 어떤 뱀을 말씀하실까? 하나님께서 말씀하시는 흙은 원어로 '아파르'로 기록되어 있습니다.

　때문에 하나님께서 흙으로 만든 사람을 아담이라고 부

르시며 하나님께서 "너는 흙이니 흙으로 돌아가라"고 말씀하신 것입니다. 이렇게 성경에서 흙을 아담이라 말하며 아담은 곧 흙의 존재를 말하고 있습니다. 그러면 뱀이 종신토록 먹고 살아가는 흙은 놀랍게도 대지의 흙이 아니라 사람이라는 것입니다.

즉 뱀이 종신토록 흙을 먹고산다는 것은 곧 종신토록 사람들을 잡아먹고 산다는 뜻입니다. 사실이 그럴까? 성경에 뱀은 두 종류가 있습니다. 하나는 하나님의 백성을 멸하는 불뱀이 있고 또 하나는 하나님의 백성을 구원하는 놋뱀이 있습니다.

불뱀은 하나님의 백성을 넓고 평탄한 멸망의 길로 인도하는 삯꾼목자들을 말하며 놋뱀은 예수님과 같이 좁고 협착한 생명의 길로 인도하고 있는 참 목자들을 말하고 있습니다.

삯꾼목자들은 그의 입에서 나오는 독(가감한 비 진리)으로 하나님의 백성을 죽이고 참 목자는 그 입에서 나오는 생명의 말씀으로 죽은 영혼을 살리는 것입니다. 이렇게 불뱀은 악령을 가지고 영혼들을 죽이려고 잡아먹고 놋뱀은 성령을 가지고 죽은 영혼을 살리기 위해서 먹는 것입니다.

때문에 예수님은 오늘날 불뱀들을 독사의 자식들이라

고 말씀하시면서 지금도 진노하고 계십니다.

[마태복음 23장 13~15절, 33절] 화 있을찐저 외식하는 서기관들과 바리새인들이여 너희는 천국 문을 사람들 앞에서 닫고 너희도 들어가지 않고 들어가려 하는 자도 들어가지 못하게 하는도다 화 있을찐저 외식하는 서기관들과 바리새인들이여 너희는 교인 하나를 얻기 위하여 바다와 육지를 두루 다니다가 생기면 너희보다 배나 더 지옥 자식이 되게 하는도다. 뱀들아 독사의 새끼들아 너희가 어떻게 지옥의 판결을 피하겠느냐.

상기의 말씀은 오늘날 기독교인들에게 큰 충격을 주는 말씀입니다. 문제는 오늘날 목회자들이나 기독교인들이 이러한 말씀을 보면서도 전혀 두려움을 느끼지 않는다는 것입니다.

왜냐하면 오늘날 목회자들이나 교인들은 상기의 말씀이 자신들과는 전혀 관계가 없는 말씀이라고 생각하고 있기 때문입니다. 이것은 오늘날 목회자들이나 기독교인들이 성경말씀을 모두 아전인수로 보면서 축복의 말씀들은 모두 하나님께서 자신들에게 주시는 말씀이라 생각하며 저주의 말씀들은 모두 예전의 유대인들에게 하시는 말씀이라고 간주하기 때문입니다.

　예수님은 이렇게 자신의 욕심에 따라 자기 입맛대로 유
익한 말씀만을 골라서 먹고 교인들을 미혹하고 있는 자들
을 불뱀 혹은 독사의 자식이라 말씀하시는 것입니다.

7. 여자의 후손과 뱀의 후손이 원수가 되게 하신

　 하나님

[창세기 3장 15절] 내가 너로 여자와 원수가 되게 하고 너의
후손도 여자의 후손과 원수가 되게 하리니 여자의 후손은 네
머리를 상하게 할 것이요 너는 그의 발꿈치를 상하게 할 것이
니라 하시고.

15 וְאֵיבָה אָשִׁית בֵּינְךָ וּבֵין הָאִשָּׁה וּבֵין זַרְעֲךָ וּבֵין
　우벤　　자르아카　우벤　　하잇솨　　우벤　베네카　아쉬트　베에바
원수가 되게 하리니 너의 후손도 여자와　　　너로　내가-되게하고　원수가

זַרְעָהּ הוּא יְשׁוּפְךָ רֹאשׁ וְאַתָּה תְּשׁוּפֶנּוּ עָקֵב: ס
　아케브　테슈펜누　베앗타　로쉬　예슈페카　후　자르아흐
발굼치를　그의-상하게 할 것이니라　너는　머리를　상하게 할것이요 여자의 후손은 여자의 후손과

여호와 하나님께서 뱀에게 말하되 너는 여자와 원수가
될 것이며 너의 후손도 여자의 후손과 원수가 되게 하시겠
다고 말씀하고 계십니다. 왜냐하면 뱀은 여자를 미혹하여
여자와 아담을 범죄 하게 만들었기 때문입니다. 그런데 당
시의 뱀과 여자만 원수가 되는 것이 아니라 뱀의 후손과 여
자의 후손까지 원수가 되게 하시겠다는 것입니다.

　 그런데 만일 간교한 뱀이 땅을 기어 다니는 실제 뱀이

라면 지금도 뱀과 사람은 원수라는 것입니다. 그러나 이 말씀 때문에 오늘날 기독교인들이 실제 뱀이 기독교인들의 원수라고 생각하는 사람은 하나도 없습니다. 이렇게 하나님의 말씀을 가지고 있는 간교한 뱀은 실제 뱀이 아니라 뱀과 같이 간교하고 교활한 삯꾼목자와 거짓 선지자를 말하는 것입니다.

　문제는 아담과 하와를 미혹하던 간교한 뱀의 후손들이 지금도 변함없이 오늘날 하나님의 백성들을 미혹하여 배나 더 지옥 자식을 만들고 있다는 것입니다. 예수님께서 서기관과 바리새인들을 향해 "뱀들아 독사의 새끼들아"라고 말씀하신 것은 이들이 바로 뱀의 후손이기 때문에 하신 말씀입니다.

　그러면 여자와 여자의 후손은 오늘날 어느 누구를 말하는 것일까? 상기에서 말씀하시는 여자의 후손은 육신적인 여자가 아니라 하나님의 형상과 모양대로 지음을 받은 사람의 후손으로 장차 나타날 예수님을 비유한 것입니다. 다시 말해서 오늘날 기독교인들을 구원하여 영원한 생명을 주시려고 오시는 구원자, 즉 참 목자들을 말하고 있습니다.

　여자의 후손은 멜기세덱의 반차를 따라 오신 예수님과 사도들이며 뱀의 후손들은 아론의 반차를 따라 이어오는 서기관과 제사장들을 비사로 말씀하고 있는 것입니다. 이렇게 하나님께서 뱀의 후손과 여자의 후손이 원수가 되게 하시므로 예수님과 유대인들이 원수가 된 것이며 오늘날도 참 목자와 거짓목자가 원수가 되어 있는 것입니다. 문제는 여자의 후손은 뱀의 머리를 상하게 하며 뱀의 후손은 여자의 발꿈치를 상하게 한다는 것입니다.

그러면 뱀의 머리와 여자의 발꿈치는 무엇을 말하는 것일까? 원문으로 머리는 '로쉬' 라는 단어로 뜻은 '머리, 근원, 우두머리, 시작' 의 의미입니다. 또한 여자의 발꿈치는 원문에 '아케브' 라는 단어로 뜻은 '발꿈치, 뒤꿈치, 발자국, 끝의 한 부분' 이라는 의미입니다. 그러므로 여자의 후손은 뱀의 입에서 나오는 독(가감된 비 진리)의 근원을 뿌리째 뽑아버린다는 말이며, 뱀의 후손들은 여자의 입에서 나오는 말씀을 부분적으로 가감하여 변질시킨다는 뜻입니다.

때문에 뱀의 후손인 삯꾼목자들은 하나님의 거룩한 말씀을 가감하여 기복의 말씀으로 변질시켜 영혼들을 죽이고 있는 것입니다. 그리고 여자의 후손인 예수님께서는 뱀들에게 미혹당해 죽어가는 영혼들을 구원하고 살려서 하나님의 아들을 만들고 있는 것입니다.

그러므로 오늘날 여자의 후손과 뱀의 후손들이 상반된 길, 즉 생명의 좁은 길과 멸망의 넓은 길을 가면서 서로 원수가 되어 대적하고 있는 것입니다.

이렇게 여자의 후손이 뱀의 머리를 상하게 하는 것은 하나님의 백성을 구원시키기 위함이요, 뱀이 여자의 후손의 발꿈치를 상하게 하는 것은 하나님의 백성을 멸망시키려는 것입니다.

문제는 오늘날 수많은 간교한 뱀의 후손들은 여자의 후손들을 오히려 이단으로 정죄를 하며 핍박을 하고 있다는 것입니다.

8. 여자에게 잉태하는 고통을 크게 더하심

[창세기 3장 16절] 또 여자에게 이르시되 내가 네게 잉태하는 고통을 크게 더하리니 네가 수고하고 자식을 낳을 것이며 너는 남편을 사모하고 남편은 너를 다스릴 것이니라 하시고.

16 אֶל־ הָאִשָּׁה אָמַר הַרְבָּה אַרְבֶּה עִצְּבוֹנֵךְ וְהֵרֹנֵךְ
에게   여자   이르시되 크게 내가 더하리니 고통을 네게 잉태하는
엘   하잇솨   아마르   하르바   아르베   이쩨보네크   베헤로네크

בְּעֶצֶב תֵּלְדִי בָנִים וְאֶל־ אִישֵׁךְ תְּשׁוּקָתֵךְ
수고하고 네가 낳을 것이며 자식을 엘 남편   너는-사모하고
베에쩨브   텔레디   바님   베엘 이쉐크   테슈카테크

וְהוּא יִמְשָׁל־ בָּךְ: ס
남편은   다스릴 것이니라 너를
베후   임솰   바크

하나님은 뱀의 미혹을 받아 선악과를 먹고 남편에게도 준 여자에게 잉태하는 고통을 크게 더하시겠다고 말씀하시면서 네가 수고를 해야 자식을 낳을 수 있다고 말씀하시는 것입니다. 때문에 오늘날 여자들이 아기를 잉태할 때나 해산할 때 큰 고통을 당하게 되는 것이라 생각하고 있습니다. 그렇다면 오늘날의 여성들이 선악과를 먹은 여자 한사람 때문에 모두 해산의 고통을 받고 있다는 것입니다.

과연 그럴까? 그러나 하나님이 말씀하시는 잉태와 해산의 고통은 육적인 아이를 낳는 고통을 말하는 것이 아니라 모두 영적인 아이를 낳는 해산의 고통을 말하고 있다는 것입니다. 즉 예수님이 그의 제자들을 말씀으로 잉태시켜 해산하는 고통과 사도바울이 디모데와 디도 등을 복음으로 낳는 해산의 고통을 말하고 있는 것입니다. 여자들이 아이를 낳을 때 해산의 고통이 얼마나 심하다는 것은 사람들이 아이를 낳아본 여자라면 누구나 잘 알고 있는 일입니다. 그런데 예수님이나 사도들이 복음으로 하나님의 아들을 낳는 수고와 고통은 어떠했을까? 하나님은 상기의 말씀을 통해서 영적인 생명을 잉태하는 고통을 크게 가중시킨다고 말씀하시는 것입니다.

　때문에 오늘날 목회자들이나 기독교인들은 한 영혼을 구원하여 하나님의 아들로 거듭나게 하기까지 얼마나 어렵고 힘들다는 것을 알아야 합니다. 그런데 오늘날 목회자들은 하나님의 아들들을 아무런 해산의 고통도 없이 얼마나 쉽고 간단하게 낳고 있습니까? 오늘날 목자들은 어느 누구나 예수를 믿고 입으로 시인만하면 그 즉시 아들이 되었다고 하여 하나님을 아바 아버지라 부르게 하고 있는 것입니다. 어느 목사는 군대나 재소자들을 찾아가서 예수를 믿게 하여 한 번에 백 명 혹은 이백 명씩 집단으로 아들을 만들고 있는 것입니다. 그런데 막상 하나님의 아들이며 참 목자이신 예수님은 죄인들을 구원하기 위해서 유대 땅에 오셨지만 아들을 모두 열두 명 밖에 낳지 못하고 돌아가신 것입니다.

[갈라디아서 4장 19절] 나의 자녀들아 너희 속에 그리스도의 형상이 이루기까지 다시 너희를 위하여 해산하는 수고를 하노니.

상기의 말씀과 같이 사도바울은 너희 속에 그리스도의 형상을 입은 하나님의 아들을 낳기까지 내가 다시 해산의 수고와 고통을 받아야 한다고 말씀하고 있습니다. 사람들이 육신의 아기를 낳는 수고와 고통도 크지만 영적인 자식을 잉태하여 아들로 낳는 해산의 고통은 말로 다 형용할 수 없는 것입니다. 때문에 예수님도 그의 제자들을 하나님의 아들로 낳기까지 삼년 반이라는 잉태의 과정과 살과 피를 흘리는 해산의 고통을 받으신 것입니다.

그런데도 불구하고 오늘날 목회자들은 잉태하는 수고나 해산의 고통 없이도 하루에 수십 명씩 하나님의 아들을 낳는다고 큰소리치고 있는 것입니다.

　이렇게 오늘날 목회자들은 아이를 잉태하거나 아이를 낳을 때 힘 한번 주지 않고 아주 쉽고 간단하게 하나님의 아들을 낳고 있는 것입니다. 과연 그럴 수 있을까? 오늘날 목회자들이 아무런 해산의 고통도 받지 않고 믿음 하나로 쉽고 간단하게 낳은 아들이 진정 하나님의 아들이란 말인가? 그렇다면 오늘날 목회자들이 하나님이나 예수님보다 능력이 더 많다는 말인가? 그러나 이들이 공장에서 상품을 찍어내듯이 하루에도 수십 명씩 하나님의 아들을 만들어낸다는 것은 곧 자신이 마귀의 아들이요 독사의 자식이라는 것을 자인하는 것입니다.

　이어지는 말씀은 너는 남편을 사모하고 남편은 너를 다스릴 것이라는 말씀입니다. 하나님께서 여자에게 남편을 사모하고 남편은 여자를 잘 다스리라는 말씀 때문에 기독교인들이 여자는 남편을 주님과 같이 존경하며 남편들은 자기 아내를 자기 몸처럼 아끼고 사랑하는 것일까? 그런데 기독교인들도 부부싸움을 수시로 하며 이혼까지 하는 가정들도 있습니다. 이렇게 하나님께서 짝지어 주셨다는 남편과 아내들이 서로 미워하며 다투고 이혼까지 하면서도 자기는 예수를 믿기 때문에 하나님의 아들로 거듭날 수 있고 천국도 들어간다고 큰소리 치고 있는 것입니다.

　　그러나 하나님께서 사모하라는 남편은 하나님의 아들 (예수)을 말하며 남편이 다스려야 하는 여자는 가나안땅에 이른 자, 즉 예수님의 제자들과 같은 자들을 비유하여 말하고 있습니다. 때문에 사도바울은 영적인 아내와 남편들에게 이렇게 말씀하는 것입니다.

[에베소서 5장 22~25절] 아내들이여 자기 남편에게 복종하기를 주께 하듯하라 이는 남편이 아내의 머리 됨이 그리스도께서 교회의 머리 됨과 같음이니 그가 친히 몸의 구주시니라 그러나 교회가 그리스도에게 하듯 아내들도 범사에 그 남편에게 복종할찌니라 남편들아 아내 사랑하기를 그리스도께서 교회를 사랑하시고 위하여 자신을 주심 같이 하라.

　　상기의 말씀은 육신의 남편과 아내들에게 하시는 말씀이 아니라 하나님께서 짝지어 주신 영적인 남편과 아내들에게 하시는 말씀입니다. 왜냐하면 예수님이나 사도들은 영적인 존재로서 육적인 문제나 윤리 도덕적인 문제에 대하여 말씀하지 않기 때문입니다. 그러므로 상기의 말씀은 오늘날 기독교인들에게 짝지어준 남편, 곧 예수님이나 사도들과 같은 하나님의 아들을 하나님께 복종하듯이 잘 섬기라는 뜻입니다. 왜냐하면 지금 모시고 있는 영적인 남편이 바로 자신을 구원하는 구원자이며 예수님이기 때문입니다.

그런데 오늘날 기독교인들은 이천년 전에 오셨던 예수님만이 자신의 신랑이요 남편이라 생각하며 오늘날 하나님께서 보내주신 참 목자는 예수님과 같은 남편으로 인정하지 않으며 그리스도에게 복종하듯이 복종하지도 않고 있습니다. 그러므로 하나님께서 짝지어준 오늘날의 목자를 그리스도와 같이 섬기며 복종하라는 것입니다.

그리고 오늘날 아내를 거느리고 있는 영적인 남편들은 아내 사랑하기를 그리스도께서 교회를 사랑하시고 교회를 위하여 자신의 몸을 내어 주신 것 같이 하라고 말씀하고 있습니다. 이 말씀은 오늘날 하나님께서 세우신 참 목자들이라면 교인들 사랑하기를 예수님이 그의 제자들을 사랑하고 그의 제자들을 위해서 예수님의 살과 피를 다 흘리신 것 같이 사랑하라는 뜻입니다.

이렇게 예수님과 같이 자신의 몸을 그의 제자들에게 모두 내어주는 아가페적인 사랑을 하지 않고는 아내를 하나님의 아들로 거듭나게 할 수 없는 것입니다.

9. 아담이 종신토록 수고하고 얼굴에 땀을 흘려야 밭의 채소를 먹게 하심

[창세기 3장 17~19절] 아담에게 이르시되 네가 네 아내의 말을 듣고 내가 너더러 먹지 말라 한 나무실과를 먹었은즉 땅은 너로 인하여 저주를 받고 너는 종신토록 수고하여야 그 소산을 먹으리라 땅이 네게 가시덤불과 엉겅퀴를 낼 것이라 너의 먹을 것은 밭의 채소인즉 네가 얼굴에 땀이 흘려야 식물을 먹고 필경은 흙으로 돌아가리니 그 속에서 네가 취함을 입었음이라 너는 흙이니 흙으로 돌아갈 것이라 하시니라.

17 וּלְאָדָם אָמַר כִּי שָׁמַעְתָּ לְקוֹל אִשְׁתֶּךָ וַתֹּאכַל

울레아담 이르시되 키 네가-듣고 -즉 쇼마웃타 네 아내의 레콜 말을 이쉬테카 밧토칼 먹었은-

מִן הָעֵץ אֲשֶׁר צִוִּיתִיךָ לֵאמֹר לֹא תֹאכַל מִמֶּנּוּ

민 나무 하에쯔 실과를 아쉐르 내가 너더러 찜비티카 한 레모르 먹지 로 말라 토칼 밈멘누 (그것으로부터)

כָּל אֲרוּרָה הָאֲדָמָה בַּעֲבוּרֶךָ בְּעִצָּבוֹן תֹּאכֲלֶנָּה כֹּל

아루라 저주를 받고 하아다마 땅은 바아부레카 너로 인하여 베잇짜본 수고 하여야 토칼렌나 너는-그 소산을 먹으리라 콜 종

18 וְקוֹץ וְדַרְדַּר תַּצְמִיחַ לָךְ יְמֵי חַיֶּיךָ:

예메이 신 하예이카 토록 베코쯔 가시덤불과 베다르다르 엉겅퀴를 타쯔미아흐 땅이 낼것이라 라크 네게

וְאָכַלְתָּ אֶת־ עֵשֶׂב הַשָּׂדֶה: 19 בְּזֵעַת אַפֶּיךָ

베아칼타 너의 먹을 것은 에트 에세브 채소인 즉 핫사데 밭의 베쩨아트 땀이 흘려야 아페이카 얼굴에

תֹּאכַל לֶחֶם עַד שׁוּבְךָ אֶל־ הָאֲדָמָה כִּי מִמֶּנָּה

밈멘누　키　하아다마　엘　슈베카　아드　레헴　토칼
그 속에서 -이라　흙　으로 돌아 가리니 필경은 식물을 네가-먹고

לֻקָּחְתָּ כִּי עָפָר אַתָּה וְאֶל־ עָפָר תָּשׁוּב:

타슈브　아파르　베엘　앗타　아파르　키　룩카헷타
돌아갈 것이니라　흙　으로 너는-이니　흙　네가-취함을 입었음-

　　하나님께서 아담에게 이르시기를 네가 네 아내의 말을 들고 내가 너더러 먹지 말라한 실과를 먹었으니 땅은 너로 인해서 저주를 받고 너는 종신토록 수고를 해야 그 땅의 소산을 먹을 수 있다고 말씀하고 있습니다.

　　아담이 한 순간의 실수로 말미암아 아담뿐만 아니라 땅도 저주를 받아 밭에서 좋은 채소를 내지 못하고 가시덤불과 엉겅퀴를 내게 된다는 말씀입니다. 그러므로 아담이 종신토록 땀을 흘리는 수고를 해야 비로소 밭의 채소를 먹게 된다는 것입니다. 그런데 이렇게 수고를 한다 해도 아담이 죽어서 가는 곳은 천국이 아니라 다시 흙(지옥)으로 돌아가게 된다고 말씀하고 있습니다. 오늘날 기독교인들은 이 말씀을 어떻게 이해하며 어떻게 받아들이고 있는가?

　　오늘날 기독교인들은 예수를 믿기만 하면 아무리 큰 죄를 지었어도 모두 사함 받고 천국으로 들어가 이 세상에 다시 태어나지 않는다고 믿고 있는데 아담은 한 순간의 실수

도 용서받지 못하고 흙으로 돌아가고 있다는 것입니다. 하나님은 오늘날 기독교인들만의 하나님이고 아담이나 그 밖의 사람들에게는 하나님이 아니란 말인가? 상기의 말씀을 이해하려면 예수님께서 제자들에게 말씀하신 밭의 비유를 보면 잘 알 수 있습니다.

[마태복음 13장 17~23절] 내가 진실로 너희에게 이르노니 많은 선지자와 의인이 너희 보는 것들을 보고자 하여도 보지 못하였고 너희 듣는 것들을 듣고자 하여도 듣지 못하였느니라 그런즉 씨 뿌리는 비유를 들으라 아무나 천국 말씀을 듣고 깨닫지 못할 때는 악한 자가 와서 그 마음에 뿌리운 것을 빼앗나니 이는 곧 길 가에 뿌리운 자요 돌밭에 뿌리웠다는 것은 말씀을 듣고 즉시 기쁨으로 받되 그 속에 뿌리가 없어 잠시 견디다가 말씀을 인하여 환난이나 핍박이 일어나는 때에는 곧 넘어지는 자요 가시떨기에 뿌리웠다는 것은 말씀을 들으나 세상의 염려와 재리의 유혹에 말씀이 막혀 결실치 못하는 자요 좋은 땅에 뿌리웠다는 것은 말씀을 듣고 깨닫는 자니 결실하여 혹 백배, 혹 육십 배, 혹 삼십 배가 되느니라 하시더라.

상기의 말씀은 예수님께서 사람의 마음을 밭으로 비유

하여 말씀하신 것입니다. 그런데 예수님께서 지금 하시는 말씀들은 많은 선지자와 의인들도 보지 못하고 듣지도 못한 말씀이라고 시작하고 있습니다.

예수님은 사람의 마음 밭을 넷으로 분류하여 첫째 밭은 길 밭, 둘째 밭은 돌 밭, 셋째 밭은 가시 떨기 밭, 넷째 밭은 옥토와 같은 좋은 밭으로 비유하여 말씀하고 있습니다. 첫째의 길 밭은 사람들이 수도 없이 많이 밟아서 단단히 굳어진 마음의 밭을 말하는데 이런 마음을 가진 자들은 하나님의 말씀을 들어도 전혀 깨닫지 못하는 자들입니다. 둘째의 돌밭은 돌이 많이 섞여 있는 밭을 말하는데 이런 자들은 가감된 비 진리(교리와 유전)가 많이 들어있고 그 속에 진리가 없기 때문에 말씀을 듣고 잠시 견디나 말씀에 대한 핍박이나 환난이 오면 곧 실족하는 자를 말합니다. 셋째의 가시떨기 밭은 말씀을 듣고 깨달으나 세상의 염려와 재리, 즉 재물이나 돈의 유혹에 말씀이 막혀 결실하지 못하는 자들을 말하고 있습니다. 넷째의 좋은 밭은 말씀을 듣고 깨달아 좋은 열매를 삼십 배, 육십 배, 백배로 맺는 자를 말하고 있습니다.

그러므로 아담이 첫째 길 밭을 좋은 옥토로 만들어 좋은 열매를 맺기 위해서 종신토록 얼굴에 땀을 흘리며 밭을 갈고 돌을 골라내는 수고를 해보지만 필경은 흙으로 돌아 간다고 말씀하고 있는 것입니다. 그 이유는 아무리 힘쓰고 애써도 첫째 밭이 당대에 넷째 밭이 될 수 없기 때문입니 다. 그러므로 아담은 그렇게 애쓰고 힘써도 천국으로 들어 가지 못하고 결국 흙(지옥)으로 다시 돌아가게 되는 것입니 다. 그런데 오늘날의 삯꾼목자들은 마음의 밭이 어떤 밭이 던 상관없이 예수를 믿기만 하면 죽기 오분 전이라도 구원 을 받아 천국으로 들어간다고 교인들을 속이고 있는 것입 니다.

이렇게 하나님의 뜻이나 구원의 과정도 모르고 거짓증 거를 하고 있는 삯꾼목자들은 모두 간교한 뱀의 후손이라 는 것을 알아야 합니다. 첫 아담이 이 세상사는 동안에 넷 째 밭의 상태를 이루지 못하고 죽으면 몸은 흙으로 돌아가 지만, 그 안에 있는 혼적생명은 내생에 육신의 옷을 갈아입 고 다시 태어나게 되는 것입니다.

이렇게 내생에 다시 태어난 아담이 하나님의 말씀으로 마음 밭을 열심히 갈고 닦아 좋은 옥토 밭이 되어 이웃에 죽어있는 영혼들을 구원하여 삼십 배, 육십 배, 백배의 결 실을 맺는다면 하나님의 아들로 거듭나서 천국으로 들어가 게 되는 것입니다.

이와 같이 첫째 밭이 넷째 옥토 밭이 되기 위해서는 이세상을 수십 번 혹은 수백 번 혹은 수천 번을 오고 가며 계속 윤회를 하게 되는 것입니다. 이러한 사실을 모르는 기독교인들은 기독교에는 전생이나 윤회가 없다고 극구 부정을 하고 있는 것입니다. 그러나 하나님께서는 사람들이 천국으로 들어가기까지 태어나고 죽고 죽은 영혼이 다시 태어나기 때문에 성경을 통해서 전생과 윤회를 분명하게 말씀하고 있습니다.

그런데 기독교인들은 기독교의 교리가 전생이나 윤회를 부정하기 때문에 사람의 전생이나 윤회는 없다고 전적으로 부정을 하고 있는 것입니다. 그러나 전생이나 윤회를 부정하는 것은 기독교회와 그에 따른 교리이며 하나님은 성경을 통해서 전생과 윤회가 있다는 것을 분명히 말씀하고 계십니다. (성경이 말씀하시는 "전생과 윤회"는 의증서원에서 출판된 "성경에 나타난 전생과 윤회의 비밀"속에 자세히 설명되어 있음.)

[창세기 3장 20절] 아담이 그 아내를 하와라 이름하였으니 그는 모든 산 자의 어미가 됨이더라.

וַיִּקְרָא הָאָדָם שֵׁם אִשְׁתּוֹ חַוָּה כִּי הִוא הָיְתָה 20
하예타   후   키   하와   이쉿토 쉠   하이담   바이크라
됨   그는 이더라 하와라 그 아내를 이름 아담이   하였으니

אֵם כָּל־חָי:
하이 콜   엠
산 자의 모든 어미가

　　상기의 말씀은 아담이 그 아내의 이름을 하와라고 지었
는데 그 이유는 하와는 모든 산 자의 조상이 되기 때문이라
말씀하고 있습니다. 하와가 모든 산 자의 어미라는 뜻은 하
나님의 생명으로 거듭난 자의 어미라는 말이 아니라 혼의
생명이 있는 자의 어미라는 뜻입니다.

　　왜냐하면 하나님의 생명으로 거듭난 자들은 살려주는
영(성령)이며 하와는 살려주는 영이 아니라 산 영(혼)이기
때문입니다.

　　[고린도전서 15장 45~49절] 기록된 바 첫 사람 아담은 산
영이 되었다 함과 같이 마지막 아담은 살려주는 영이 되었나니
그러나 먼저는 신령한 자가 아니요 육 있는 자요 그 다음에 신
령한 자니라 첫 사람은 땅에서 났으니 흙에 속한 자이거니와
둘째 사람은 하늘에서 나셨느니라 무릇 흙에 속한 자는 저 흙
에 속한 자들과 같고 무릇 하늘에 속한 자는 저 하늘에 속한

자들과 같으니 우리가 흙에 속한 자의 형상을 입은 것 같이 또한 하늘에 속한 자의 형상을 입으리라.

상기의 첫 사람 아담은 산 영이며 둘째 아담은 살려주는 영이라 말씀하고 있습니다. 첫 사람은 땅에서 났기 때문에 흙에 속한 자이며 하나님의 생명으로 다시 거듭난 둘째 사람은 하늘에서 났기 때문에 영에 속한 자라는 것입니다.

그러므로 본문에 하와가 모든 산 자의 어미라는 말은 흙에 속한 자의 조상이라는 말입니다. 때문에 흙에 속한 육신의 존재들이 하늘에 속한 영의 생명으로 거듭나기 위해서 좁고 협착한 생명의 길을 가면서 애쓰며 힘쓰고 있는 것입니다.

이렇게 첫 아담은 흙에 속한 자이며 둘째 아담은 하나님의 생명으로 거듭난 아들(예수님)을 말하고 있습니다. 그러므로 오늘날 기독교인들도 첫 아담이 둘째 아담으로 거듭나기 위해서 얼굴에 땀을 흘리며 수고하는 것과 같이 하나님의 생명으로 거듭나기 위하여 모두 얼굴에 땀을 흘리는 수고를 해야 하는 것입니다.

10. 하나님께서 아담과 그 아내에게 입혀주신 가죽 옷

[창세기 3장 21절] 여호와 하나님이 아담과 그 아내를 위하여 가죽 옷을 지어 입히시니라.

וַיַּעַשׂ יְהוָה אֱלֹהִים לְאָדָם וּלְאִשְׁתּוֹ כָּתְנוֹת 21
카테노트   울레이쉿토   레아담   엘로힘   예호바   바야아스
옷을   그 아내를 위하여   아담과   하나님이   여호와   지어

עוֹר וַיַּלְבִּשֵׁם׃ פ
바얄비쉠   오르
입히시니라   가죽

    상기의 말씀에서 보면 여호와 하나님께서 벌거벗고 있는 아담과 그의 아내를 위해서 가죽 옷을 지어 입히셨다고 말씀하고 있습니다. 아담과 하와가 범죄하기 전에는 벌거벗고 있어도 부끄러움을 느끼지 못했는데 범죄 한 후에는 벌거벗은 몸이 수치스럽다는 것을 느끼게 된 것입니다. 그러므로 하나님께서 수치스러운 곳을 가릴 수 있도록 가죽으로 옷을 만들어 옷을 입히신 것입니다. 때문에 하나님께서 입혀주신 가죽옷은 사람들이 지금 입고 다니는 일반적인 옷이 아니라 영적인 옷으로 말씀의 옷을 말하고 있습니다.

성경에 등장되는 옷은 가죽 옷뿐만 아니라 베옷도 있고 채색 옷도 있고 세마포 옷도 있고 그리스도의 옷도 있습니다.

이렇게 하나님께서 말씀하시는 옷들은 모두 하나님의 백성이 영적인 차원에 따라 입는 말씀의 옷을 말하고 있습니다. 즉 죄인들이 입는 옷은 베옷이며 예수님과 결혼식을 올리기 위해서 입는 옷은 세마포이며 하나님의 아들들이 입고 있는 옷은 그리스도의 옷입니다.

그런데 하나님께서 범죄 한 아담과 하와에게 입혀주신 가죽옷은 세마포나 그리스도의 옷이 아니라 베옷, 즉 율법의 옷을 말하고 있습니다. 이렇게 하나님은 범죄 한 아담과 하와의 죄를 씻어주고 죄 가운데서 구원하기 위해서 가죽옷을 입혀주신 것입니다.

[이사야서 61장 10절] 내가 여호와로 인하여 크게 기뻐하며 내 영혼이 나의 하나님으로 인하여 즐거워하리니 이는 그가 구원의 옷으로 내게 입히시며 의의 겉옷으로 내게 더하심이 신랑이 사모를 쓰며 신부가 자기 보물로 단장함 같게 하셨음이라.

상기에 여호와께서 입혀주신 구원의 옷은 세마포나 그

리스도의 옷이 아니라 범죄 한 이스라엘 백성을 구원하기 위한 광야의 율법을 말하고 있습니다.

　모세의 율법은 애굽의 죄 가운데 있는 이스라엘 백성을 구원하여 젖과 꿀이 흐르는 가나안 땅으로 인도하기 위해서 하나님께서 주신 하나님의 법입니다. 이것은 갈라디아서 3장을 보면 잘 알 수가 있습니다.

　[갈라디아서 3장 22~24절] 그러나 성경이 모든 것을 죄 아래 가두었으니 이는 예수그리스도를 믿음으로 말미암은 약속을 믿는 자들에게 주려 함이니라 믿음이 오기 전에 우리가 율법 아래 매인바 되고 계시될 믿음의 때까지 갇혔느니라 이같이 율법이 우리를 그리스도에게로 인도하는 몽학선생이 되어 우리로 하여금 믿음으로 말미암아 의롭다 함을 얻게 하려 함이니라.

　성경이 모든 것을 죄 아래 가두었다는 것은 하나님의 율법이 모든 사람을 죄 아래 가두었다는 말씀입니다. 이렇게 하나님께서 하나님의 백성을 모두 죄 아래 가두신 것은 예수그리스도를 믿는 자들에게 영원한 생명을 주시려는 것입니다.

　그러므로 율법은 하나님의 백성을 그리스도에게로 인

도하는 몽학선생이 되어 하나님의 약속을 믿는 자들을 예
수그리스도로 말미암아 의롭다함을 얻게 하시려는 것입니
다.

　이와 같이 아담과 하와에게 입혀주신 가죽 옷은 하나님
께서 범죄한 하나님의 백성을 구원하기 위해서 만들어 주
신 하나님의 율법을 말하고 있는 것입니다.

11. 선악을 아는 일에 하나님과 같이 된 자

[창세기 3장 22절] 여호와 하나님이 가라사대 보라 이 사람이 선악을 아는 일에 우리 중 하나같이 되었으니 그가 그 손을 들어 생명나무 실과도 따먹고 영생할까 하노라 하시고.

וַיֹּאמֶר יְהֹוָה אֱלֹהִים הֵן הָאָדָם הָיָה 22
하야　하아담　헨　엘로힘　예호바　바이오메르
되었으니 이 사람이 보라 하나님이 여호와 가라사대 하시고

כְּאַחַד מִמֶּנּוּ לָדַעַת טוֹב וָרָע וְעַתָּה ׀ פֶּן־ יִשְׁלַח
이쉴라흐　펜　베앗타　바라　토브　라다아트　밈멘누　케아하드
그가 들어 할까 하노라 (이제) 악을 선 아는 일에 우리중 하나같이

יָדוֹ וְלָקַח גַּם מֵעֵץ הַחַיִּים וְאָכַל וָחַי לְעֹלָם׃
레올람　바하이　베아칼　하하임　메에쯔　감　벨라카흐　야도
영　생　먹고　생명　나무 실과 도 (따) 그 손을

상기의 말씀은 여호와 하나님께서 이 사람(아담)이 선악을 아는 일에 우리 중 하나같이 되었다고 말씀하고 있습니다. 이 사람이 선악을 아는 일에 우리 중 하나같이 되었다는 말은 하나님과 같이 되었다는 말입니다. 그렇다면 뱀의 말과 같이 선악과를 따먹고 눈이 밝아져 하나님과 같이 되었다는 것입니다. 그러면 뱀은 여자에게 거짓을 말한 것이 아니라 진실을 말한 것이라 할 수 있습니다.

그런데 하나님께서 무엇 때문에 뱀에게 저주를 하셨을까? 하나님께서 바라고 원하시는 뜻은 죄인들이 모두 회개하고 하나님의 생명으로 거듭나서 예수님과 같은 하나님의 아들이 되어 하나님의 나라에서 영원히 함께 사는 것입니다. 그러므로 하나님께서는 하나님의 백성이 하루속히 하나님의 생명으로 거듭나 하나님의 형상과 모양이 같은 하나님들이 되기를 원하시는 것입니다.

즉 땅(사람)이 하나님의 말씀으로 거듭나서 하늘(하나님)이 되는 것이 바로 창세기와 주기도문을 통해서 말씀하시는 하나님의 뜻입니다. 그런데 하나님께서 아담과 하와에게 선악과를 따먹게 하여 하나님과 같이 되게 한 뱀을 하나님은 저주를 하신 것입니다. 그러나 원어성경을 보면 본문의 해석이 잘못된 것을 알 수 있습니다. 결국 서기관의 거짓 붓, 즉 오늘날 신학자들의 영적인 무지로 말미암아 하나님의 말씀을 왜곡시킨 것입니다.

때문에 오늘날 기독교인들이 성경말씀을 볼 때 이해를 하지 못하고 오히려 혼미하게 되는 경우가 종종 발생하는 것입니다. 그러므로 원어에 기록된 본문을 통해서 말씀의 올바른 뜻을 알아보기로 하겠습니다.

본문에 하나님께서 선악과를 먹은 아담과 하와가 선악

을 아는 일, 곧 "우리 중 하나 같이 되었다"는 것은 하나님과 같이 되었다는 뜻이 아닙니다. 왜냐하면 '우리'라는 단어는 원문에 '밈멘누'로 기록되어 있으며 문법상으로 삼인칭 단수와 일인칭 복수로 사용되고 있기 때문입니다. 그러므로 본문의 '밈멘누'는 삼인칭 단수로 해석해야 하는데 번역자들이 본문의 뜻을 모르기 때문에 일인칭 복수로 해석한 것입니다. 즉 아담과 하와가 선악과를 먹고 하나님과 같이 된 것이 아니라 뱀과 같이 된 것입니다.

왜냐하면 본문 말씀대로 아담과 하와가 선악과를 따먹고 하나님과 같이 되었다면 죄인이 될 수가 없고 따라서 다시 생명과를 먹고 영생할 필요가 없기 때문입니다. 그래서 이 말씀은 선악과를 따먹은 아담과 하와가 우리(하나님)중 하나같이 된 것이 아니라 그(뱀)와 같이, 즉 뱀과 같이 되었다는 뜻입니다.

그런데 성경번역자들이 삼인칭 단수(그)를 일인칭복수(우리)로 번역을 해놓은 것입니다. 때문에 하나님께서 베드로 후서의 말씀을 통해서 모든 예언의 말씀(하나님의 말씀)은 사사로이 풀지 말고 함부로 해석하지 말라고 명하신 것입니다.

이어지는 말씀은 하나님께서 선악과를 먹은 아담과 하

와가 그 손을 들어 생명나무의 실과도 먹고 영생할까 염려하는 말씀입니다. 이 말씀은 아담과 하와가 선악나무 열매를 먹고 하나님과 같이 된 것이 아니라는 것을 증명해주는 것입니다.

왜냐하면 아담과 하와가 선악과를 먹고 하나님과 같이 되었다면 생명나무의 열매를 먹고 영생할 필요가 없기 때문입니다. 때문에 이 말씀은 하나님께서 선악과를 따서 먹고 뱀과 같이 된 아담과 하와가 다시 생명과를 따서 먹고 영원한 생명을 얻어 하나님과 같이 될까봐 염려를 하시는 것입니다.

[창세기 3장 23절] 여호와 하나님이 에덴 동산에서 그 사람을 내어 보내어 그의 근본 된 토지를 갈게 하시니라.

23 וַיְשַׁלְּחֵהוּ יְהֹוָה אֱלֹהִים מִגַּן עֵדֶן לַעֲבֹד אֶת
에트　라아보드　에덴　믹간　엘로힘　예호바　바예샬레헤후
갈게 하시니라　에덴 동산에서　하나님이　여호와　그사람을 내어 보내어

הָאֲדָמָה אֲשֶׁר לֻקַּח מִשָּׁם:
밋솸-ㅁ　룩카흐　아쉐르　하아다마
(거기서) 그의 근본된　　토지를

상기의 말씀은 하나님께서 선악과를 먹고 뱀과 같이 된

아담과 하와를 에덴동산에서 쫓아내고 그들이 에덴동산 밖에서 그의 근본 된 토지를 갈라고 명하신 것입니다.

하나님께서 에덴동산에서 쫓아내신 이유는 선악과를 따서 먹은 이들이 다시 생명과를 따서 먹고 영생하지 못하도록 하신 것입니다. 그리고 에덴동산 밖에서 그의 근본 된 토지를 갈게 하신 것은 범죄 하여 더러워진 마음을 갈고 닦아서 깨끗하게 씻으라는 뜻입니다. 왜냐하면 생명나무의 실과를 먹으려면 더러워진 마음을 모두 깨끗하게 씻어 정결한 처녀와 같은 몸이 되어야 하기 때문입니다.

이와 같이 생명나무의 실과는 하나님의 아들(예수님)의 말씀을 비유하여 말씀하신 것이며 선악과는 모세의 율법을 비사로 말씀하신 것입니다. 그러므로 오늘날 하나님의 백성도 가나안으로 들어가 생명과를 먹으려면 먼저 출애굽을 하여 광야로 들어가 모세가 주는 만나, 즉 율법을 먹고 애굽의 육적 존재와 광야의 혼적 존재가 죽어야 하는 것입니다.

그런데 아직 출애굽도 못한 죄인들이나 아직 광야에서 만나를 먹고 있는 자들은 예수님이 주시는 생명의 떡(생명의 말씀)을 먹을 수 없고 먹어서도 안되는 것입니다.

[고린도전서 11장 23~29절] 내가 너희에게 전한 것은 주께 받은 것이니 곧 주 예수께서 잡히시던 밤에 떡을 가지사 축사하시고 떼어 가라사대 이것은 너희를 위하는 내 몸이니 이것을 행하여 나를 기념하라 하시고 식후에 또한 이와 같이 잔을 가지시고 가라사대 이 잔은 내 피로 세운 새 언약이니 이것을 행하여 마실 때마다 나를 기념하라 하셨으니 너희가 이 떡을 먹으며 이 잔을 마실 때마다 주의 죽으심을 오실 때까지 전하는 것이니라 그러므로 누구든지 주의 떡이나 잔을 합당치 않게 먹고 마시는 자는 주의 몸과 피를 범하는 죄가 있느니라 사람이 자기를 살피고 그 후에야 이 떡을 먹고 이 잔을 마실찌니 주의 몸을 분변치 못하고 먹고 마시는 자는 자기의 죄를 먹고 마시는 것이니라.

　　상기의 말씀은 예수님이 잡히시던 날 밤에 예수님께서 떡과 포도주를 가지고 그의 제자들과 함께 성찬식을 하시면서 하시는 말씀입니다. 예수님이 주시는 떡은 말씀 육신 되신 예수님의 몸을 말하며 잔에 담긴 포도주(예수님의 피)는 예수님 안에 있는 성령, 즉 하나님의 생명을 말합니다. 그러므로 그의 제자들이 먹어야 하는 떡과 포도주는 예수님 안에 있는 생명의 말씀을 말하는 것입니다.

그런데 상기의 말씀은 누구든지 주의 떡이나 잔을 합당치 않게 먹고 마시는 자는 죄를 범하는 것이라고 말씀하고 있는 것입니다. 이 말은 생명의 말씀은 죄인들이 절대로 먹어서는 안된다는 것입니다. 죄인들이 생명의 말씀을 먹으려면 자기 안에 있는 죄를 모두 깨끗이 씻고 정결한 몸이 되어야 합니다. 이것은 주의 떡과 피는 거룩한 그릇과 거룩한 잔에만 담을 수 있기 때문입니다.

　그러므로 하나님은 범죄하여 더러워진 아담과 하와가 정결한 몸이 되도록 마음의 밭을 갈게 하신 것입니다. 만일 아담과 하와가 마음의 밭을 말씀으로 깨끗하게 씻어 정결하게 된다면 생명과를 먹고 영생하게 해주신다는 말씀입니다. 그러므로 오늘날 기독교인들도 세상교회에서 교리로 오염된 자들은 광야로 나아가 율법을 통하여 더러워진 마음밭을 깨끗이 씻어야 가나안으로 들어가 예수님(생명나무)이 주시는 생명의 말씀(생명의 실과)을 먹게 되는 것입니다.

　이와 같이 생명나무는 곧 예수님을 말하며 실과는 예수님의 입에서 나오는 말씀을 말하는 것입니다.

12. 생명나무로 가는 길

[창세기 3장 24절] 이같이 하나님이 그 사람을 쫓아내시고 에덴 동산 동편에 그룹들과 두루 도는 화염검을 두어 생명나무의 길을 지키게 하시니라.

וַיְגָרֶשׁ אֶת־ הָאָדָם וַיַּשְׁכֵּן מִקֶּדֶם לְגַן־ 24
바이가레쉬　에트　그 사람을　바야쉬켄　믹케뎀　레간
이같이 하나님이-쫓아 내시고　그 사람을　두어　동편에　동산

עֵדֶן אֶת־ הַכְּרֻבִים וְאֵת לַהַט הַחֶרֶב הַמִּתְהַפֶּכֶת
에덴　에트　학케루빔　베에트　라하트　하헤레브　함미트합페케트
에덴　그룹들과　화염-　-검을　두루 도는

לִשְׁמֹר אֶת־ דֶּרֶךְ עֵץ הַחַיִּים: ס
리쉬모르　에트　떼레크　에쯔　하하임
지키게 하시니라　길을　나무의　생명

하나님께서 범죄한 아담과 하와를 에덴동산에서 쫓아 내시고 동산 동편에 그룹(천사)들과 두루 도는 화염검(불칼)을 두어 생명나무의 길을 지키게 하신 것입니다. 그런데 여기서 말씀하시는 동산 동편은 어느 곳을 말하며 그룹과 두루 도는 화염검은 과연 무엇을 말씀하시는 것일까? 그룹은 하나님의 천사들을 말하며 화염검(불칼)은 사단을 말하고 있습니다.

오늘날 기독교인들이 천사는 자신들을 도와주는 좋은 분으로 사단은 자신을 해치는 악한 존재로 두려워하며 모두 싫어하고 있습니다. 그러나 천사도 사단도 하나님의 일을 하는 하나님의 일꾼이라는 것을 알아야 합니다. 즉 하나님의 뜻대로 신앙의 길을 가고 있는 자들은 천사가 도와주는 것이며 하나님의 뜻을 모르거나 하나님의 뜻을 저버리고 자기 욕심에 따라 신앙생활을 하는 자들은 사단을 통해서 질책하고 징계하는 것입니다.

　욥기서를 보면 욥에게 복을 주신 분은 하나님이지만 욥의 교만한 마음을 회개시키기 위해서 동원된 분은 사단입니다. 만일 욥에게 사단이 가서 환난과 고통을 주지 않았다면 욥은 회개하지 않았고 회개하지 않았다면 욥은 지옥으로 갈 수밖에 없었던 것입니다. 이렇게 욥을 회개시켜 천국으로 인도한 것은 사단입니다. 이렇게 천사나 사단은 하나님의 백성들을 구원하여 생명의 길로 갈 수 있도록 사용하는 하나님의 일꾼이며 도구들입니다. 이제 이러한 뜻을 알았다면 사단도 우리를 돕는 천사라는 것을 알고 오히려 감사해야 합니다.

　이렇게 하나님께서 동산 동편에 그룹을 두신 것은 생명나무로 들어갈 수 있는 자들에게 길을 열어주시기 위해 세워 놓으신 것이며 두루 도는 화염검을 두신 것은 생명나무로 들어가면 안 되는 자들을 들어가지 못하도록 막기 위해서 세워 놓으신 것입니다. 동산 동편은 광야가 있는 편을 말하며 그룹과 화염검은 구름기둥과 불기둥을 말하고 있습니다. 또한 생명나무가 있는 에덴동산은 가나안 땅을 말하고 있습니다. 그리고 생명나무는 하나님의 생명으로 거듭난 하나님의 아들들을 말하고 있는 것입니다.

[잠언 3장 13~18절] 지혜를 얻은 자와 명철을 얻은 자는 복이 있나니 이는 지혜를 얻는 것이 은을 얻는 것보다 낫고 그 이익이 정금보다 나음이니라 지혜는 진주보다 귀하니 너의 사모하는 모든 것으로 이에 비교할 수 없도다 그 우편 손에는 장수가 있고 그 좌편 손에는 부귀가 있나니 그 길은 즐거운 길이요 그 첩경은 다 평강이니라 지혜는 그 얻은 자에게 생명나무라 지혜를 가진 자는 복되도다.

상기의 말씀과 같이 생명나무는 하나님의 지혜, 즉 하나님의 생명(말씀)을 소유하고 있는 자를 말하고 있습니다. 그러므로 성경이 말하고 있는 생명나무는 예수님과 사도들 그리고 오늘날 하나님의 생명으로 거듭난 하나님의 아들들을 말하고 있는 것입니다. 이들이 있는 곳이 바로 요단 강 건너에 있는 가나안 땅입니다.

오늘날 기독교인들이 이천년 동안 예수님을 기다려도 오시지 않는 것은 예수님은 언제나 가나안 땅에 계시지 애굽 땅이나 광야에는 계시지 않기 때문입니다. 그러므로 오늘날 기독교인들이 생명나무이신 예수님을 만나려면 세상 교회에서 나와 광야를 거쳐 가나안으로 들어가야 합니다.

오늘날 기독교인들도 가나안 땅으로 들어간다면 지금도 예수님을 만날 수 있고 얼굴과 얼굴을 대면하여 볼 수 있습니다. 예수님은 오늘날 기독교인들이 하루속히 가나안 땅으로 들어오기를 지금도 기다리며 기도하고 계십니다. 이렇게 생명나무가 있는 가나안 땅은 예수님을 믿는다고 해서 아무나 들어갈 수 있는 곳이 아니라 좁고 협착한 생명의 길을 따라서 가는 자들만이 들어가는 곳입니다.

이렇게 애굽에 있는 이스라엘 백성들이 생명나무가 있는 가나안 땅으로 들어가기 위해서 출애굽을 하여 홍해바다를 건너 광야로 들어가 구름기둥과 불기둥 그리고 불뱀과 전갈이 있는 곳에서 사십년 동안 시험과 연단을 받은 것입니다.

이렇게 어렵고 힘든 광야의 훈련을 거쳐 광야의 길을

통과한 여호수아와 갈렙이 요단강을 건너 가나안 땅으로 들어가 생명나무의 실과를 먹게 된 것입니다. 그럼에도 불구하고 오늘날 기독교인들은 애굽교회 안에서 예수를 믿기만 하면 하나님의 아들이 되어 천국으로 들어가는 줄 알고 있는 것입니다.

그러나 천국은 생명의 좁은 길(애굽-광야-가나안)의 모든 과정을 통과하여 하나님의 생명으로 거듭난 하나님의 아들들만이 들어간다고 말씀하고 있습니다. 그러므로 오늘날 기독교인들은 하나님의 말씀이 제시하고 있는 생명의 좁은 길을 찾아가야 합니다.

오늘날 기독교인들이 반드시 알아야 할 것은 에덴동산에서 아담과 하와를 미혹하던 간교한 뱀의 후손들이 지금도 예수를 믿기만 하면 하나님과 같이 되어 천국으로 들어갈 수 있다고 교인들을 미혹하며 속이고 있다는 것입니다.

제4장

하나님이 받으시는 제사(예배)와 받지 않으시는 제사

아담이 그 아내 하와와 동침하매 하와가 잉태하여

가인을 낳고 이르되 내가 여호와로 말미암아 득남하였다 하니라.

וְהָאָדָם יָדַע אֶת־חַוָּה אִשְׁתּוֹ וַתַּהַר וַתֵּלֶד

אֶת־קַיִן וַתֹּאמֶר קָנִיתִי אִישׁ אֶת־יְהוָה׃

[창세기 4장 1절] 아담이 그 아내 하와와 동침하매 하와가 잉태하여 가인을 낳고 이르되 내가 여호와로 말미암아 득남하였다 하니라.

וְהָאָדָם יָדַע אֶת־חַוָּה אִשְׁתּוֹ וַתַּהַר וַתֵּלֶד 1
밧텔레드 밧타하르 이쉿토 하바 에트 야다 베하아담
낳고 하와가 잉태하여 그 아내 하와와 동침하매 아담이

אֶת־קַיִן וַתֹּאמֶר קָנִיתִי אִישׁ אֶת־יְהוָה:
예호바 에트 이쉬 카니티 밧토메르 카인 에트
여호와로 말미암아 -남 내가 -득 -하였다 이르되 하니라 가인을

　하나님께서 흙으로 만드신 아담이 그 아내와 동침을 하여 하와가 잉태하게 되었고 하와는 최초의 인간을 출생하게 된 것입니다. 그런데 아담은 가인을 낳고 난 후 내가 여호와로 말미암아 아들을 소유하게 되었다고 말하고 있습니다. 이 말은 아담이 아내와 동침하여 아들을 낳았지만 하나님의 도우심과 은혜가 없었다면 아들을 낳을 수 없었다는 뜻입니다.

　이것은 영적인 하나님의 생명은 물론 육신적인 인간들의 생사화복도 모두 하나님께 있다는 것을 말해주는 것입니다. 아담은 가인을 낳은 후 그의 동생 아벨을 낳아 한 가정을 이루게 된 것입니다.

[창세기 4장 2절] 그가 또 가인의 아우 아벨을 낳았는데 아벨은 양치는 자이었고 가인은 농사하는 자이었더라

וַתֹּסֶף לָלֶדֶת אֶת־ אָחִיו אֶת־ הָבֶל וַיְהִי־ 2
바예히　　하벨　　에트　　아히브　　에트　　랄레데트　　밧토쎄프
이었고　　아벨을　　　　　가인의 아우　　　　　낳았는데　　그가 또

הֶבֶל רֹעֵה צֹאן וְקַיִן הָיָה עֹבֵד אֲדָמָה׃
아다마　　오베드　　하야　　베카인　　쫀　　로에　　헤벨
농　사 하는 자 이었더라　가인은　양　치는 자　아벨은

　　아담이 가인을 낳은 후 그의 동생 아벨을 낳았는데 아벨은 양치는 자이었고 가인은 농사일을 하였다고 말씀하고 있습니다. 아벨은 양을 치는 목동이었고 가인은 농사를 짓는 농부였다는 것입니다.

　　사람들은 이때부터 이미 축산업과 농업이 시작되었다고 생각할 수 있습니다. 그런데 정말 아벨은 양(육축)을 치는 목동이고 가인은 밭을 갈아 농사를 짓는 농사꾼일 뿐 다른 영적인 의미는 없었을까? 하는 것을 생각해보아야 합니다.

　　왜냐하면 창세기 1장에서 하나님께서 만드신 육축이나 각종 짐승들 그리고 씨가지고 열매 맺는 나무들이 실제 짐승들이나 나무들이 아니라 존재들이기 때문입니다.

그러므로 아벨이 기르는 양이나 가인이 농사짓는 열매
나 채소도 존재라는 것을 알아야 합니다.

만일 이러한 것들이 존재가 아니라면 지금도 목회자들
은 양을 치고 농사를 지어 그 산물을 하나님께 제물로 드려
야 합니다.

1. 하나님이 받으시는 제사(예배)와 받지 않으시는 제사

[창세기 4장 3~5절] 세월이 지난 후에 가인은 땅의 소산으로 제물을 삼아 여호와께 드렸고 아벨은 자기도 양의 첫 새끼와 그 기름으로 드렸더니 여호와께서 아벨과 그 제물은 열납하셨으나 가인과 그 제물은 열납하지 아니하신지라 가인이 심히 분하여 안색이 변하니.

3 וַיְהִי מִקֵּץ יָמִים וַיָּבֵא קַיִן מִפְּרִי הָאֲדָמָה מִנְחָה

| 민하 | 하아다마 | 밉페리 | 카인 | 바야베 | 야밈 | 믹케쯔 | 바예히 |
| 제물을 삼아 | 땅의 | 소산으로 | 가인은 | 드렸고 | 세월이 | 지난 | 후에 |

4 לַיהוָה: וְהֶבֶל הֵבִיא גַם־ הוּא מִבְּכֹרוֹת צֹאנוֹ

| 쯔노 | 밉베코로트 | 후 | 감 | 헤비 | 베헤벨 | 라예호바 |
| 양의 | 첫 새끼와 | 자기 | 도 | 드렸더니 | 아벨은 | 여호와께 |

וּמֵחֶלְבֵהֶן וַיִּשַׁע יְהוָה אֶל־ הֶבֶל וְאֶל־ מִנְחָתוֹ:

| 민하토 | 베엘 | 헤벨 | 엘 | 예호바 | 바이샤 | 우메헬베헨 |
| 그 제물 | 은 | 아벨과 | | 여호와께 열납하셨으나 | | 그 기름으로 |

5 וְאֶל־ קַיִן וְאֶל־ מִנְחָתוֹ לֹא שָׁעָה וַיִּחַר לְקַיִן

| 레카인 | 바이하르 | 쇼아 | 로 | 민하토 | 베엘 | 카인 | 베엘 |
| 가인이 | 분하여 | 열납하지 아니 하신지라 | | 그 제물은 | | 가인 | 과 |

מְאֹד וַיִּפְּלוּ פָּנָיו:

| 파나이브 | 메오드 | 바입펠루 |
| 안색이 | 변하니 | 심히 |

상기의 말씀은 인간이 하나님께 최초로 드린 제사(예배)

로 지금까지 하나님의 백성에게 예배의 모범이 되어 왔으며 이 제사는 앞으로도 영원토록 변함 없이 드려야 할 예배입니다. 그런데 가인과 아벨이 드린 제사와 제물을 모른다면 가인과 같이 아니면 이방인들과 같이 하나님이 받지 않으시는 제사를 드릴 수 있다는 것입니다. 그러므로 오늘날 기독교인들은 가인과 아벨이 드린 제사를 확실하게 알아야 합니다.

오늘날 수많은 하나님의 백성이 하나님께 예배를 드리고 있지만 하나님은 모든 제사를 다 받으시는 것이 아니라 하나님께서 받으시는 제사와 제물이 있고 받지 않으시는 제사와 제물이 있다는 것을 알아야합니다.

이와 같이 하나님의 백성이 하나님께 예배를 드린다고 해서 하나님이 무조건 다 받으시는 것이 아니라 하나님께서 보실 때 합당한 제사와 제물만 받으신다는 것입니다. 이제 본문 말씀을 통해서 가인과 아벨이 하나님께 드린 제사와 제물에 대해서 살펴보기로 하겠습니다.

세월이 지났다는 것은 가인과 아벨이 육적으로나 영적으로 많이 성장하여 하나님께 제사를 드릴만큼 어른이 되었다는 것입니다. 그러므로 가인은 땅의 소산으로 제물을 삼아 하나님께 드렸고, 아벨은 자기도 양의 첫 새끼와 그 기름으로 하나님께 드린 것입니다. 그런데 하나님은 아벨과 그가 드린 제물은 받으셨으나 가인과 그 제물은 받지 않으신 것입니다.

만일 가인이 하나님이 아닌 마귀나 사단에게 제물을 드렸다면 하나님께서 받지 않으시는 것은 당연합니다. 그러나 본문은 가인이 땅의 소산으로 제물 삼아 분명히 하나님께 드렸다고 말씀하고 있는 것입니다. 즉 가인은 땅에서 나는 소산물을 하나님께 제물로 드렸는데 하나님은 아벨이 드린 제물만 받으신 것입니다. 그러면 오늘날 기독교인들이 주일마다 하나님께 드리는 제물(헌금)은 하늘의 소산인지 아니면 땅의 소산인지를 알아야 합니다.

그런데 만일 오늘날 기독교인들이 하나님께 드리는 헌금이 가인의 제물과 같이 땅에서 나는 것이라면 과연 하나님이 받으시겠는가? 하는 것입니다. 그러면 아벨이 하나님께 드린 하늘의 소산은 무엇이며 가인이 드린 땅의 소산은 무엇을 말하는 것일까? 본문에서 가인이 드린 제물은 땅에서 나오는 열매, 즉 곡식을 말하고 있습니다. 그러나 아벨이 자신과 함께 드린 양과 기름은 땅의 소산이 아니라 하늘의 소산을 말하고 있습니다. 왜냐하면 아벨이 하나님께 드린 양과 기름은 예수님께서 말씀하시는 진리와 성령을 뜻하기 때문입니다. 예수님은 요한복음 4장을 통해서 아벨이 드린 제물(양과 기름), 즉 하늘의 소산과 하나님이 받으시는 예배(제사)에 대해서 자세히 말씀해 주고 있습니다.

[요한복음 4장 19~24절] 여자가 가로되 주여 내가 보니 선지자로소이다 우리 조상들은 이 산에서 예배하였는데 당신들의 말은 예배할 곳이 예루살렘에 있다 하더이다 예수께서 가라사대 여자여 내 말을 믿으라 이 산에서도 말고 예루살렘에서도 말고 너희가 아버지께 예배할 때가 이르리라 너희는 알지 못하는 것을 예배하고 우리는 아는 것을 예배하노니 이는 구원이 유대인에게서 남이니라 아버지께 참으로 예배하는 자들은 신령과 진정으로 예배할 때가 오나니 곧 이때라 아버지께서는 이렇게 자기에게 예배하는 자들을 찾으시느니라 하나님은 영이시니 예배하는 자가 신령과 진정으로 예배할찌니라.

상기의 말씀은 수가성 우물가의 여인과 예수님과의 대화입니다. 수가성 우물가의 여인은 조상 때부터 내려오는 야곱의 우물에서 물을 길어먹고 있는 여인입니다. 오늘날 기독교인들은 야곱의 우물을 단순히 사람들이 먹는 식수를 공급해 주는 샘물이라 생각하며 또한 수가성 우물가의 여인은 남편을 다섯이나 갈아치운 음탕한 여인이나 창녀로 생각하고 있습니다. 그러나 본문에서 말씀하시는 야곱의 우물은 야곱이 하나님으로부터 말씀을 받기 위해서 돌단을 쌓은 제단, 즉 오늘날 교회를 말하며, 또한 물을 길러 다니는 여인은 창녀가 아니라 말씀이 갈급하여 생수, 즉 생명의 말씀을 찾기 위해 이 목자(남편) 저 목자(남편)를 찾아다니며 일곱째 남편인 참 목자(예수님)가 어디 있는가 하여 찾아다니는 신실한 교인을 비유하여 말씀한 것입니다.

이렇게 말씀이 갈급하여 참 목자인 일곱째 남편을 기다리고 있는 여인에게 예수님이 오신 것입니다. 그러나 이 여인은 지금 자기 앞에 오신 예수님이 참 목자라는 것을 모르고 선지자 정도로 알고 있는 것입니다.

이 사마리아 여인은 날마다 지극 정성으로 하나님을 향해 열심히 예배를 드리고 있지만 항상 의아해 한 것은 유대인들이 예루살렘 성전에서 드리는 예배와 자신들이 그리심산 성전에서 드리는 예배 중에 하나님은 어느 예배를 받으시는지 궁금했던 것입니다. 왜냐하면 만일 하나님이 자신들이 산에서 드리는 예배를 받지 않으신다면 지금까지 드린 예배가 아무런 소용이 없기 때문입니다.

그러므로 이 여인은 예수님에게 유대인들이 드리는 예

배와 사마리아인들이 드리는 예배에 대하여 정중히 묻고 있는 것입니다. 이것은 오늘날 기독교회도 루터의 종교개혁으로 인해서 가톨릭교회로부터 분리되어 나와 예배를 드리고 있지만 하나님은 가톨릭교회에서 드리는 미사를 받으시는지 아니면 개신 교회에서 드리는 예배를 받으시는지 궁금해 하는 것과 동일한 것입니다.

이러한 수가성 우물가의 여인의 질문에 예수님은 충격적인 말씀을 하고 있습니다. 왜냐하면 예수님은 이 산에서도 말고 예루살렘에서도 말라고 말씀하시기 때입니다. 이 말씀의 뜻은 하나님께서 너희가 산에서 드리는 예배도 받지 않으시고 예루살렘에서 드리는 예배도 안 받는다는 말씀입니다. 그 이유는 너희가 하나님께서 받으시는 예배 자체를 모르고 예배를 드리고 있다는 것입니다.

그러시면서 하나님은 지금도 하나님이 원하시고 받으시는 예배를 드리는 자가 혹시 있는가하여 찾고 있다고 말씀하시는 것입니다.

이 말은 예배를 그리심 산에서도 드리고, 예루살렘에서도 드리고 또한 가톨릭교회에서도 드리고, 개신교회에서도 열심히 드리고 있지만 하나님이 원하시는 예배를 드리는 자가 없다는 뜻입니다. 그러므로 하나님은 하나님이 원하시는 예배를 드리는 교회가 하나라도 있는가하여 지금 이 순간에도 찾고 계신다는 것입니다. 그러면 하나님이 원하시는 예배는 어떤 제사이며 또한 어떤 자가 무엇으로 어떻게 드리는 것일까? 예수님은 하나님이 원하시는 예배에 대하여 이렇게 말씀하고 있습니다.

예수님께서 하나님은 영이시니 예배하는 자가 신령과 진정으로 예배하라고 말씀하고 있습니다. 그러면 하나님은 신령과 진정으로 드리는 예배를 받으신다는 말인데 신령과 진정은 무엇을 말하는 것일까? 만일 오늘날 기독교인들이 신령과 진정의 의미를 올바로 알지 못한다면 하나님이 원하시는 예배는 영원히 드릴 수 없다는 것을 알아야합니다.

본문에 '신령과 진정'이라는 단어는 원문에 '프뉴마' (성령)와 '알레데이아' (진리)로 기록되어 있습니다. 그런데 '프뉴마'는 성령이라는 뜻이며 '알레데이아'는 진리라는 뜻입니다. 그러므로 하나님은 성령과 진리로 드리는 예배만 받으신다는 뜻입니다. 그 이유는 하나님은 영(성령)이시기 때문이라고 말씀하고 있습니다.

예수님께서 말씀하시는 성령과 진리가 바로 아벨이 하나님께 드린 양과 기름입니다. 왜냐하면 하나님께서 말씀하시는 기름은 성령을 말하며 양(예수님)은 진리를 말하기 때문입니다.

이와 같이 아벨이 드린 양(진리)과 기름(성령)은 하나님으로부터 오는 하늘의 소산이며, 가인이 드린 제물은 땅에서 생산되는 땅의 소산을 말하고 있습니다. 때문에 하나님께서 아벨이 하늘의 소산인 양과 기름으로 변화 받은 자신을 제물로 드린 제사는 받으신 것이며, 가인이 땅의 소산으로 제물만 드린 제사(가인이 제외된 제사)는 받지 않으신 것입니다. 예수님은 가인과 아벨의 제물에 대하여 마태복음을 통해 이렇게 말씀하고 있습니다.

[마태복음 23장 23~24절] 화 있을찐저 외식하는 서기관들과 바리새인들이여 너희가 박하와 회향과 근채의 십일조를 드리되 율법의 더 중한바 의와 인과 신은 버렸도다 그러나 이것도 행하고 저것도 버리지 말아야 할찌니라 소경된 인도자여 하루살이는 걸러 내고 약대는 삼키는도다.

상기의 말씀에 외식하는 서기관들과 바리새인들이 드리는 박하와 회향과 근채는 땅의 소산을 말하며, 이들이 버린 의와 인과 신은 하나님으로부터 오는 하늘의 소산을 말하고 있습니다. 그런데 하나님이 원하시는 하늘의 소산은 모두 외면하고 땅의 소산, 즉 소득의 십일조만 드리고 있는 것입니다. 그러면 오늘날 기독교인들이 하나님께 드리고 있는 소득의 십일조는 땅의 소산인지 아니면 하늘의 소산인지를 분명히 알아야 합니다.

왜냐하면 하나님은 영이시기 때문에 지금도 하늘의 소산인 양과 기름(진리와 성령)으로 자신과 함께 드리는 제물은 받으시지만 땅의 소산으로 돈(헌금)만 드리는 제사는 받지 않으시기 때문입니다. 그러므로 사도바울은 로마서 12장을 통해서 하나님이 기뻐 받으시는 산제사와 지금 이 세대들이 드리고 있는 제사에 대해서 이렇게 말씀하고 있는 것입니다.

[로마서 12장 1~2절] 그러므로 형제들아 내가 하나님의 모든 자비하심으로 너희를 권하노니 너희 몸을 하나님이 기뻐하시는 거룩한 산 제사로 드리라 이는 너희의 드릴 영적 예배니라 너희는 이 세대를 본받지 말고 오직 마음을 새롭게 함으로 변화를 받아 하나님의 선하시고 기뻐하시고 온전하신 뜻이 무엇인지 분별하도록 하라.

사도바울은 상기의 말씀을 통해서 하나님이 기뻐하시는

영적 예배는 거룩하게 된 너희 몸을 산제사로 드리는 것이라고 말씀하고 있습니다. 이 말은 하나님이 기뻐 받으시는 산제사의 제물은 진리와 성령로 말미암아 거룩하게 변화된 너희의 몸이라는 것입니다. 이렇게 하나님은 땅의 소산이나 수입의 일부를 헌금으로 드리는 제물을 원하시는 것이 아니라 하나님의 말씀을 통해서 하나님의 생명으로 거듭난 자들을 제물로 받기를 원하신다는 것입니다. 그럼에도 불구하고 유대인들이나 오늘날 기독교인들이 말씀으로 변화된 자신의 몸을 드리려는 것이 아니라 소득의 십일조와 헌금만 드리고 있는 것입니다.

이렇게 소득의 십일조로 드리는 헌금은 땅의 소산으로 제물만 드린 가인의 제사와 같은 것입니다. 그러므로 사도 바울은 지금 이 세대들이 드리는 제사를 본받지 말고 오직 너희 마음을 새롭게 변화를 받아서 하나님이 기뻐하시고 온전하신 뜻이 무엇인지 분별하도록 하라고 권면하고 계신 것입니다.

하나님이 기뻐하시며 원하시는 제사는 아벨이 양(진리)과 기름(성령)으로 변화를 받아 자기 자신을 하나님께 제물로 드리는 제사입니다. 이것이 곧 하나님이 원하시고 기뻐 받으시는 온전한 십일조입니다. 이렇게 하나님께 자신을 제물로 드리는 예배가 하나님이 기뻐하시는 산제사이며 오늘날 기독교인들이 드려야할 산제사인 것입니다.

이어지는 말씀은 가인이 자기가 땅의 소산으로 드린 제물은 하나님이 받지 않으시고 그의 아우 아벨이 드린 제물만 받으시는 것을 알고 심히 분개하며 안색까지 변하였다고 말씀하고 있습니다. 가인은 화만 낼 것이 아니라 자기도 아벨이 드린 양과 기름을 하나님께 제물로 드리면 될 것이 아니냐고 생각하는 사람도 있을 것입니다. 그러나 사람들은 가인에게는 아벨과 같이 양과 기름이 없고, 드릴 자격도 없다는 것을 모르고 있는 것입니다. 왜냐하면 가인은 첫 사람 아담이며 아벨은 거듭난 둘째 아담을 상징하고 있기 때문입니다. 문제는 땅에 속한 유대인들이 이러한 사실을 모르기 때문에 가인과 같이 하늘에 속한 예수님을 죽인 것입니다.

이렇게 양과 기름은 아벨이나 예수님과 같이 하나님의 생명으로 거듭난 자들만이 가지고 있는 것입니다. 가인이 땅의 소산밖에 없었던 것은 아직 하나님의 생명으로 거듭나지 못했기 때문입니다. 하나님께서 가인의 제사나 제물을 받지 않으신 것은 하나님은 영이시기 때문에 땅의 소산은 받으실 수 없기 때문입니다. 그러므로 아직 하나님의 생명으로 거듭나지 못한 자들은 하나님의 생명으로 거듭나기 위해서 애쓰고 힘써야 하는 것입니다. 하나님은 아직 거듭나지 못한 자들이 외식과 형식적으로 드리는 예배에 대하여 이사야서를 통해서 이렇게 말씀하고 있습니다.

[이사야서 1장 11~14절] 여호와께서 말씀하시되 너희의 무수한 제물이 내게 무엇이 유익하뇨 나는 수양의 번제와 살진 짐승의 기름에 배불렀고 나는 수송아지나 어린 양이나 수염소의 피를 기뻐하지 아니하노라 너희가 내 앞에 보이러 오니 그것을 누가 너희에게 요구하였느뇨 내 마당만 밟을 뿐이니라 헛된 제물을 다시 가져오지 말라 분향은 나의 가증히 여기는바요 월삭과 안식일과 대회로 모이는 것도 그러하니 성회와 아울러 악을 행하는 것을 내가 견디지 못하겠노라 내 마음이 너희의 월삭과 정한 절기를 싫어하나니 그것이 내게 무거운 짐이라 내가 지기에 곤비하였느니라.

상기의 말씀은 하나님의 축복을 받기 위해 예배를 보러 다니는 오늘날 기독교인들에게 하시는 경고의 말씀입니다. 예배는 아벨의 제사와 같이 양과 기름을 통해서 자신의 몸을 하나님께 드려야 하는 것입니다. 즉 예배는 헌물과 함께 자신의 몸을 드리는 것이지 헌물만을 가지고 예배를 보는 것(구경하는 것)이 아니라는 것입니다. 그런데도 불구하고 오늘날 기독교인들은 무수한 제물, 즉 여러 가지 각종 헌금 (약 70여종)을 하나님께 드리고 있습니다.

이렇게 교인들이 드린 헌금 위에 목사님은 손을 올려놓고 하나님께 제물을 드렸으니 이들에게 삼십 배, 육십 배, 백배로 축복해 달라고 소리 높여 축복기도를 하고 있습니다. 그러나 하나님은 이러한 헌물을 누가 너희에게 요구하였느냐고 묻고 계십니다. 이렇게 복을 받기 위해서 욕심으로 드리는 제물은 하나님께서 헛된 것이라고 하시면서 이런 자들은 내 마당(교회)만 밟고 다니는 자들이라고 말씀하시는 것입니다. 그리고 이들이 하는 기도는 가증한 것이며 이들이 지키고 있는 월삭과 안식일과 대회로 모이는 것도 모두 가증하다고 말씀하고 있습니다.

왜냐하면 이들이 하나님을 향해 날마다 하는 기도는 자기의 욕구를 채워달라는 기도이며, 하나님을 위해서 모인다는 안식일(주일)과 월삭(월회, 년회, 노회, 총회 등) 그리고 각종 절기들(성탄절, 부활절, 추수감사절)은 하나님의 뜻도 모르면서 왜곡되게 지키고 있기 때문입니다.

그러므로 하나님은 이들이 하는 기도나 주일마다 모이

는 안식일 그리고 월삭이나 각종 절기를 싫어하신다는 것이며 이런 것들이 모두 무거운 짐이라고 말씀하시는 것입니다. 그러므로 아직 땅에 속한 자들이 하나님께 기도나 예배를 드리려면 먼저 자기 안에 있는 욕심을 버리고 진실한 마음과 올바른 생각을 가지고 정성을 다해 드려야 합니다.

이와 같이 아직 하나님의 생명으로 거듭나지 못한 기독교인들이라 해도 진실한 마음을 가지고 기도를 하며 말씀으로 변화된 자신을 제물로 드릴 때 하나님의 생명으로 거듭나서 아벨과 같은 제사를 드릴 수 있게 되는 것입니다.

예수님은 지금 이 순간에도 문밖에 서서 굳게 닫힌 마음 문이 열리기를 바라며 두드리고 계십니다. 그러므로 누구든지 주님의 음성을 듣고 마음의 문을 열면 주님이 들어오셔서 주와 함께 살아가게 될 것입니다.

2. 가인의 분노

[창세기 4장 6절] 여호와께서 가인에게 이르시되 네가 분하여 함은 어찜이며 안색이 변함은 어찜이뇨

וַיֹּאמֶר יְהוָה אֶל־ קַיִן לָמָּה חָרָה לָךְ וְלָמָּה
바이오메르 예호바 엘 카인 람마 하라 라크 베람마
이르시되 여호와께서 에게 가인 어찜이며 네가 분하여 함은 어찜이뇨

נָפְלוּ פָנֶיךָ:
나펠루 파네이카
변함은 안색이

    가인은 하나님께서 아벨의 제물은 받으시고 자기의 제물은 받지 않으시는 것을 보고 너무 분하여 안색까지 변한 것입니다. 그러므로 하나님은 가인에게 네가 무엇 때문에 분개하느냐고 말씀하시면서 무엇 때문에 네 안색이 변했느냐고 묻고 계십니다. 지금 가인이 분이나 안색이 변한 것은 하나님께서 그의 아우 아벨이 드린 제물은 받으시고 자신이 드린 제물은 받지 않으셨기 때문입니다. 그러면 오늘날 기독교인들이 드리는 제물은 어떤 제물이며 이 제물을 하나님께서 받으시는지 확인해 보아야 합니다.

    왜냐하면 예수님께서도 유대인들이나 사마리아인들이

하나님께 드리는 제사를 받지 않으신다고 말씀하고 있으며, 사도바울도 이 세대들이 드리는 제사를 본받지 말고 너희 몸을 하나님이 기뻐 받으시는 산제사로 드리라고 말씀하고 있기 때문입니다.

이와 같이 하나님이 받으시는 제물은 외적인 물질이 아니라 말씀으로 변화된 자신의 몸이라는 것입니다. 이렇게 하나님께서 받으시는 제물은 땅의 소산으로 드리는 제물이 아니라 하늘의 소산인 진리와 성령에 의해서 땅이 하늘로 거듭난 자들의 몸을 제물로 받으시는 것입니다.

그러면 오늘날 기독교인들은 하나님께 무엇을 제물로 드리고 있는 것인가? 그것은 땅에서 나오는 소득의 십분의 일을 드리는 십일조와 헌물입니다. 결국 가인이 드린 제물을 오늘날 기독교인들도 드리고 있다는 것입니다. 기독교인들은 이러한 사실도 모르고 주일마다 헌금을 하나님께 열심히 드리고 있는 것입니다. 그러나 하나님은 영이시기 때문에 말씀으로 변화된 자신의 마음은 받으시나 물질은 받으실 수 없는 것입니다.

오늘날 기독교인들이 이러한 사실을 안다면 가인보다 더 분개하며 하나님께 항의를 할 수도 있습니다. 그런데 오늘날 기독교인들이 지금까지 아무런 불평 없이 제사와 제물을 드리고 있는 것은 하나님께 드리는 예배나 헌물에 대해서 별 관심이 없기 때문입니다. 왜냐하면 오늘날 기독교인들은 하나님을 향해 예배나 헌물을 드리기만 하면 하나님께서 모두 받으신다고 믿고 있기 때문입니다.

이러한 신앙을 '고르반' 신앙이라 말하고 있습니다. '고르반' 이라는 뜻은 하나님께 드린 것은 하나님께서 모두 받으셨다고 일방적으로 믿는 것을 말합니다. 이렇게 오늘날 기독교인들이 소득의 십분의 일을 드리는 십일조나 헌물은 가인이 드린 헌물이라는 것을 알아야 합니다.

그러나 하나님께서 소득의 십일조도 성전 일을 하고 있는 레위지파를 위해서 드리라고 명하고 계십니다. 때문에 예수님께서 소득의 십일조도 드리라고 말씀하신 것입니다.

[마태복음 23장 23~24절] 화 있을찐저 외식하는 서기관들과 바리새인들이여 너희가 박하와 회향과 근채의 십일조를 드리되 율법의 더 중한바 의와 인과 신은 버렸도다 그러나 이것도 행하고 저것도 버리지 말아야 할찌니라 소경된 인도자여 하루살이는 걸러 내고 약대는 삼키는도다.

상기의 말씀과 같이 외식하는 서기관과 바리새인들은 땅

의 소산인 박하와 회향과 근채의 십일조는 드리고 있지만 율법의 더 중요한 하늘의 온전한 십일조, 곧 의와 인과 신은 버렸다고 말씀하고 있습니다. 그러나 하늘의 소산인 의와 인과 신의 십일조를 드려야 하지만 땅의 소득인 박하와 회양과 근채의 십일조도 버리지 말고 행하라고 말씀하고 있는 것입니다.

[창세기 4장 7절] 네가 선을 행하면 어찌 낯을 들지 못하겠느냐 선을 행치 아니하면 죄가 문에 엎드리느니라 죄의 소원은 네게 있으나 너는 죄를 다스릴찌니라.

הֲלוֹא אִם־ תֵּיטִיב שְׂאֵת וְאִם לֹא תֵיטִיב לַפֶּתַח 7
랍페타흐 테티브 로 베임 세에트 테티브 임 할로
문에 선을 행치 아니하- -면 어찌 낯을 들지 네가 선을 행하- -면 못하겠느냐

חַטָּאת רֹבֵץ וְאֵלֶיךָ תְּשׁוּקָתוֹ וְאַתָּה תִּמְשָׁל־ בּוֹ:
보 팀솰 베앗타 테슈카토 베엘레이카 로베쯔 핫타트
죄를 다스릴지니라 너는 죄의 소원은 네게 있으나 엎드리느니라 죄가

하나님께서 가인에게 네가 선을 행치 아니하면 죄가 문에 엎드린다고 말씀하고 있습니다. 하나님께서 가인에게 말씀하시는 선은 어떤 것을 말하는 것일까? 하나님께서 가인에게 행하라고 말씀하시는 선은 아벨이 하나님께 드린

제사와 같이 하늘의 소산인 양과 기름으로 자신과 함께 드리는 것입니다. 가인이 지금 하나님 앞에서 낯을 들지 못하는 이유는 가인은 아벨이 드리는 제사를 드리지 못하고 있기 때문입니다. 또한 하나님께서 아벨의 제사와 제물은 받으시지만 가인이 드리는 제사와 제물은 받지 않으시기 때문에 가인은 하나님께 불만을 가지고 아벨을 미워하게 된 것입니다.

그러므로 가인은 항상 아벨을 미워하며 심지어 죽이려는 생각까지 마음속에 가지고 있었던 것입니다. 하나님은 이러한 가인의 마음을 아시고 가인에게 네가 죄의 소원, 즉 아벨을 죽이려는 마음을 가지고 있으나 너는 마음을 잘 다스리라고 말씀하신 것입니다. 그럼에도 불구하고 가인은 끓어오르는 분함과 시기심 때문에 결국 그의 아우 아벨을 죽이게 된 것입니다.

이것은 가인의 제사를 드리는 유대인들이 아벨의 제사를 드리는 예수님을 죽인 것과 같은 것입니다. 문제는 가인이 아벨을 죽인 사건은 오늘날 기독교 안에서도 일어나고 있다는 사실입니다. 왜냐하면 오늘날 기독교인들도 양과 기름으로 제사를 드리고 있는 하나님의 아들들을 이단으로 몰아 배척을 하며 온갖 핍박을 하고 있기 때문입니다. 그러므로 하나님은 오늘날 기독교인들에게도 네가 죄의 소원은 있으나 너는 죄를 다스리라고 말씀하시는 것입니다. 이 말은 육신의 소욕을 억제하고 성령의 소욕을 좇아 행하라는 말씀입니다.

[갈라디아서 5장 16~17절] 내가 이르노니 너희는 성령을 좇아 행하라 그리하면 육체의 욕심을 이루지 아니하리라 육체의 소욕은 성령을 거스리고 성령의 소욕은 육체를 거스리나니 이 둘이 서로 대적함으로 너희의 원하는 것을 하지 못하게 하려 함이니라.

상기와 같이 육체의 욕심은 하나님을 대적하고 성령의 소욕은 육체의 욕심을 대적한다는 것입니다. 그런데 육체의 욕심이나 성령의 소욕이 다른 곳에 있는 것이 아니라 모두 내안에 있다는 것입니다. 그러므로 신앙생활 하면서 자신 안에서 육과 영이 대적을 하며 싸우고 있는 것입니다. 때문에 하나님의 백성은 언제나 말씀으로 무장을 하고 말씀에 따라 살아야 하는 것입니다.
　하나님의 말씀대로 살면 육체의 욕심은 억제 할 수가 있고 점진적으로 조금씩 사라지게 되는 것입니다. 그러나 욕심을 버린다고 결심도 하고 노력도 해보지만 그동안 쌓이고 굳어진 욕심은 쉽게 버려지지 않는 것입니다. 왜냐하면 욕심은 자신의 존재이며 자기의 목숨과 같은 것이 곧 욕심이기 때문입니다. 그러므로 신앙생활을 통해서 자신 안에 들어있는 욕심을 모두 버린다면 죄에서 벗어나 하나님의 아들로 거듭날 수도 있는 것입니다.

[창세기 4장 8절] 가인이 그 아우 아벨에게 고하니라 그후 그들이 들에 있을 때에 가인이 그 아우 아벨을 쳐 죽이니라.

8 וַיֹּאמֶר קַיִן אֶל־ הֶבֶל אָחִיו וַיְהִי בִּהְיוֹתָם
비호요탐　　바예히　　아히브　　헤벨　　엘　　카인　바이오메르
그들이 있을때에　그후　그 아우　아벨에게　　가인이　고하니라

בַשָּׂדֶה וַיָּקָם קַיִן אֶל־ הֶבֶל אָחִיו וַיַּהַרְגֵהוּ׃
바야할게후　아히브　헤벨　　엘　카인　바야캄　밧사데
쳐 죽이니라　그 아우　아벨을　　가인이　(일어나)　들에

하나님께서 가인에게 죄를 다스리라고 말씀하셨음에도 불구하고 가인은 분을 참지 못하고 그의 아우 아벨을 죽인 것입니다. 가인은 그의 아우 아벨이 미운 것이 아니라 사실은 자신의 제물을 받지 않으신 하나님이 원망스럽고 미운 것입니다.

그러므로 가인이 아벨을 죽인 것은 곧 하나님을 죽인 것과 같은 것입니다. 가인은 그의 아우와 같이 하나님이 원하시는 제물을 드릴 생각은 하지 않고 내가 아벨을 제거한다면 하나님이 자신의 제사를 받을 수밖에 없다는 생각으로 아벨을 죽인 것입니다. 이것은 땅의 소산으로 제사하는 유대인들이 진리와 성령으로 제사 드리는 예수님을 죽인 것과 같은 사건입니다.

　　그런데 이러한 일들은 오늘날 이 시대에도 동일하게 일어나고 있다는 것입니다. 이와 같이 하나님의 생명으로 거듭나지 못하면 가인의 제사를 드릴 수밖에 없고 따라서 가인과 같이 하나님의 아들로 거듭난 자들을 죽일 수밖에 없는 것입니다. 그러므로 오늘날 기독교인들은 땅의 소득으로 드리는 가인의 제사에서 벗어나 아벨이 양과 기름으로 자신과 함께 드리는 제사를 드려야 합니다. 하나님은 지금 이 순간에도 진리와 성령으로 예배드리는 자들을 찾고 계십니다.

[창세기 4장 9절] 여호와께서 가인에게 이르시되 네 아우 아벨이 어디 있느냐 그가 가로되 내가 알지 못하나이다 내가 내 아우를 지키는 자니이까.

וַיֹּ֤אמֶר יְהוָה֙ אֶל־ קַ֔יִן אֵ֖י הֶ֣בֶל אָחִ֑יךָ וַיֹּ֙אמֶר֙ לֹ֣א 9

로 바이오메르   아히카   헤벨   에이   카인   엘   예호바   바이오메르

못하나이다 그가 가로되   네 아우   아벨이   어디   있느냐 가인에게   여호와께서   이르시되

יָדַ֔עְתִּי הֲשֹׁמֵ֥ר אָחִ֖י אָנֹֽכִי:

아노키   아히   하스멜   야다으티

내가   내 아우를   지키는 자   니이까   내가 알지

가인이 그의 아우 아벨을 죽인 후에 여호와 하나님께서 "네 아우 아벨이 어디 있느냐"고 묻고 계십니다. 이 말씀에 가인은 아벨을 죽였다는 말은 하지 않고 "내가 내 아우를 지키는 자냐"고 항변을 하고 있습니다. 가인은 아벨을 죽이고도 전혀 죄를 의식하지 않고 있는 것입니다. 이것은 유대인들이 예수를 죽인 것을 정당하게 그리고 당연하게 느끼고 있는 것과 같은 것입니다.

왜냐하면 예수는 이단자로서 유대인들이 드리는 제사를 부정하며 유대교의 교리를 파괴하는 자이기 때문입니다. 오늘날 기독교인들도 지금 예수님이 오셔서 자신들이 지키고 있는 교리나 하나님께 드리는 예배가 잘못 되었다고 지적을 한다면 유대인들과 같이 즉시 이단으로 매도하며 핍박을 할 것입니다.

3. 범죄한 가인의 죄와 벌

[창세기 4장 10절] 가라사대 네가 무엇을 하였느냐 네 아우의 핏 소리가 땅에서부터 내게 호소하느니라.

וַיֹּאמֶר מֶה עָשִׂיתָ קוֹל דְּמֵי אָחִיךָ צֹעֲקִים 10
쪼아킴   아히카   데메이   콜   아시타   메   바이오메르
호소하느니라 네 아우의 핏   소리가 네가 하였느냐 무엇을 가라사대

אֵלַי מִן־הָאֲדָמָה:
하아다마   민   엘
땅   에서 부터   내게

가인이 그의 아우 아벨을 죽인 것을 보시고 하나님은 가인에게 "네가 네 아우에게 무슨 짓을 하였느냐"고 묻고 계십니다. 왜냐하면 네 아우의 한 맺힌 소리가 땅에서부터 내게 호소를 하고 있기 때문이라는 것입니다. 아벨은 죽었지만 아벨의 몸 안에 들어 있던 영혼이 하나님께 자신의 억울한 죽음을 호소하고 있는 것입니다. 이것은 아벨의 육신은 죽었지만 아벨 안에 들어있던 영혼은 살아있다는 것을 보여주는 것입니다.

오늘날 기독교인들은 신앙생활을 하다가 죽으면 모두 천국으로 들어가는 줄로 알고 있지만 아직 하나님의 아들

로 거듭나지 못한 자들은 모두 음부로 들어가게 된다는 것을 알아야 합니다. 왜냐하면 하나님께 양과 기름으로 제사를 드리던 아벨도 지금 땅에서 하나님께 호소하고 있기 때문입니다. 또한 하나님을 열심히 믿던 이스라엘 백성이 출애굽을 하여 광야에서 40년간 시험과 연단 속에서 강한 훈련을 받았으나 가나안 땅에도 들어가지 못하고 죽었기 때문입니다.

이것은 하나님을 열심히 믿는 자들이라 해도 하나님의 아들로 완성되지 못하면 절대로 천국에 들어가지 못한다는 것을 보여주고 있는 것입니다. 그러면 천국에 들어가지 못한 영혼들은 어떻게 되는 것일까? 천국에 들어가지 못한 영혼들은 음부에 머물고 있다가 하나님이 허락하시는 때에 새로운 육신의 옷을 입고 이 세상에 다시 태어나게 됩니다. 이렇게 하나님의 아들로 거듭날 때까지 이 세상을 오고 가며 수십 번 혹은 수백 번을 죽고 다시 태어나는 것인데 이를 윤회라 말합니다.

[창세기 4장 11~12절] 땅이 그 입을 벌려 네 손에서부터 네 아우의 피를 받았은즉 네가 땅에서 저주를 받으리니 네가 밭 갈아도 땅이 다시는 그 효력을 네게 주지 아니할 것이요 너는

땅에서 피하며 유리하는 자가 되리라.

11 וְעַתָּה אָרוּר אָתָּה מִן הָאֲדָמָה אֲשֶׁר פָּצְתָה
   파쩨타   아쉐르   하아다마   민   앗타   아룰   베앗타
  땅이-벌려   아쉐르   에서 네가 저주를 받으리니 (그러므로 이제)

אֶת פִּיהָ לָקַחַת אֶת דְּמֵי אָחִיךָ מִיָּדֶךָ:
 미야데카   아히카   데메이   에트   라카하트   피하   에트
 네 손에서 부터 네아우의 피를   받았은 즉 그 입을

12 כִּי תַעֲבֹד אֶת הָאֲדָמָה לֹא תֹסֵף תֵּת
   테트   토세프   로   하아다마   에트   타아보드   키
   주지 다시는 아니 할   밭   네가 갈아도 것이요

כֹּחָהּ לְךָ נָע וָנָד תִּהְיֶה בָאָרֶץ:
 바아레쯔   티헤예   바나드   나   라크   코하흐
  땅에서 너는-되리라 유리하는 자가 피하며 네게 땅이 그 효력을

상기의 말씀에 입을 벌려 네 손에서부터 네 아우의 피를 받았다는 땅은 가인을 말하고 있습니다. 가인이 시기가 나서 자기 아우를 죽임으로 말미암아 저주를 받게 될 것이며 또한 네가 지은 죄로 인해서 네가 마음 밭을 갈아도 아무소득이 없고 땅에서 피해 다니며 유리하는 자가 될 것이라고 말씀하고 있습니다.

이렇게 아벨의 육신은 비록 죽어 없어졌지만 그의 영혼은 하나님께 자신의 억울함을 호소하는 것입니다. 이렇게 살아있는 사람도 억울한 일을 당하면 저주를 하지만 죽은

305

영혼도 자신의 억울함을 하나님께 호소를 하며 저주하고 있다는 것을 알아야 합니다. 때문에 억울하게 죽은 사람들은 그 영혼이 세상을 떠나지 못하고 자신을 죽인 사람의 주변을 맴돌며 괴롭히는 것입니다.

때문에 목회자들은 이렇게 억울하게 죽은 영혼들을 위해서 예배를 드려주고 기도를 해주어야 합니다.

왜냐하면 기독교인들이 천대시하는 만신들도 이렇게 억울하게 죽은 영혼들을 위해 한풀이 굿을 하면서 그 영혼이 좋은 곳으로 가도록 빌어주고 있기 때문입니다. 이렇게 억울하게 죽은 영혼은 귀신이 되어 자신에게 해를 입힌 사람을 괴롭히는 것이며 생전에 자신에게 도움을 준 사람은 죽어서도 그 사람을 도와주며 복을 빌어 주는 것입니다. 그러므로 기독교인들은 물론 불신자라도 이 세상을 살면서 남을 괴롭히지 말고 서로 도와주며 선업(좋은 일)을 쌓아야 하는 것입니다.

이렇게 아우를 죽인 가인은 저주를 받아 땅에서 유리하는 자, 즉 이 세상에서 떠도는 나그네가 되어 방황하게 된 것입니다. 자기 마음을 다스리지 못하여 순간적으로 저지른 범죄로 인하여 평생을 고통하며 살다가 그 죄를 다 회개하지 못하여 내생까지 가지고 가게 되는 것입니다. 그러므로 하나님께서 노하기를 더디하는 자는 용사보다 낫고 자기의 마음을 다스리는 자는 성을 빼앗는 자보다 낫다고 말씀하시는 것입니다.

[창세기 4장 13절] 가인이 여호와께 고하되 내 죄벌이 너무 중하여 견딜 수 없나이다.

וַיֹּאמֶר קַיִן אֶל־יְהוָה גָּדוֹל עֲוֹנִי מִנְּשֹׂא: 13

민네소 아보니 가돌 예호바 엘 카인 바이오메르

견딜 수 없나이다 내 죄벌이 너무 중하여 여호와께 가인이 고하되

가인은 순간의 분을 참지 못해 아벨을 죽였지만 그 후에 나타나는 고통은 말로 표현하기조차 힘든 고통을 받고 있는 것입니다. 만일 가인이 이러한 고통을 받을 줄 미리 알았다면 절대로 아벨을 죽이지 않았을 것입니다.

범죄는 대부분이 치밀한 계획 속에서 행하지만 순간의 욕심이나 분을 참지 못해 일어나는 범죄가 더 많은 것입니다. 그런데 세상의 죄는 용서받을 수 있지만 하나님께 범하는 죄, 즉 성령(생명의 말씀)을 훼방하는 죄는 이생이나 내생에서도 용서받지 못한다고 말씀하고 있습니다.

때문에 성경에 지옥문 앞에서 슬피 울며 이를 갈고 있

는 자들을 보여주는 것입니다. 그런데 성경에서 이렇게 지옥에서 슬피 울고 있는 자들은 불신자가 아니라 하나님과 예수님을 잘 믿고 신앙생활을 열심히 하던 자들이라는 것입니다.

이들은 예수를 믿기만 하면 모두 구원을 받고 천국에 간다는 삯꾼목자의 말을 철저히 믿었던 자들입니다. 그런데 막상 죽어서 주님 앞에 서보니 주님은 나는 너를 도무지 모른다는 말과 함께 지옥으로 들어가게 된 것입니다.

왜냐하면 예수님은 "내 아버지의 뜻대로 행한 자들이 천국에 들어가며 나더러 주여! 주여! 하면서 믿기만 하는 자들은 천국에 들어 갈 수 없다"고 분명하게 말씀하셨기 때문입니다.

그럼에도 불구하고 오늘날 기독교인들은 지금도 예수를 믿기만 하면 누구나 천국에 들어간다는 삯꾼목자의 말을 그대로 믿고 있는 것입니다.

4. 가인이 존재하기 전에 있었던 사람들

[창세기 4장 14절] 주께서 오늘 이 지면에서 나를 쫓아 내시온즉 내가 주의 낯을 뵈옵지 못하리니 내가 땅에서 피하며 유리하는 자가 될찌라 무릇 나를 만나는 자가 나를 죽이겠나이다.

הֵן גֵּרַשְׁתָּ אֹתִי הַיּוֹם מֵעַל פְּנֵי הָאֲדָמָה וּמִפָּנֶיךָ 14

우밉파네이카	하아다마	페네이	메알	하욤	오티	게라숏타	헨
주의 낯을	이 지 면	에서	오늘	나를	주께서-쫓아 내시온 즉	(보소서)	

אֶסָּתֵר וְהָיִיתִי נָע וָנָד בָּאָרֶץ וְהָיָה כָל־

콜	베하야	빠아레쯔	바나드	나	베하이티	엣싸테르
무릇-자가		땅에서	유리하는 자가	피하며	내가 될찌라	내가 뵈옵지 못하리니

מֹצְאִי יַהַרְגֵנִי׃

야할게니	모쩨이
나를 죽이겠나이다	나를 만나는

상기의 말씀은 죄를 범한 가인이 동산에서 쫓겨나 땅에서 유리하게 될 때 사람들이 자신을 죽일 것이라는 우려 때문에 하나님께 호소를 하고 있는 것입니다. 이 말씀 때문에 오늘날 기독교인들은 하나님이 아담을 만드시기 전, 즉 창세 이전에도 사람이 이미 존재하고 있지 않았느냐는 의구심을 갖고 있는 것입니다.

왜냐하면 하나님께서 흙으로 창조한 사람은 아담과 하

와 그리고 가인과 아벨 이외에는 다른 사람이 없었기 때문입니다. 그리고 아벨은 가인에 의해서 죽었기 때문에 이 세상에 존재하는 사람은 아담과 하와 그리고 가인뿐입니다. 그런데 가인은 자신을 죽이려는 다른 사람들 때문에 불안에 떨고 있는 것입니다.

아담의 가족 이외에 다른 사람들이 존재하고 있었다는 결정적인 증거는 하나님께서 다른 사람들이 가인을 죽이지 못하도록 표를 주셨다는 것입니다. 때문에 오늘날 기독교인들은 이 말씀이 성경에 기록된 미스터리 사건 중의 하나라고 말하고 있습니다. 문제는 상기에서 말씀드린 바와 같이 오늘날 기독교인들은 하나님께서 아담을 흙으로 만드신 후에 흙으로 만든 각종 짐승들이 모두 짐승이 아니라 사람들이라는 것을 전혀 모르고 있다는 것입니다. 그러므로 성경에 예수님은 인자(사람)라 말하며, 예수님의 제자들은 양(육축)이라 말하고, 유대인들은 들짐승으로 비유하여 말하고 있는 것입니다. 이와 같이 사람은 가나안으로 들어가 하나님의 생명으로 거듭난 하나님의 아들을 말하며 육축은 가나안에 들어와 있지만 아직 하나님의 생명으로 거듭나지 못한 자들을 말하며 들짐승은 광야에서 시험과 연단을 받고 있는 자들을 말하며 아직 애굽에 머물면서 종교생활을 하고 있는 자들은 물고기들이라 말씀하고 있는 것입니다. 이렇게 하나님께서 사람으로 인정하시는 자는 오직 예수님과 하나님의 아들로 거듭난 자들을 말하고 있습니다.

오늘날 기독교인들이 건물에나 차량에 물고기 표시를 하고 다니는 것은 자신들의 영적인 상태가 물고기라는 것을 나타내는 것입니다. 그런데 안타깝게도 오늘날 기독교인들이 하나님께서 비유로 말씀하시는 영적인 뜻을 모르기 때문에 이 당시에 사람은 아담의 가족 이외에는 없었다고 오해를 하고 있는 것입니다.

[창세기 4장 15절] 여호와께서 그에게 이르시되 그럴지 않다 가인을 죽이는 자는 벌을 칠배나 받으리라 하시고 가인에게 표를 주사 만나는 누구에게든지 죽임을 면케 하시니라.

15 וַיֹּאמֶר לוֹ יְהוָה לָכֵן כָּל־הֹרֵג קַיִן שִׁבְעָתַיִם
쉬브아타임   카인   호레그   콜   라켄   예호바   로   바이오메르
칠배나   가인을 죽이는   자는   그렇치-않다   여호와께서 그에게 이르시되-하시고

יָקָם וַיָּשֶׂם יְהוָה לְקַיִן אוֹת לְבִלְתִּי הַכּוֹת־
학코트   레빌티   오트   레카인   예호바   바야셈   육캄
죽임을   면케 하시리라   표를   가인에게   (여호와께서)   주사   벌을-받으리라

אֹתוֹ כָּל מֹצְאוֹ׃
모쩨오   콜   오토
만나는 누구에게든지 (그가)

311

상기의 말씀은 가인이 땅에서 유리하게 될 때 다른 사람들이 죽일까봐 염려를 하기 때문에 하나님은 가인에게 너를 죽이는 자는 벌을 칠 배나 더하겠다고 말씀하시면서 가인을 죽이지 못하도록 표까지 해주셨다고 말씀하고 있습니다. 그런데 하나님께서 아우를 죽인 죄인을 무엇 때문에 이토록 보호를 하셨을까? 그 이유는 가인의 후손을 통해서 하나님이 원하시는 열매를 얻기 위해서입니다.

　왜냐하면 하나님께서 흙으로 창조하신 아담의 후손은 오직 가인 밖에 없었기 때문입니다. 또한 이때 하나님께 땅의 소산으로 제사를 드리는 자도 가인 밖에 없었기 때문입니다. 이렇게 가인은 열매를 맺을 종자 씨와 같은 존재이기 때문에 하나님께서 보호할 수밖에 없었던 것입니다. 만일 가인을 살인범이라 하여 하나님께서 외면하시거나 멸하신다면 오늘날 기독교인들도 구원받을 자가 하나도 없다는 것을 알아야 합니다.

　왜냐하면 하나님께서 오늘날의 교회나 하나님의 백성도 모두 가인과 같이 살인한 죄인들이라 말씀하기 때문입니다. 예수님은 아벨과 같은 의인을 구원하시기 위해서 오신 것이 아니라 가인과 같이 살인하여 죽을 수밖에 없는 죄인들을 구원하기 위해서 오신 것입니다.

[이사야 1장 21절] 신실하던 성읍이 어찌하여 창기가 되었는고 공평이 거기 충만하였고 의리가 그 가운데 거하였더니 이제는 살인자들 뿐이었도다

상기에 신실하던 성읍은 유대교를 말하며 또한 오늘날 기독교회를 말씀하고 있는 것입니다. 그런데 과거에는 성읍에 공평이 충만하고 하나님의 의가 존재하였는데 지금은 간음하는 창기로 변했고 그 안에 있는 교인들은 모두 살인자라고 말씀하고 있습니다. 그러므로 예수님께서 목회자들에게 천국 문을 닫아 놓고 자기도 안 들어가고 들어가려는 자들도 못 들어가게 한다고 말씀하시면서 이들이 교인하나를 얻으면 배나 더 지옥자식을 만들고 있다고 말씀하시는 것입니다. 오늘날 기독교인들은 이러한 사실도 모르면서 가인만 살인자라 비난하며 예수를 죽인 유대인들을 욕하고 있는 것입니다.

그러나 오늘날 삯꾼목자들은 가인보다 더 많은 살인을 하고 있으며 유대인들보다 더 가혹하게 하나님의 아들을 십자가에 못 박고 있다는 사실을 모르고 있는 것입니다. 예전의 유대인들은 그들에게 오신 예수를 십자가에 못 박았지만 오늘날 기독교인들은 오늘날 하나님께서 보내주시는

예수를 이단자로 몰아 배척하며 지금도 십자가에 못 박고 있다는 것입니다.

　이렇게 유대인들을 구원하러 오신 예수를 유대인들이 모르듯이 오늘날 기독교인들도 오늘날 하나님께서 기름 부어 보내주신 구원자를 전혀 모르고 있는 것입니다. 이와 같이 하나님께서 가인을 죄인이라 하여 죽이고 그 씨를 남겨두지 않았다면 유대인들이나 오늘날 기독교인들이 존재할 수도 없다는 것을 알아야 합니다.

5. 가인이 아내와 동침하여 낳은 에녹

[창세기 4장 16~17절] 가인이 여호와의 앞을 떠나 나가 에덴 동편 놋 땅에 거하였더니 아내와 동침하니 그가 잉태하여 에녹을 낳은지라 가인이 성을 쌓고 그 아들의 이름으로 성을 이름 하여 에녹이라 하였더라.

16 וַיֵּצֵא קַיִן מִלִּפְנֵי יְהוָה וַיֵּשֶׁב בְּאֶרֶץ־נוֹד

노드	베에레쯔	바예쉐브	예호바	밀리프네이	카인	바예쩨
놋	땅에	거하였더라	여호와의	앞을	가인이	떠나 나가

קִדְמַת־עֵדֶן: 17 וַיֵּדַע קַיִן אֶת־אִשְׁתּוֹ וַתַּהַר

키드마트	에덴	바예다	카인	에트	이쉬토	밧타하르
동편	에덴	동침하니	가인이	에트	아내와	그가 잉태하여

וַתֵּלֶד אֶת־חֲנוֹךְ וַיְהִי בֹּנֶה עִיר וַיִּקְרָא שֵׁם

쉠	바이크라	이르	보네	바예히	하노크	에트	밧텔레드
이름하여	이라 하였더라	성을	쌓	고	에녹을	에트	낳은지라

הָעִיר כְּשֵׁם בְּנוֹ חֲנוֹךְ:

하노크	베노	케쉠	하이르
에녹	그 아들의 이름으로	성을	

가인이 범죄 한 후 여호와 앞을 떠나 거하게 된 땅의 이름은 놋이라 말씀하고 있습니다. 놋이란 뜻은 '황폐하다, 방황하다' 라는 의미로 가인은 황폐한 땅에서 유리하는 자 가 되었다는 것입니다.

땅이 황폐하다는 것은 곧 가인의 마음이 황폐해졌다는 말이며 이 때문에 가인이 땅에서 유리하는 자가 되었다는 것입니다. 이때 가인은 그의 아내와 동침을 하여 잉태를 한 후 에녹을 낳았다고 말씀하고 있습니다. 그런데 만일 당시에 가인의 가족이외에 사람이 없었다면 여자는 오직 가인의 어미 하와뿐이었는데 가인이 누구를 아내로 맞이했다는 말입니까? 이것은 하나님께서 아담과 함께 만든 각종 짐승들이 짐승이 아니라 사람의 존재라는 것을 증명하고 있는 것입니다.

　그리고 이때 남자가 오직 아담과 그의 아들 가인뿐이었다면 오늘날 기독교인들은 모두 범죄 한 가인의 후손 입니다. 이렇게 가인의 아비 아담은 선악과를 먹은 죄인이요, 가인은 그의 아우 아벨을 쳐 죽인 살인범인 것입니다.

　그렇다면 오늘날 기독교인들뿐만 아니라 믿음의 조상 아브라함도 조상이 가인이라는 것입니다. 기독교인들이 이해하기 어렵겠지만 사실이 그렇지 않은가? 그러나 하나님은 이렇게 혼돈하고 공허한 존재 그리고 범죄 하여 마음이 황폐해진 존재들을 구원하여 살리시려는 것입니다. 때문에 예수님도 건강하고 의로운 자를 구원하려고 오신 것이 아니라 병들어 죽어 가는 영혼 그리고 죄로 말미암아 죽어 가는 영혼들을 구원하려고 오신 것입니다.

이어지는 말씀에 가인이 그의 아내와 동침하여 에녹을 낳은 후 성을 쌓았는데 그 성의 이름을 에녹이라 말하고 있습니다. 가인이 아들을 낳은 후 성을 쌓은 이유는 자신의 씨를 보호하려는 것입니다. 하나님의 백성은 누구나 종족을 보호하고 존속시켜야 하는 의무가 있습니다. 왜냐하면 사람의 종족이 끊어지면 각종 짐승들을 생육하고 번성하고 충만케 하여 하나님께 열매로 드릴 수 없기 때문입니다. 하나님이 흙으로 인간을 창조하신 목적은 하나님의 모양과 형상이 같은 하나님의 아들로 완성하기 위함입니다.

그런데 만일 사람의 종족이 끊어진다면 그것은 곧 하나님의 창조사역이 모두 단절된다는 것입니다. 그러므로 하나님은 하나님의 아들을 창조하기 위해서 범죄 한 가인을 보호할 수밖에 없는 것입니다. 때문에 오늘날 기독교인들이 범죄 한 가인의 후손이라 해도 하나님의 뜻에 따라 하나님의 말씀으로 창조를 받아 하나님의 아들로 완성되어야 하는 것입니다. 또한 하나님의 아들로 거듭난 자는 이웃에 있는 영혼들을 구원하여 하나님이 기뻐하시는 열매로 드려야 합니다.

하나님께서 원하시는 온전한 십일조가 바로 하나님의

생명으로 거듭난 하나님의 아들들입니다.

하나님은 온전한 열매를 얻기 위해서 첫 아담을 창조하셨고 아담을 하나님의 말씀으로 재창조하여 하나님의 형상과 모양이 같은 둘째 아담으로 완성시키려는 것입니다. 그러므로 오늘날 기독교인들도 하나님의 말씀으로 창조 받아야 할 피조물이라는 것을 알아야 합니다.

그런데 무엇보다 중요한 것은 오늘날 기독교인들을 구원하여 하나님의 아들로 창조하시는 분은 이천년 전에 오셨던 예수님이 아니라 오늘날 하나님의 아들로 거듭나서 구원자로 오시는 하나님의 아들이라는 것을 알아야 합니다.

6. 양치는 자의 조상

[창세기 4장 18~20절] 에녹이 이랏을 낳았고 이랏은 므후야
엘을 낳았고 므후야엘은 므드사엘을 낳았고 므드사엘은 라멕을
낳았더라 라멕이 두 아내를 취하였으니 하나의 이름은 아다요
하나의 이름은 씰라며 아다는 야발을 낳았으니 그는 장막에 거
하여 육축 치는 자의 조상이 되었고

18 וַיִּוָּלֵד לַחֲנוֹךְ אֶת־ עִירָד וְעִירָד יָלַד אֶת־
바입발레드 라하노크 에트 이랏 이랏은 얄라드 에트
낳았고 에녹이 이랏을 낳았고

מְחוּיָאֵל וּמְחִיָּאֵל יָלַד מְתוּשָׁאֵל וּמְתוּשָׁאֵל יָלַד
메후야엘 우메히야엘 얄라드 메투쇄엘 우메투쇄엘 얄라드
므후야엘을 므후야엘은 낳았고 므드사엘을 므드사엘은 낳았더라

אֶת־ לָמֶךְ: 19 וַיִּקַּח־ לוֹ לֶמֶךְ שְׁתֵּי נָשִׁים שֵׁם
에트 라멕을 바익카흐 로 레멕 쉐테이 나쉼 쉠
낳았더라 라멕을 취하였으니 (그를 위하여) 라멕이 두 아내를 이름은

הָאַחַת עָדָה וְשֵׁם הַשֵּׁנִית צִלָּה: 20 וַתֵּלֶד עָדָה
하아하트 아다 베쉠 핫쉐니트 찔라 밧텔레드 아다
하나의 아다요 이름은 하나의 씰라며 낳았으니 아다는

אֶת־ יָבָל הוּא הָיָה אֲבִי יֹשֵׁב אֹהֶל וּמִקְנֶה:
에트 야발 후 하야 아비 오쉐브 오헬 우미크네
야발을 그는 되었고 조상이 거하여 장막에 육축치는 자의

가인의 아들 에녹이 가인의 대를 이어가기 위해 이랏을

낳았고 이랏은 므후야엘을 낳았고 므후야엘은 므드사엘을 낳았고 므드사엘은 라멕을 낳았다고 말씀하고 있습니다. 그런데 므드사엘의 아들 라멕이 두 아내를 취했는데 하나의 이름은 아다요 하나의 이름은 씰라입니다.

라멕의 아내 아다가 야발을 낳았는데 그는 장막에 거하여 육축 치는 자의 조상이 된 것입니다. 야발이란 원어의 뜻은 '수로, 강, 개울' 등의 의미로 야발은 하나님의 말씀을 가지고 있는 자란 뜻입니다. 때문에 야발은 하나님의 장막에 거하며 육축을 치는 자의 조상이 된 것입니다. 이렇게 하나님이 가인을 살려둔 것은 결국 하나님의 양을 치며 돌보는 목자(야발)를 얻기 위함입니다. 야발을 통해서 양치는 야곱이 나왔고 또한 양을 치던 목동 다윗이 이스라엘의 왕이 되었고 다윗은 솔로몬을 낳아 하나님의 백성들(양들)을 다스리게 된 것입니다. 그뿐만 아니라 다윗의 씨를 받은 예수님이 이 세상에 양치는 목자로 오셔서 그를 믿고 따르는 양들(제자들)에게 꼴을 먹여서 열두 목자(사도)를 낳으신 것입니다.

[요한복음 10장 11~16절] 나는 선한 목자라 선한 목자는 양들을 위하여 목숨을 버리거니와 삯군은 목자도 아니요 양도 제

양이 아니라 이리가 오는 것을 보면 양을 버리고 달아나나니 이리가 양을 늑탈하고 또 헤치느니라 달아나는 것은 저가 삯군인 까닭에 양을 돌아보지 아니함이나 나는 선한 목자라 내가 내 양을 알고 양도 나를 아는 것이 아버지께서 나를 아시고 내가 아버지를 아는 것 같으니 나는 양을 위하여 목숨을 버리노라 또 이 우리에 들지 아니한 다른 양들이 내게 있어 내가 인도하여야 할 터이니 저희도 내 음성을 듣고 한 무리가 되어 한 목자에게 있으리라.

상기의 말씀은 예수님께서 자신을 선한목자라고 말씀하시며 자기를 믿고 따르는 그의 제자들은 양이라 말씀하고 있습니다. 선한목자는 자기의 양들을 위하여 살과 피를 아낌없이 주시며 목숨을 버리기까지 사랑하는 자를 말합니다. 그러나 삯꾼목자는 양들의 목숨을 위해서 목회를 하는 것이 아니라 삯(돈)을 위해서 목회를 하는 자들을 말합니다.

예수님이나 사도바울이 삯을 받지 않고 자비량으로 목회를 하신 것은 바로 선한 목자라는 것을 말해주고 있는 것입니다. 이어지는 말씀에 선한목자는 자기 양을 알고 양도 목자를 안다고 말씀하십니다.

이렇게 예수님께서 하나님의 백성을 구원하기 위해서
유대땅에 선한 목자로 오셨으나 유대인들이 예수님의 음성
을 듣지 못하고 오히려 배척한 것은 아직 그들이 영적 상태
가 육축(양)이 아니기 때문이었습니다.

　따라서 유대인들은 그들을 인도하는 제사장들이 선한
목자였으며 예수님은 이단자로서 목자로 인정을 하지 않은
것입니다. 그러나 선한목자의 음성을 듣고 예수님을 알아
본 그의 제자들은 예수님을 믿고 따르며 날마다 꼴을 받아
먹은 결과 제자들도 하나님의 아들로 거듭나서 선한 목자
들이 된 것입니다.

[창세기 4장 21~23절] 그 아우의 이름은 유발이니 그는 수
금과 퉁소를 잡는 모든 자의 조상이 되었으며 씰라는 두발가인
을 낳았으니 그는 동철로 각양 날카로운 기계를 만드는 자요
두발가인의 누이는 나아마이었더라 라멕이 아내들에게 이르되
아다와 씰라여 내 소리를 들으라 라멕의 아내들이여 내 말을
들으라 나의 창상을 인하여 내가 사람을 죽였고 나의 상함을
인하여 소년을 죽였도다.

21 וְשֵׁם אָחִיו יוּבָל הוּא הָיָה אֲבִי כָּל־ תֹּפֵשׂ
　　토페스　　콜　　아비　　하야　　후　　유발　　아히브　　베쉠
　　잡는　모든 자의　조상이　되었으며　그는 유발이니　그 아우의 이름은

כִּנּוֹר וְעוּגָב: 22 וְצִלָּה גַם־ הִוא יָלְדָה אֶת־ תּוּבַל
　투발　　에트　야레다　후　감　베찔라　　베우가브　킨놀
　두발　　　　낳았으며　(그녀) (또한) 씰라는　　　통소를　수금과

קַיִן לֹטֵשׁ כָּל־ חֹרֵשׁ נְחֹשֶׁת וּבַרְזֶל וַאֲחוֹת תּוּבַל־
　투발　바아호트　우발젤　네호쉐트　호레쉬　콜　로테쉬　카인
　두발　누이는　-철로 동-　그는-기계를 만드는 자요 각양 날카로운 가인을

קַיִן נַעֲמָה: 23 וַיֹּאמֶר לֶמֶךְ לְנָשָׁיו עָדָה וְצִלָּה
　베찔라　아다　레나솨이브　레멕　바이오메르　나아마　카인
　씰라여　아다와　아내들에게　라멕이　이르되　나아마이였더라　가인의

שְׁמַעַן קוֹלִי נְשֵׁי לֶמֶךְ הַאֲזֵנָּה אִמְרָתִי כִּי אִישׁ
　이쉬　키　임라티　하으젠나　레멕　네쉐이　콜리　쉐마안
　사람을 인하여　내 말을　들으라　라멕의 아내들이여 내소리를 들으라

הָרַגְתִּי לְפִצְעִי וְיֶלֶד לְחַבֻּרָתִי:
　레합부라티　베옐레드　레미쯔이　하라그티
　나의 상함을 인하여　소년을　나의 창상을　내가-죽였고

야발의 아우 유발은 수금과 통소를 잡는 자의 조상이 되었다고 말씀하고 있습니다. 그런데 유발의 뜻은 '데려오다, 인도하다' 라는 의미로 유발은 진리의 나팔을 불어 하나님의 백성들을 생명의 길로 인도하는 선지자들을 말하고 있는 것입니다. 때문에 요단강가에서 유대인들을 향해 회개하라고 외치고 있는 세례요한이 바로 유발의 후손이라는 것입니다.

323

씰라를 통해서 두발가인을 낳는데 두발가인은 동과 철로 각양 날카로운 기계를 만드는 자라고 말씀하고 있습니다.

그런데 두발이란 원어의 뜻은 '회복시키다, 회개시키다' 라는 의미로 무쇠같이 단단한 존재들을 때리고 부셔서 부드럽고 깨끗한 존재를 만들어 하나님께서 쓰시기에 합당한 도구를 만드는 자를 말합니다. 그러므로 두발가인의 후손은 광야의 불기둥과 구름기둥 속에서 마음이 강퍅한 이스라엘 백성을 부수고 녹여서 깨끗한 몸으로 변화 시켜서 가나안 땅에 계신 예수께로 인도하는 모세를 말씀하고 있는 것입니다. 이어지는 말씀은 라멕이 그의 두 아내인 아다와 씰라를 향해 내 소리를 듣고 내 말을 들으라고 외치면서 내가 나의 창상 때문에 사람을 죽였고 나의 상처로 인해서 소년을 죽였다고 고백하고 있습니다.

라멕은 므드사엘의 아들로 하나님의 말씀을 소유하고 있는 지혜로운 자입니다. 그러므로 라멕은 영적 지도자로서 마땅히 하나님의 백성을 구원시켜 하나님의 아들로 거듭나게 해야 하는 의무를 가진 자입니다. 그런데 목회하는 것이 고통스럽고 먹고사는 것도 힘들어 영혼을 살리지 못하고 오히려 죽였다는 뜻입니다.

이것은 하나님께서 오늘날 삯을 위해 목회하는 자들의 현실을 보여주며 경고하시는 말씀이라 생각합니다. 왜냐하면 예수님께서 서기관과 바리새인들, 즉 오늘날 목회자들을 향해 "너희는 천국 문을 닫아놓고 너희도 들어가지 않고 들어가려는 자도 들어가지 못하게 하면서 교인 하나를 얻으면 배나 더 지옥자식이 되게 한다"고 말씀하고 있기 때문입니다. 이런 자들이 바로 라멕의 후손으로 오늘날 양들을 늑탈하고 있는 삯꾼목자들을 말하고 있습니다.

그러므로 오늘날 목회자들은 하루속히 회개하고 하나님의 말씀에 올바로 서서 양들을 좁고 협착한 생명의 길로 인도해야 합니다.

[창세기 4장 24절] 가인을 위하여는 벌이 칠 배일찐대 라멕을 위하여는 벌이 칠십칠 배이리로다 하였더라.

24 כִּי שִׁבְעָתַיִם יֻקַּם־קָיִן וְלֶמֶךְ שִׁבְעִים וְשִׁבְעָה:

키	쉬브아타임	육캄	카인	베레멕	쉬브임	베쉬브아
일찐대	칠배	벌이	가인을 위하여는	라멕을 위하여는	칠십	칠배이리로다

하나님께서 가인이 범한 죄는 칠 배이지만 라멕이 범한 죄의 값은 칠십칠 배라 말씀하고 있습니다. 가인은 그의 아

우를 죽인 살인범입니다. 이 세상에서도 사람을 죽인 살인범은 가장 큰 형벌로 다스리고 있습니다. 그런데 하나님께서 라멕은 살인을 한 가인보다 벌이 칠십칠 배나 된다고 말씀하고 있습니다. 그 이유는 가인은 그의 아우 한 명만을 죽였지만 라멕은 영혼들을 수없이 많이 죽였기 때문입니다.

오늘날 삯꾼목자들은 사람을 죽이는 것은 큰 죄로 생각하지만 영혼을 죽이는 것은 대수롭지 않게 생각하고 있습니다. 그러나 하나님은 사람을 죽이는 것보다 영혼을 죽이는 죄를 더 중하게 다루고 계십니다. 때문에 아벨을 죽인 가인의 벌은 칠 배이며 영혼들을 죽이는 라멕의 벌은 칠십칠 배라고 말씀하시는 것입니다. 그럼에도 불구하고 오늘날 라멕의 후손들이 영혼을 수도 없이 죽이면서도 오히려 살리고 있다고 큰소리를 치고 있습니다.

왜냐하면 오늘날 목회자들은 한결같이 자신만은 영혼을 죽이는 것이 아니라 살리고 있다고 생각하기 때문입니다. 그러나 이들도 언제인가는 자신들이 라멕과 같이 영혼을 살린 것이 아니라 죽였다는 것을 알고 통곡할 날이 올 것입니다. 만일 목회자들이 이 말씀을 통해서 자신들이 바로 라멕의 후손이며 지금도 영혼을 죽이고 있다는 것을 깨닫고 회개를 하고 올바른 목회를 한다면 하나님께서 모든 죄를 용서해 주실 것입니다. 그러므로 오늘날 목회자들은 자신이 영혼들을 구원하고 살린다는 생각만 하지 말고 반대로 자신도 영혼을 죽이고 있다는 생각을 한번쯤은 해보아야 합니다.

때문에 하나님은 멜기세덱의 반차와 아론의 반차를 말씀하고 있으며 예수님은 생명의 길과 멸망의 길을 말씀하면서 지옥문 앞에서 슬피 울며 이를 갈고 있는 자들을 보여 주시는 것입니다.

7. 여호와의 이름을 부르는 자들

[창세기 4장 25~26절] 아담이 다시 아내와 동침하매 그가 아들을 낳아 그 이름을 셋이라 하였으니 이는 하나님이 내게 가인의 죽인 아벨 대신에 다른 씨를 주셨다 함이며 셋도 아들을 낳고 그 이름을 에노스라 하였으며 그 때에 사람들이 비로소 여호와의 이름을 불렀더라.

וַיֵּ֨דַע אָדָ֥ם עוֹד֙ אֶת־אִשְׁתּ֔וֹ וַתֵּ֣לֶד בֵּ֔ן וַתִּקְרָ֥א 25

밧티크라　벤　밧텔레드　이쉿토　에트　오드　아담　바예다

이라하였으니 아들을 그가-낳아 아내와　　다시　아담이　동침하니

אֶת־שְׁמ֖וֹ שֵׁ֑ת כִּ֣י שָֽׁת־לִ֤י אֱלֹהִים֙ זֶ֣רַע אַחֵ֔ר תַּ֖חַת

타하트　아헬　제라　엘로힘　리　쇼트　키　쉐트　쉐모　에트

대신에　다른　씨를　하나님이　내게　주셨다 이는-함이며 셋 그이름을

הֶ֖בֶל כִּ֥י הֲרָג֥וֹ קָֽיִן׃ 26: וּלְשֵׁ֣ת גַּם־ה֤וּא יֻלַּד־בֵּ֔ן

벤　율라드　후　감　울레쉐트　카인　하라고　키　헤벨

아들을　낳고　(그)　도　셋　가인의　죽인　아벨

וַיִּקְרָ֥א אֶת־שְׁמ֖וֹ אֱנ֑וֹשׁ אָ֣ז הוּחַ֔ל לִקְרֹ֖א

리크로　후할　아즈　에노쉬　쉐모　에트　바이크라

불렀더라 사람들이 비로서 그 때에 에노스 그 이름을　　라 하였으며

בְּשֵׁ֥ם יְהוָֽה׃

예호바　베쉠

여호와의　이름을

상기의 말씀은 아담이 그의 아내와 다시 동침을 하여

아들을 낳았는데 그 아이의 이름을 셋이라 말씀하고 있습니다. 셋이라는 뜻은 '대치된' 혹은 '대신'이라는 의미로 하나님께서 아벨을 대신하여 다른 씨를 주셨다는 말씀입니다.

아담의 아들 셋도 장성하여 결혼을 하게 되어 아이를 낳게 되었는데 그 아이의 이름을 에노스라 하였습니다. 원문에 에노스라는 뜻은 '죽을 수밖에 없는 나약한 존재', 즉 '병든 자' 또는 '죄인'이라는 뜻입니다. 셋이 에노스를 낳고 비로소 여호와의 이름을 부르게 되었다는 뜻은 사람들이 죽을 수밖에 없는 죄인이라는 것을 깨닫게 될 때 비로소 여호와 하나님을 부르고 찾게 된다는 것입니다. 때문에 셋이 에노스를 낳은 후 자신이 죄인이라는 것을 깨닫고 여호와를 부르며 의지하게 된 것입니다.

이렇게 하나님의 인간들은 아담과 하와가 낳은 가인과 셋의 후손이며 또한, 셋이 낳은 에노스의 후손들입니다. 때문에 하나님은 죄인 된 인간들을 하나님의 아들(예수)을 통해서 구원하시려는 것이며 또한 죄인 된 인간들은 예수님(하늘)을 통해서 구원을 받아 하나님의 아들로 거듭나야 하는 것입니다. 이렇게 하나님께서 창세기를 통해서 말씀하시는 천지 창조는 땅에 속한 죄인들(땅)을 구원하여 하나님의 모양과 형상이 같은 하나님의 아들(하늘)로 창조(거듭남)하시려는 것입니다. 그런데 땅을 하늘로, 즉 육신에 속한 존재를 하늘에 속한 영적 존재로 창조하는데 육일이 소요된다는 것입니다. 땅을 하늘로 창조하는 육일은 앞서 말씀 드린 바와 같이 여섯 단계, 즉 여섯 과정을 말하고 있습니다. 그러므로 하나님의 아들로 창조되는 육일은 상징적인 수로 사람의 상태에 따라서 육십년 혹은 육백년 혹은 육천년이 될 수도 있는 것입니다.

하나님은 이러한 죄인들을 구원하여 하나님의 아들로 창조하시기 위해서 계속해서 애굽의 제사장과 광야의 모세와 가나안의 예수님을 보내주고 계십니다. 그런데 문제는 오늘날 목회자들이나 교인들이 이러한 창조의 과정도 없이 오직 예수님을 믿는다는 이유하나로 이미 하나님의 아들이 되어 있는 것입니다. 그러므로 예수님은 자칭 의인이라는 아흔 아홉 마리의 양은 버려 두고 갈급한 마음으로 참 목자를 찾고 있는 한 마리의 잃어버린 양을 찾으러 오셨다고 말씀하신 것이며, 하나님은 구원의 사역을 유대인에게서 이방인에게로 돌리신 것입니다.

예수님께서 심령이 가난한 자가 복이 있고 애통하는 자가 복이 있다고 말씀하신 것은 바로 이런 이유 때문입니다.

왜냐하면 의에 배부른 자들, 즉 이미 하나님의 아들이 되어 있는 자들은 하나님을 간절히 찾거나 예수님을 믿고 의지하지 않기 때문입니다.

그러므로 복이 있는 자들은 오늘날 의인의 자리에 앉아서 하나님의 아들노릇을 하고 있는 기독교인들이 아니라 의(생명의 말씀)에 주리고 목마른 자, 즉 영적인 고아, 과부, 나그네들을 말하고 있는 것입니다. 이들은 부자의 대문에서 기웃거리고 있는 거지 나사로와 같이 지금도 개들(몰지각한 목자)에게 상처를 받으며 온갖 멸시와 천대를 받고 있는 것입니다.

이들이 바로 여호와의 이름을 간절히 부르는 자들이며 갈급한 심령으로 하나님의 말씀을 날마다 구하고, 찾고, 두드리는 자들입니다. 그러므로 오늘날 기독교인들이 하나님의 뜻에 따라 창조를 받으려면 삯꾼목자가 인도하는 넓고 평탄한 멸망의 길에서 돌아서서 참 목자가 인도하는 생명의 좁은 길을 찾아 가야합니다.

그런데 오늘날 기독교인들이 예수를 믿음으로 이미 하나님의 아들이 되었다는 삯꾼목자의 말을 그대로 믿고 멸망의 길에서 돌아서지 않는다면 결국 지옥문 앞에서 슬피 울며 이를 가는 자가 될 것입니다.

하나님께서 창세기에 천지를 창조하시는 계획서를 처음에 기록해 놓으신 것은 이전에 있던 믿음의 조상들은 물론 오늘날 기독교인들을 구원하여 하나님의 아들로 창조하시기 위함입니다. 창세기 해설서가 비록 4장까지 기록되어 있지만 이 속에는 창세기부터 계시록에 이르기까지 성경의 모든 비밀과 하나님의 창조의 뜻이 모두 함축되어 있습니다. 그러므로 창세기 해설서를 자세히 읽고 계속 묵상을 한다면 성경에 감추어진 비밀과 하나님의 뜻을 모두 알게 될 것입니다.

　저자가 지금까지 창세기의 말씀 속에 깊이 감추어져 있던 하나님의 비밀을 드러낸 것은 오늘날 하나님의 뜻을 모르고 삯꾼목자들에게 속으면서 신앙생활을 하다가 지옥으로 들어가는 영혼들을 한 사람이라도 구원하려는 마음 때문입니다. 그러므로 저자는 이 글을 읽으신 분들이 하나님의 올바른 뜻을 깨닫고 넓고 평탄한 멸망의 길에서 돌아서서 좁고 협착한 생명의 길을 찾아가기를 간절히 바라는 마음입니다. 끝으로 저자는 이 글을 접하신 분들이 창세기의 올바른 뜻을 깨닫고 하루속히 하나님의 생명으로 거듭나서 하나님이 원하시는 하나님의 아들이 되기를 간절히 기원하는 바입니다.

당신의 사랑

당신의 뜨거운 사랑은
얼어 붙은 마음을
따뜻한 햇살로
감싸주면서

불어오는 바람으로
어루만져
얼어붙은 마음을
달래주며 녹여줍니다

당신의 사랑은
따뜻한 봄날의
햇살처럼 따뜻하게
느껴집니다.

부록

1. 노아의 방주와 대홍수

인류 역사상 가장 비극적인 사건은 하나님께서 타락한 인간들을 청소하듯이 모두 쓸어버린 노아의 홍수라 생각합니다. 그런데 하나님께서 인간들이 무슨 죄를 지었기 때문에 진노하셔서 모두 멸하셨는지 구체적으로 알고 있는 사람이 없는 것은 물론 관심조차 없다는 것입니다. 그러면 사랑과 긍휼이 무한하신 하나님께서 타락한 인간들을 이 지구상에서 짐승들과 함께 모두 멸하셨다는 대홍수 사건은 사실일까? 그리고 노아가 삼층으로 만들었다는 방주는 실제 존재하였을까? 아니면 거짓일까? 하는 의구심을 불신자들은 물론 기독교인들도 가지고 있습니다.

기독교인들은 단순히 창세기 6장에 기록된 말씀을 보면서 노아의 시대에 하나님께서 타락한 인간들을 모두 홍수로 멸하셨다는 것을 반신반의 하면서 믿고 있을 뿐입니다. 그러나 해발 몇 천 메타나 되는 높은 산에서 바다나 강에서만 볼 수 있는 조개나 물고기 화석들이 발견되는 것을 보고 노아의 시대에 대홍수가 있었다는 것이 사실이라는 것을 믿을 수밖에 없었던 것입니다.

그런데 얼마 전에 노아가 제작한 방주가 터키에 있는 해발 4000메타나 되는 아라랏산 중턱에서 발견됨으로 하나님께서 부패하고 타락한 인간들을 홍수로 멸하셨다는 것과 그 당시 노아가 방주를 만들었다는 것이 사실로 증명된 것입니다. 그런데 때를 맞춰 영화제작자들이 노아의 홍수 사건을 하나님의 뜻을 벗어나 흥미본위로 영화를 만들어 상영까지 하고 있는 것입니다. 이 영화는 제작자가 성경에 기록된 하나님의 진정한 뜻을 모르고 흥행본의로 제작을 하였기 때문에 마치 동화 속에 나오는 이야기와 같아서 이 영화를 관람하는 사람들은 신앙의 도움이 되는 것이 아니라 오히려 혼란과 회의를 느끼게 되는 것입니다.

　　그러므로 오늘날 기독교인들은 성경에 기록된 노아의 대홍수와 노아의 방주를 통해서 하나님의 진정한 뜻이 무엇인지 알아야 한다고 생각합니다. 그러면 하나님께서 무엇 때문에 하나님께서 땅위에 지으신 인간들을 보시고 마음에 근심과 한탄을 하시며 진노하셔서 인간들을 비롯한 동물들까지 모두 멸하시게 되었을까? 그리고 하나님께서 무엇 때문에 노아에게 방주를 삼층으로 만들라고 하셨으며 또한 노아가 만든 방주는 오늘날 무엇을 말하며 방주에 담긴 영적인 의미는 무엇일까? 그보다 하나님께서 노아의 홍수와 방주를 통해서 오늘날 하나님의 백성들에게 무엇을 교훈하시며 그리고 대홍수사건을 통해서 우리에게 경고하시는 메시지는 과연 무엇일까? 만일 오늘날 기독교인들이 노아의 대홍수와 방주 속에 담긴 하나님의 뜻이나 영적인 비밀을 모른다면 이 사건은 무의미하며 성경의 역사나 혹은 동화 속에 나오는 이야기로 간주할 수도 있다는 것입니다. 그러므로 하나님을 믿는 기독교인들이라면 반드시 노아의 홍수와 방주 속에 감추어진 하나님의 뜻과 영적인 비밀들을 알아야 한다고 생각합니다.

　이제 성경을 통해서 노아의 홍수와 방주 속에 감추어진 하나님의 비밀에 대해서 알아보기로 하겠습니다.

　[창세기 6장 1~7절] 사람이 땅위에 번성하기 시작할 때에 그들에게서 딸들이 나니 하나님의 아들들이 사람의 딸들의 아름다움을 보고 자기들의 좋아하는 모든 자로 아내를 삼는지라 여호와께서 가라사대 나의 신이 영원히 사람과 함께 하지 아니하리니 이는 그들이 육체가 됨이라 그러나 그들의 날은 일백이십년이 되리라 하시니라 당시에 땅에는 네피림이 있었고 그 후에도 하나님의 아들들이 사람의 딸들을 취하여 자식을 낳았으니 그들이 용사라 고대에 유명한 사람이었더라 여호와께서 사

람의 죄악이 세상에 관영함과 그 마음의 생각의 모든 계획이 항상 악할 뿐임을 보시고 땅위의 사람 지으셨음을 한탄하사 마음에 근심하시고 가라사대 나의 창조한 사람을 내가 지면에서 쓸어 버리되 사람으로부터 육축과 기는 것과 공중의 새까지 그리하리니 이는 내가 그것을 지었음을 한탄함이니라 하시니라.

상기의 말씀에 하나님께서 지으신 사람들의 죄악이 세상에 가득하고 사람들의 마음과 생각이 항상 악할 뿐임을 보시고 진노하시어 인간들을 모두 홍수로 쓸어버리게 되었다고 말씀하십니다. 그런데 하나님께서 무엇 때문에 진노하셨는지 그리고 사람들이 범한 죄가 무슨 죄인지는 잘 모르고 있습니다.

하나님께서 타락한 사람들을 보시고 진노하신 이유는 1절에서 3절에 기록되어있습니다. 본문 1절에 "사람이 땅위에 번성하기 시작할 때에" 라는 문장에 '시작' 이라는 단어는 원문에 '하랄' 로 기록되어 있는데 시작이라는 뜻 보다 주로 '더럽히다 부패되다' 라는 의미이며 '번성' 이라는 단어는 원문에 '라바브' 로 '많다' 라는 의미이기 때문에 본문의 진정한 뜻은 '많은 사람이 부패하였다' 는 뜻입니다.

그러므로 본문에 "사람이 땅위에 번성하기 시작할 때

에 그들에게서 딸들이 나니"라는 의미가 아니라 "많은 사람들이 부패하여 그들의 딸들을 낳으니"라는 뜻입니다. 그러므로 원문의 뜻은 하나님의 아들들이 부패한 사람들의 딸들에게서 아름다운 것(좋은 것)을 보고 자기들이 좋아하는 여인으로 아내를 삼게 되었다는 의미입니다. 이것은 영에 속한 하나님의 아들들이 육신(죄인)에 속한 여인들의 아름다운 것(좋은 것)을 보고 미혹되어 그들을 아내로 받아들임으로 하나님께 범죄 하여 육에 속한 죄인이 되었다는 뜻입니다.

때문에 하나님께서 범죄하여 육으로 돌아간 하나님의 아들들에게 나의 신은 영원히 육(육체)에 속한 사람과는 함께 하지 않는다고 말씀하신 것입니다. 왜냐하면 영과 육은 곧 기름과 물 같아서 하나로 합할 수 없듯이 범죄하여 육으로 돌아간 죄인들은 하나님의 영과 영원토록 함께 할 수 없기 때문입니다.

이렇게 하나님의 아들들은 부패한 여인들을 구원하고 살려서 하나님의 아들을 만들어야 함에도 불구하고 오히려 부패하고 음탕한 여인들에게 매혹되어 음녀를 취함으로 마귀의 종이된 것입니다. 이 사건은 아담과 하와가 에덴동산에서 뱀의 미혹을 받아 하나님과 같이 되려고 선악과를 먹고 죄인이 되어 에덴동산에서 쫓겨난 것과 같으며 또한 오늘날 영으로 시작한 목회자들이 세상의 미혹을 받아 육(욕심)으로 돌아간 것과 동일한 사건입니다. 왜냐하면 하나님은 영이신데 오늘날 목회자들이 자기 욕심을 채우기 위해서 영보다 육을 쫓으며 교인들에게도 기복을 강조하여 욕심을 불어 넣고 있기 때문입니다.

이렇게 하나님께서는 다른 죄 보다 영적인 간음을 행한 자는 절대로 용서하지 않으시고 모두 멸하시는 것을 볼 수 있습니다. 하나님께서 소돔과 고모라성을 유황불로 멸망시킨 것도 사람들의 음행 때문이었습니다. 하나님께서는 영에 속한 하나님의 아들들이 음란한 딸들(삯꾼목자들)의 미혹을 받아 아내로 취하여 하나님을 떠난 자들을 홍수를 통해서 모두 쓸어버리신 것입니다. 그럼에도 불구하고 하나님의 백성들은 홍수사건 이후에도 이방여인과 음행을 하고 있는 것을 볼 수 있습니다.

[민수기 25장 1~9절] 이스라엘이 싯딤에 머물러 있더니 그 백성이 모압 여자들과 음행하기를 시작하니라 그 여자들이 그 신들에게 제사할 때에 백성을 청하매 백성이 먹고 그들의 신들에게 절하므로 이스라엘이 바알브올에게 부속된지라 여호와께

서 이스라엘에게 진노하시니라 여호와께서 모세에게 이르시되 백성의 두령들을 잡아 태양을 향하여 여호와 앞에 목매어 달라 그리하면 여호와의 진노가 이스라엘에게서 떠나리라 모세가 이스라엘 사사들에게 이르되 너희는 각기 관할하는 자 중에 바알브올에게 부속한 사람들을 죽이라 하니라 이스라엘 자손의 온 회중이 회막 문에서 올 때에 이스라엘 자손 한 사람이 모세와 온 회중의 목전에 미디안의 한 여인을 데리고 그 형제에게로 온 지라 제사장 아론의 손자 엘르아살의 아들 비느하스가 보고 회중의 가운데서 일어나 손에 창을 들고 그 이스라엘 남자를 따라 그의 막에 들어가서 이스라엘 남자와 그 여인의 배를 꿰뚫어서 두 사람을 죽이니 염병이 이스라엘 자손에게서 그쳤더라 그 염병으로 죽은 자가 이만 사천명이었더라.

상기의 말씀은 이스라엘 백성이 모압 여자들과 음행을 하며 그 여자들이 자기 신들에게 제사할 때에 그들과 함께 제사음식을 먹고 모압 여인들이 섬기는 신들에게 절하므로 이스라엘이 바알브올에게 속하게 된 것입니다. 때문에 여호와께서 진노하시어 모세에게 백성의 두령들을 잡아 태양을 향하여 여호와 앞에 목매어 달아 죽이라고 말씀하시면서 그렇게 하면 여호와의 진노가 이스라엘에게서 떠날 것이라고 말씀하고 있습니다.

여호와의 말씀을 들은 모세는 이스라엘 사사들에게 너희는 각기 관할하는 자 중에 바알브올에게 속한 사람들을 모두 죽이라고 명하여 모두 죽여 버린 것입니다. 그 후에 이스라엘자손들이 회막 문에서 나올 때에 이스라엘 사람이 모세와 온회중의 목전에 미디안의 한 여인을 데리고 그 형제에게로 오는데 제사장 아론의 손자 엘르아살의 아들 비느하스가 미디안의 여인과 함께 오는 것을 보고 회중 가운데서 일어나 손에 창을 들고 그 이스라엘 남자를 따라 그의 막사로 들어가서 이스라엘 남자와 미디안 여인의 배를 꿰뚫어 두 사람을 죽이니 염병이 이스라엘 자손에게서 그치게 된 것입니다.

이때 하나님의 백성인 이스라엘자손들이 음행으로 인해 염병으로 죽은 자가 이만 사천 명이나 되었다고 말씀하고 있습니다. 이렇게 하나님께서는 하나님의 백성이 이방여인과 혼음을 하거나 이방신을 섬긴 자들은 절대로 용서하지 않는 것입니다. 이렇게 하나님은 음란을 행한 자나 이방신에게 절 한 자들은 하나님의 아들이나 천사라도 용서하지 않으시고 지옥에 던져 버리는 것입니다.

때문에 사랑과 긍휼이 많으신 예수님도 간음에 대해서

엄중히 말씀하고 있습니다.

[마태복음 5장 27~28절] 또 간음치 말라 하였다는 것을 너희가 들었으나 나는 너희에게 이르노니 여자를 보고 음욕을 품는 자마다 마음에 이미 간음하였느니라.

예수님은 유대인들이 간음하는 여인을 현장에서 잡아 돌로 쳐 죽이려고 데리고 온 여인을 구원해주시고 용서해주신 분입니다. 그런데 예수님은 여자와 간음을 하지 않았다 해도 여자를 보고 음욕만 품어도 이미 간음하였다고 말씀하고 있습니다. 남자들이 이 세상을 살아가면서 아리따운 여인을 보고 음욕을 한 번도 느끼지 않고 살아가는 사람이 얼마나 될까? 그러면 남자들은 모두 간음한 자들이라 해도 과언이 아니라 생각합니다.

때문에 예수님이 하나님의 백성에게 간음하지 말라는 여자는 정결한 처녀를 말하는 것이 아니라 음녀를 말하는데 음녀는 영적으로 타락한 교회, 즉 하나님의 말씀을 가감하여 기복으로 교인들을 미혹하는 거짓 선지자와 삯꾼목자들을 비사로 말하고 있습니다.

오늘날 삯꾼목자들이 하나님의 뜻을 외면하고 교인들

을 교리와 기복으로 미혹하고 있습니다. 때문에 교인들도 하나님의 뜻을 이루기 위해서 신앙생활을 하는 것이 아니라 자기 욕심을 채우기 위해서 기복적인 신앙생활을 하고 있는 것입니다. 때문에 하나님께서 이렇게 패역한 자들을 보시고 진노하시는 것입니다.

[베드로 후서 2장 4~8절] 하나님이 범죄한 천사들을 용서치 아니하시고 지옥에 던져 어두운 구덩이에 두어 심판때까지 지키게 하셨으며 옛 세상을 용서치 아니하시고 오직 의를 전파하는 노아와 그 일곱 식구를 보존하시고 경건치 아니한 자들의 세상에 홍수를 내리셨으며 소돔과 고모라 성을 멸망하기로 정하여 재가 되게 하사 후세에 경건치 아니할 자들에게 본을 삼으셨으며 무법한 자의 음란한 행실을 인하여 고통하는 의로운 롯을 건지셨으니.

상기의 말씀과 같이 하나님은 천사들이라 해도 죄를 범하면 용서하지 아니하시고 지옥에 던지시며 오직 의를 전파하는 노아와 그의 일곱 식구는 보존하시고 경건치 아니한 자들은 모두 홍수로 멸하신 것입니다. 또한 하나님께서 홍수 이후에도 타락한 소돔과 고모라 성을 멸망하기로 정

하여 유황불로 재가 되게 하시어 후세에 경건치 아니할 자
들에게 본을 삼으신 것입니다. 또한 무법한 자의 음란한 행
실을 인하여 고통하는 의로운 롯을 건져 내신 것을 볼 수
있습니다. 그런데 더욱 놀라운 것은 세상과 벗된 것이 하나
님과 원수 된 것이며 하나님과 재물을 겸하여 섬기는 것이
곧 간음한 것이라 말씀하고 있다는 것입니다.

　[야고보서 4장 4절] 간음하는 여자들이여 세상과 벗된 것이
하나님과 원수임을 알지 못하느뇨 그런즉 누구든지 세상과 벗
이 되고자 하는 자는 스스로 하나님과 원수되게 하는 것이니라.

　[마태복음 6장 24절] 한 사람이 두 주인을 섬기지 못할 것이
니 혹 이를 미워하며 저를 사랑하거나 혹 이를 중히 여기며 저
를 경히 여김이라 너희가 하나님과 재물을 겸하여 섬기지 못하
느니라.

　상기의 말씀과 같이 하나님을 섬기는 백성이 세상과 벗
이 되는 것은 하나님과 원수가 되는 것이며 또한 하나님과
재물을 겸하여 섬기는 것이 곧 영적인 간음이라는 뜻입니
다. 왜냐하면 한 사람이 두 주인을 섬길 수 없듯이 하나님

과 재물을 함께 섬길 수 없고 또한 하나님과 자신을 겸하여 섬길 수 없기 때문입니다.

문제는 오늘날 기독교인들도 하나님보다 자신을 더 사랑하며 하나님의 뜻을 이루기보다 하나님을 통해서 자신의 욕심을 채우려 신앙생활을 하고 있다는 것입니다.

이어지는 말씀은 하나님께서 그들의 날은 일백이십 년이 되리라고 말씀하시면서 그 땅에는 네피림이 있다고 말씀하고 있습니다. 그러면 일백이십 년은 영적으로 무엇을 말하며 네피림은 어떤 존재를 말하는 것인가를 알아야 합니다. 하나님께서 말씀하시는 일백이십 년은 노아가 방주를 짓는 기간을 말하며 또한 타락한 하나님의 백성이 회개하고 다시 하나님의 아들로 거듭나는 과정과 기간을 비유하여 말씀하고 있습니다.

그리고 하나님께서 범죄한 백성에게 말씀하시는 백이십년은 곧 예수님이 삼일 만에 하나님의 성전을 건축하신다는 사흘(삼일), 즉 애굽에서 사십 년(하루) 광야에서 사십 년(이틀) 가나안에서 사십 년(삼일) 모두 일백이십 년의 기간을 말하고 있습니다. 또한 일백이십 년은 애굽에서 광야로 나와 시험과 연단의 과정을 통과하여 가나안으로 들어가 하나님의 성전이 완성되면 하나님의 아들로 거듭나게 되는데 이런 과정과 기간을 비사로 말씀하신 것입니다.

　이렇게 삼일은 마태복음 1장에 하나님의 아들(예수님)이 태어나는 과정을 말씀하고 있는데 아브라함부터 다윗까지 열네 대(1일), 다윗부터 바벨론으로 이거할 때까지 열네 대(2일), 바베론으로 이거한 후부터 그리스도까지 열네 대(삼일), 모두 사십이 대라 말씀하고 있는 것입니다.

　이와 같이 노아가 삼층으로 건축한 방주나 솔로몬이 삼층으로 건축한 예루살렘 성전은 애굽(1층)과 광야(2층)와 가나안(3층)을 비사로 말씀하신 것입니다. 이렇게 삼일이나 삼층은 죄인된 하나님의 백성들이 애굽-광야-가나안의 과정을 통과해야 하나님의 생명으로 거듭나 하나님의 아들이 된다는 것을 비사로 말씀하고 있는 것입니다.

　이렇게 노아가 건축한 삼층으로 된 방주는 신앙의 차원과 영적인 상태에 따라 1층에는 물고기(부정한 짐승)들이 사는 곳이며 2층은 짐승과 새들이 사는 곳이고 3층은 여자와 남자(사람들)들이 살고 있는 곳입니다.

　노아가 건축한 방주는 배를 말하는데 배는 바다나 강에서 운행을 하기 때문에 배는 반드시 물이 있는 곳에다 건축하며 산에다 배를 건축하는 사람은 단 한사람도 없습니다. 그런데 노아가 방주를 산에다 건축을 한 것은 고기를 잡으려는 배가 아니라 영혼을 구원하기 위한 방주(교회)이기 때문입니다. 이렇게 바다에 건축하는 배는 애굽교회를 말하며 강이나 호수에 건축하는 배는 광야교회를 말하며 산에 건축하는 방주는 가나안 교회를 비유로 말씀하고 있는 것입니다.

그러므로 노아가 건축한 방주는 바다를 항해하거나 고기를 잡는 배가 아니라 사람들의 영혼을 구원하는 방주를 말하고 있는 것입니다. 때문에 노아는 방주를 바다나 강가에 만들지 않고 산(시온산)에다 만든 것입니다. 물론 노아 당시에 바다와 강에도 고기를 잡는 배는 있었지만 바다에서 고기 잡는 배는 애굽(세상)교회를 말하며 강이나 호수 안에 있는 배는 짐승들이 머물고 있는 광야교회를 말하며 산에 있는 배는 사람이 거하는 가나안 교회, 즉 하나님의 성전을 말하고 있는 것입니다. 예수님의 제자들도 예수님을 만나기 전에는 갈릴리 호수에서 고기 잡는 어부였기 때문에 예수님께서 너희는 이제부터 고기를 잡는 어부가 되지 말고 사람을 낚는 어부가 되라고 말씀하신 것입니다.

왜냐하면 성경에 애굽교회(세상교회)에 머물고 있는 존재들은 물고기들이며 광야교회에서 시험과 연단을 받고 있는 존재들은 짐승들이며 가나안에 들어간 존재들은 사람으로 비유하여 말씀하고 있기 때문입니다. 이와 같이 하나님의 백성이 모두 하나님께 제사(예배)를 드리지만 영적인 차원에 따라 애굽(세상)에 머물고 있는 교인들은 산당(예배당)에서 예배를 드리는 것이며 출애굽 하여 광야에 나온 광야의 교인들은 성막(천막)에서 제사를 드리며 가나안에 이른 자들은 성전(예루살렘)에서 예배를 드리는 것입니다. 그런데 노아가 백이십 년 동안 방주(성전)를 건축하는데 네피림이라는 거대한 족속이 있었던 것은 노아의 가족(하나님의 백성들)이 방주를 건축하는 과정을 감시하는 감독자로 세워 노아의 가족이 성전을 건축하는데 나태하거나 건축을 잘못할 때에 징계하고 채찍을 가하기 위하여 준비해 놓은 하나님의 도구들입니다. 노아가 방주를 건축하고 있을 때에 하나님의 아들들은 계속해서 사람의 딸들을 취하여 자식을 낳았다고 말씀하고 있습니다.

이것은 하나님의 아들들이 사람의 딸들을 취하여 하나님의 형상과 모양대로 하나님의 아들을 낳아야 하는데 음란한 여자(거짓 선지자와 삯꾼목자)를 따라 가이사의 형상과 모양을 가진 마귀의 자식을 낳았다는 것입니다. 그리고 그들이 고대에 유명한 사람이었다는 것은 에덴동산에 존재하던 옛 뱀, 즉 아담과 하와를 미혹하던 간교한 뱀의 후손이라는 뜻입니다. 이렇게 하나님은 사람들의 죄악이 세상에 관영함과 그 마음의 생각과 계획이 항상 악함을 보시고 땅위에 사람을 지으셨음을 한탄하시며 이제 내가 창조한 사람을 지면에서 모두 쓸어버리되 사람으로부터 육축과 기는 것과 공중의 새까지 멸하시겠다고 말씀하신 것입니다.

　하나님은 이 말씀대로 노아가 백이십 년동안 방주건축을 마치자마자 하늘에서 비를 사십일 동안 쏟아 붓고 그와 동시에 땅속에 있는 모든 샘들이 터져 나오게 하여 그 물들이 거대한 홍수가 되어 사람과 육축과 기는 짐승과 공중의 새까지 모두 멸하신 것입니다. 그러나 방주에 들어간 노아의 가족과 육축과 짐승과 기는 것들은 모두 살아남게 된 것입니다.

　[창세기 6장 9~17절] 노아의 사적은 이러하니라 노아는 의인이요 당시에 완전한 자라 그가 하나님과 동행하였으며 그가 세 아들을 낳았으니 셈과 함과 야벳이라 때에 온 땅이 하나님 앞에 패괴하여 강포가 땅에 충만한지라 하나님이 보신즉 땅이 패괴하였으니 이는 땅에서 모든 혈육 있는 자의 행위가 패괴함이었더라 하나님이 노아에게 이르시되 모든 혈육 있는 자의 강포가 땅에 가득함으로 그 끝날이 내 앞에 이르렀으니 내가 그

들을 땅과 함께 멸하리라 너는 잣나무로 너를 위하여 방주를 짓되 그 안에 칸들을 막고 역청으로 그 안팎에 칠하라 그 방주의 제도는 이러하니 장이 삼백규빗 광이 오십규빗 고가 삼십규빗이며 거기 창을 내되 위에서부터 한 규빗에 내고 그 문은 옆으로 내고 상 중 하 삼층으로 할찌니라 내가 홍수를 땅에 일으켜 무릇 생명의 기식 있는 육체를 천하에서 멸절하리니 땅에 있는 자가 다 죽으리라.

상기의 말씀에 노아는 의인이요 당시에 온전한 자라고 소개하고 있습니다. 노아는 하나님과 동행하였으며 그가 세 아들을 낳았으니 셈과 함과 야벳이었습니다. 그런데 노아 때에 온 세상이 하나님 앞에 부패하고 포악이 땅에 가득하여 하나님이 보시니 땅(사람들)이 모두 썩었다고 말씀하고 있습니다. 하나님께서 땅이 부패했다는 세상과 땅은 곧 사람의 존재들을 말하며 사람들이 부패하고 포악이 가득했다는 것은 욕심과 음란으로 가득했다는 것을 말씀하고 있는 것입니다.

때문에 하나님께서 노아에게 이르시되 모든 혈육 있는 자의 강포가 땅에 가득함으로 그들의 끝날, 곧 종말이 내 앞에 이르렀으니 내가 그들을 땅과 함께 멸하시겠다고 말씀하신 것입니다. 하나님께서 혈육 있는 자들을 모두 멸하시려는 것은 그들 안에 불의가 가득하기 때문인데 불의는 곧 사람들의 욕심 때문에 나타난 것들입니다. 때문에 하나님께서 욕심이 곧 죄이며 죄가 장성하여 죽게 된다고 말씀하시는 것입니다.

[시편 14편 1~5절] 어리석은 자는 그 마음에 이르기를 하나님이 없다 하도다 저희는 부패하고 소행이 가증하여 선을 행하는 자가 없도다 여호와께서 하늘에서 인생을 굽어 살피사 지각이 있어 하나님을 찾는 자가 있는가 보려 하신즉 다 치우쳤으며 함께 더러운 자가 되고 선을 행하는자가 없으니 하나도 없도다 죄악을 행하는 자가 다 무지하뇨 저희가 떡 먹듯이 내 백성을 먹으면서 여호와를 부르지 아니하는 도다 저희가 거기서 두려워하고 두려워하였으니 하나님이 의인의 세대에 계심이로다.

본문에서 말씀하고 있는 어리석은 자는 불신자가 아니라 하나님 백성의 영혼을 떡 먹듯이 잡아먹는 영적 지도자 곧 거짓목자와 삯꾼목자들을 말하고 있습니다. 그들은 말로는 하나님이 계시다 하면서 교인들에게 하나님을 믿으라고 말하지만 그들의 마음속에는 하나님이 없는 자들입니다. 왜냐하면 만일 저들 안에 하나님이 계시다면 두려워서 하나님의 백성의 영혼을 떡 먹듯이 자기 것으로 만들지 못하기 때문입니다. 이렇게 저희는 부패하고 소행이 가증하여 하나님의 뜻대로 영혼을 구원하는 자가 없고 모두 자기 욕심을 채우기 위해서 목회를 한다는 것입니다.

여호와께서 "하늘에서 인생을 굽어 살피사 지각이 있어 하나님을 찾는 자가 있는가 보려 하신즉 모두 욕심에 치우쳐 목회자들과 함께 더러운 자가 되고 선을 행하는 자가 없으니 하나도 없다"고 말씀하고 있습니다. 하나님께서 선을 행하는 자가 없다는 것은 모두 욕심에 치우쳐 하나님의 뜻에 따라 영혼을 구원하고 살리는 자가 없다는 뜻입니다. 왜냐하면 예수님의 말씀과 같이 목회자들이 천국 문을 닫아놓고 자기도 들어가지 않고 들어가려는 자들도 못 들어가도록 막으면서 교인 하나를 얻으면 배나 더 지옥자식을 만들고 있기 때문입니다.

이렇게 하나님이 없다고 여호와의 이름을 부르지 않던 거짓목자들이 심판대 앞에서는 두려워 떨면서 그 때 비로소 자신들에게는 하나님이 없지만 의인들의 세대에 계시다는 것을 알게 된다는 것입니다. 이와 같이 하나님은 의인들

안에만 계시기 때문에 나는 산 자의 하나님이시며 죽은 자들의 하나님이 아니라고 말씀하신 것입니다.

이어지는 말씀은 하나님께서 노아에게 너는 잣나무로 너를 위하여 방주를 만들라고 말씀하시면서 방주 안에 칸들을 막고 역청으로 안팎에 칠하라고 말씀하고 있습니다. 하나님께서 방주 안과 밖을 역청으로 칠하라는 역청은 송진이나 기름과 같은 것인데 역청은 영적으로 성령, 곧 생명의 말씀을 비유하여 말씀하신 것입니다. 왜냐하면 하나님의 백성이 자기 안에 성전을 건축할 때나 하나님의 아들로 거듭나려면 반드시 성령 곧 생명의 말씀이 안과 밖에 모두 있어야 하기 때문입니다.

그리고 그 방주의 제도는 장이 삼백 규빗 광이 오십 규빗 고가 삼십 규빗이며 방주에 창을 내되 위에서부터 한 규빗에 내고 방주 안은 상, 중, 하의 삼층으로 만들라고 명하고 계십니다. 이 말씀은 구원의 방주나 성전은 모두 삼층으로 되어 있는데 그 이유는 방주를 건축하거나 하나님의 성전을 건축하려거나 그리고 하나님의 아들로 거듭나려면 삼층, 즉 세단계의 과정(애굽, 광야, 가나안)을 거쳐야 완성된다는 것을 말씀하신 것입니다. 때문에 노아는 하나님의 명에 따라 일백이십 년 동안 하나님이 지시한 대로 방주를 삼층, 즉 상, 중, 하로 건축한 것입니다.

　노아가 건축한 방주의 일층에는 부정한 짐승(물고기와 기는 짐승)들이 들어가고 이층에는 걷는 짐승(들짐승과 육축)들이 들어가고 삼층에는 의로운 노아의 가족(여자와 남자)들이 들어가게 된 것입니다. 이렇게 노아가 건축한 방주는 바다에나 강에서 고기를 잡는 배가 아니라 구원의 방주, 곧 하나님의 성전을 말하고 있는 것입니다. 이렇게 바다에 있는 수많은 각종 배들은 세상 교회들을 말하며 강이나 호수에 있는 배는 광야교회를 말하며 산에 있는 배는 가나안에 있는 새 예루살렘 성전을 말씀하고 있는 것입니다. 하나님께서 노아에게 방주가 완성되면 내가 홍수를 땅에 일으켜 무릇 생명이 붙어 있는 육체들을 천하에서 모두 멸절 하리니 땅에 있는 것들이 모두 죽을 것이라고 말씀하고 있습니다.

　하나님께서 말씀하신 대로 노아가 방주를 모두 완성하였을 때 하나님은 하늘에서 비를 사십일 동안 폭포와 같이 쏟아 붙고 땅 밑에 있는 샘들이 모두 터져 나오게 하여 대홍수로 천하에 있는 육체들을 모두 멸하신 것입니다. 이렇게 하나님께서 부패한 인간들을 보시고 진노하심으로 말미암아 지구상의 모든 생물들을 홍수로 멸하시는 종말이 도래 된 것입니다.

그러므로 노아의 홍수 때에 방주에 들어가 살아남은 노아의 가족과 육축들과 들짐승과 새들과 기는 짐승들이 번성하며 오늘날까지 생명을 이어오고 있는 것입니다. 그런데 하나님께서 땅의 모든 생물을 멸하신 후에 노아에게 앞으로는 너와 너의 후손과 너와 함께한 생물들을 다시는 홍수로 멸하시지 않겠다고 약속을 하신 것입니다.

[창세기 9장 8~17절] 하나님이 노아와 그와 함께한 아들들에게 일러 가라사대 내가 내 언약을 너희와 너희 후손과 너희와 함께한 모든 생물 곧 너희와 함께한 새와 육축과 땅의 모든 생물에게 세우리니 방주에서 나온 모든 것 곧 땅의 모든 짐승에게니라 내가 너희와 언약을 세우리니 다시는 모든 생물을 홍수로 멸하지 아니할 것이라 땅을 침몰할 홍수가 다시 있지 아니하리라 하나님이 가라사대 내가 나와 너희와 및 너희와 함께하는 모든 생물 사이에 영세까지 세우는 언약의 증거는 이것이라 내가 내 무지개를 구름 속에 두었나니 이것이 나의 세상과의 언약의 증거니라 내가 구름으로 땅을 덮을 때에 무지개가 구름 속에 나타나면 내가 나와 너희와 및 혈기 있는 모든 생물 사이의 내 언약을 기억하리니 다시는 물이 모든 혈기 있는 자

를 멸하는 홍수가 되지 아니할찌라 무지개가 구름 사이에 있으리니 내가 보고 나 하나님과 땅의 무릇 혈기 있는 모든 생물 사이에 된 영원한 언약을 기억하리라 하나님이 노아에게 또 이르시되 내가 나와 땅에 있는 모든 생물 사이에 세운 언약의 증거가 이것이라 하셨더라.

　　상기의 말씀은 하나님이 노아와 그와 함께한 아들들에게 다시는 홍수로 멸하지 않겠다고 약속을 하신 것입니다. 하나님은 내가 언약을 방주에서 나온 너희와 너희 후손과 너희와 함께한 모든 생물, 곧 너희와 함께한 새와 육축과 땅의 모든 생물에게 세우리니 다시는 모든 생물을 홍수로 멸하지 아니할 것이라고 말씀하고 있습니다. 때문에 하나님은 노아에게 앞으로는 땅을 침몰할 홍수가 다시 있지 아니하리라는 언약을 세우신 것입니다.

　　하나님은 내가 너희와 및 너희와 함께하는 모든 생물 사이에 영세까지 세우는 언약의 증거로 내가 내 무지개를 구름 속에 두었으니 이것이 곧 내가 세상을 다시는 홍수로 멸하지 않겠다는 언약의 증표라고 말씀하고 있습니다.　이렇게 하나님께서 다시는 세상을 멸하시지 않겠다는 증표로 구름 속에 무지개를 두셨다고 말씀하시는데 구름은 영적으

로 무엇을 말하며 또한 무지개는 무엇을 상징하여 말씀하
신지를 모르면 이 말씀은 이해 할 수 없습니다. 하나님께
서 말씀하시는 구름과 무지개는 영적인 비밀로 구름은 하
나님의 말씀을 말하며 구름 속에 있는 무지개는 말씀 속에
있는 생명의 말씀 곧 예수그리스도를 비사로 말씀하신 것
입니다.

　때문에 하나님께서 노아의 홍수 이후로는 세상을 직접
멸하시지 않으시고 무지개 곧 예수님을 통해서 구원과 심
판을 하시겠다는 것입니다. 이렇게 구름 속에 있는 무지개
는 예수그리스도이며 또한 하나님이 계신 성전으로 곧 노
아가 백이십 년 동안 삼층으로 건축한 구원의 방주를 말하
고 있는 것입니다. 이렇게 노아가 방주를 건축하고 노아의
가족들과 더불어 각종 짐승들이 방주에 들어가 구원을 받
아 살아난 것과 같이 오늘날 기독교인들도 예수님 안에 들
어가서 생명의 말씀과 함께 거하면 살아서 하나님의 아들
로 거듭나게 된다는 것을 말씀하고 있는 것입니다.

　결국 노아가 삼층으로 건축한 구원의 방주는 솔로몬이
삼층으로 건축한 예루살렘 성전이며 그 실체는 곧 하나님
께서 하나님의 백성을 구원하기 위해서 보내주신 예수그리
스도를 말씀하고 있는 것입니다. 그러므로 하나님께서 죽

어가는 영혼들을 구원하기 위해서 이 세상에 하나님의 아들이신 예수그리스도를 구원자로 보내주신 것이며 하나님은 예수를 통해서 구원과 심판을 하시는 것입니다.

때문에 오늘날 하나님의 백성은 하나님께서 구원자로 보내주시는 오늘날의 예수님을 믿고 그의 입에서 나오는 말씀을 일용할 양식으로 먹어야 구원을 받아 하나님의 아들로 거듭나게 되는 것입니다.

그러므로 오늘날 기독교인들은 하늘의 구름타고 오신다는 예수님만 막연히 기다릴 것이 아니라 하나님께서 오늘날 기독교인들을 구원하기 위해서 보내주시는 오늘날의 예수를 믿고 영접해야 하는 것입니다. 왜냐하면 오늘날 하나님의 성전을 건축할 수 있는 예수님이나 방주를 건축할 수 있는 노아가 없다면 오늘날 기독교인들은 하나님의 성전이나 방주를 건축할 수 없고 따라서 구원을 받아 하나님의 아들로 거듭날 수 없기 때문입니다. 그러므로 하나님께서 오늘날도 변함없이 하나님의 아들을 보내주시는 것입니다. 그런데 오늘날 기독교인들은 오늘날 하나님께서 구원자로 보내주시는 하나님의 아들을 믿지 않을 뿐만 아니라 오히려 이단으로 배척을 하고 있다는 것입니다.

하나님께서는 요한일서 4장을 통해서 너희가 다시 오

리라하고 기다리는 예수님은 이미 와서 계시다고 분명히 말씀하고 있습니다. 그럼에도 불구하고 오늘날 기독교인들은 이미 와 계신 오늘날의 예수님은 믿지 않고 삯꾼목자의 말에 따라서 이천년 전에 오셨던 예수님만 믿고 있는 것입니다. 그러므로 하나님께서 오늘날 육체로 오신 인간예수를 부인하는 자는 모두 적그리스도라 말씀하고 있습니다.

[요한일서 4장 1~3절] 사랑하는 자들아 영을 다 믿지 말고 오직 영들이 하나님께 속하였나 시험하라 많은 거짓 선지자가 세상에 나왔음이니라 하나님의 영은 이것으로 알지니 곧 예수 그리스도께서 육체로 오신 것을 시인하는 영마다 하나님께 속한 것이요 예수를 시인하지 아니하는 영마다 하나님께 속한 영이 아니니 이것이 곧 적그리스도의 영이니라 오리라 한 말을 너희가 들었거니와 이제 벌써 세상에 있느니라.

상기의 말씀과 같이 적그리스도는 마귀나 사탄이 아니라 오늘날 예수그리스도께서 육체를 입고 지금 오셔서 계신 인간예수를 부인하는 자들이라 말씀하고 있습니다. 그리고 예수그리스도께서 육체를 입고 오신 오늘날의 예수를 시인하고 영접하는 자들은 하나님께 속한 영이라 말씀하고 있습니다. 왜냐하면 너희가 구름타고 다시 오리라고 기다리는 예수님은 이미 벌써 세상에 오셔서 계시기 때문이라는 것입니다. 그런데 적그리스도들은 오늘날 하나님께서 구원자로 보내주신 예수그리스도를 절대로 믿지 않으며 오히려 이단으로 배척을 하고 있는 것입니다. 이렇게 적그리스도는 하나님께서 오늘날 구원자로 보내주신 인간 예수, 곧 육체를 입고 오신 예수를 부인하며 대적하는 자들을 말하고 있습니다.

이와 같이 오늘날 기독교인들이 두려워하고 있는 적그리스도는 사탄이나 괴물과 같은 존재가 아니라 광명의 천사로 가장하고서 오늘날의 예수를 부정하며 이단으로 배척하는 오늘날 삯꾼목자와 거짓 선지자를 말하고 있습니다. 그런데 아직 영안이 없는 기독교인들은 하나님의 말씀을 올바로 보지 못하기 때문에 적그리스도가 누구인지 또한 하나님께서 보내주신 오늘날의 구원자가 누구인지를 모르는 것입니다. 그러나 하나님의 말씀을 열심히 보고 하나님께 간절히 기도하면 오늘날의 예수님이 누구인지 그리고 적그리스도가 누구인지 분명히 알게 될 것입니다.

이상과 같이 하나님께서 노아의 대홍수와 방주를 통해서 하나님의 백성에게 교훈하시며 경고하시는 메시지는 오늘날 기독교인들도 노아와 같이 하나님의 말씀을 가지고 자신 안에 방주(성전)를 건축하라는 것이며 만일 방주를 건축하지 않으면 노아 때 홍수로 쓸어버린 타락한 자들과 같이 모두 멸하시겠다는 것입니다. 그런데 하나님께서 노아에게 다시는 홍수로 멸하시지 않겠다고 약속을 하셨기 때문에 홍수로 멸하는 일은 없을 것이라 생각할 수 있습니다. 그러면 하나님께서 오늘날 부패하고 타락한 거짓목자들과 하나님의 백성들을 홍수가 아니면 무엇으로 멸하실까?

하나님께서 오늘날 부패한 기독교인들은 홍수로 멸하시는 것이 아니라 가감된 하나님의 말씀으로 멸하십니다. 왜냐하면 오늘날 목자들이 하나님의 말씀을 가감하여 만든 각종교리가 홍수가 되어 영혼들을 죽이고 있기 때문입니다. 이렇게 노아 때의 홍수가 오늘날은 각종교리와 기복신앙이 홍수가 되어 지금도 영혼들을 멸하고 있는 것입니다.

그러므로 오늘날 생명의 좁은 길을 가고 있는 소수의 무리들은 지금도 노아와 같이 생명의 말씀으로 자신 안에 구원의 방주를 건축하고 있으며 넓고 평탄한 멸망의 길을 가는 자들은 삯꾼목자들이 하나님의 말씀을 가감하여 만든 비 진리 곧 각종교리를 먹고 마시며 잔치를 하다가 죽어가는 것입니다.

때문에 예수님도 마태복음 24장을 통해서 나는 열두 제자들 안에다 성전(방주)을 짓고 있는데 너희는 노아 때와 같이 성전(방주)은 지을 생각조차 하지 않고 비 진리를 먹고 마시고 장가들고 시집가면서 홍수(말씀의 홍수)로 멸하기까지 깨닫지 못하고 있다고 말씀하신 것입니다.

　이와 같이 노아의 때에 홍수로 멸하신 하나님께서 오늘날은 말씀의 홍수, 즉 오늘날 넘쳐나는 가감된 비 진리(각종교리)와 기복을 통해서 멸하시는 것입니다. 이렇게 노아의 방주와 홍수사건은 예전에만 있던 사건이 아니라 오늘날도 변함없이 진행되고 있는 일들입니다.

　그러므로 저자가 노아의 홍수와 방주를 기록한 목적은 오늘날 기독교인들도 하루속히 삯꾼목자와 비 진리 속에서 벗어나 오늘날 예수님이 주시는 생명의 말씀으로 구원의 방주를 건축하여 하나님의 아들로 거듭나기를 바라는 마음에서 입니다. 이글을 청종하신 모든 분들은 노아와 같이 하루속히 하나님의 말씀으로 방주(성전)를 건축하여 모두 하나님의 아들로 거듭나기를 기원하는 바입니다.

2. 성배의 실체

오늘날 기독교인들을 떠들썩하게 하고 있는 화제의 장편소설이 있는데 그것은 바로 소설가 '댄 브라운'이 펴낸 '다빈치 코드'입니다. 이 소설의 내용은 예수님이 유대인들에게 잡혀 돌아가시기 전날 그의 제자들과 함께 성만찬을 하신 이후 지금까지 비밀리에 숨겨져 내려오는 성배를 찾는다는 흥미진진한 사건을 다루고 있습니다.

문제는 이 소설에 등장되는 성배나 사건들이 작가의 생각 속에서 추상적으로 만들어 낸 이야기가 아니라 실제로 있었던 사실이라는데 있습니다. 왜냐하면 지금까지 숨겨져 온 예수님의 성배는 그동안 수많은 고고학자들이나 신학자들이 찾고 연구한 자료들을 근거로 하여 기록했기 때문입니다. 또한 전 세계적으로 방영되는 TV 다큐멘터리 프로그램에서도 성배를 찾는 프로그램을 공공연하게 방영을 했기 때문입니다.

그러면 예수님이 제자들에게 주신 포도주 잔이 지금까지 어딘가에 존재하고 있었다는 사실입니다. 예수를 믿고 있는 기독교인들이라면 성배가 실제 존재한다는 사실만 들어도 놀라운 일이며 흥분을 감출 수 없는 일이라 생각합니다. 이 때문에 '다빈치 코드'가 출간되자마자 베스트셀러가 되었고 기독교인들은 서로 다투어가며 보고 있는 것입니다.

저자도 뒤질세라 다빈치 코드를 구하여 단숨에 읽어보았습니다. 이 소설은 파리 루브르 박물관의 관장이 죽어 가는 살인 사건을 시작으로 하여 성배를 찾아가는 두 남, 여의 흥미로운 사건을 다루고 있어 사람들의 마음을 사로잡기에 충분합니다.

그런데 문제는 다빈치 코드를 기록한 작가나 여기에 등장된 주인공들이 성배의 진정한 실체를 모르고 있다는 것입니다. 이 말은 '다빈치 코드'나 지금까지 성배를 찾고 있는 수많은 사람들이 성배의 실체를 모르고 성배를 찾고 있다는 것입니다.

왜냐하면 고고학자들이나 다빈치 코드에서 찾고 있는 성배는 예수님의 제자들이 예수님의 피(포도주)를 담아 마셨던 술잔이 아니라 예수님의 피, 즉 예수님의 씨를 받은 막달라 마리아이며 또한 막달라 마리아의 혈통(피)을 이어받아 내려오는 그의 후손들이 성배라고 주장을 하고 있기 때문입니다.

즉 성배는 예수님의 피를 담았던 술잔이 아니라 예수님의 씨를 받은 막달라 마리아와 그의 후손들이라는 것입니다. 이러한 주장은 오늘날 수많은 기독교인들을 놀라게 하였고 이 사건은 지금도 의문시되면서 세상에 큰 화제가 되고 있는 일입니다.

왜냐하면 성배가 잔이 아니라 사람이라는 것도 놀라운 일인데 거룩하신 예수님이 그를 믿고 따르던 막달라 마리아를 취하여 아이까지 낳았다는 사실은 기독교인들로서는 도저히 받아들일 수 없는 일이기 때문입니다.

그러나 예수님도 인성이 있고 육신을 가지고 있기 때문에 이성을 연모하는 정이 있고 그 안에는 삼십대 남성의 강렬한 정욕이 타오르고 있었다는 것을 기독교인들은 상상조차 못하고 있는 것입니다. 왜냐하면 오늘날 기독교인들이 믿고 있는 예수님은 거룩하신 하나님이기 때문에 겨울철에 감기나 배탈 한번 나지 않는 분이며 심지어 대소변도 보지 않는 분으로 알고 있기 때문입니다.

또한 예수님은 본체가 사랑이시기 때문에 어떠한 사람의 죄도 용서해주시며 화를 내거나 저주하시지 않는 분으로 알고 있습니다. 그러나 예수님은 신성뿐만 아니라 인성이 있고 또한 우리와 같은 육신을 가지고 있기 때문에 배가

고프면 먹어야 하고 먹으면 화장실에 가서 배설을 해야 하며, 악한 자를 보면 화를 내시고, 저주는 물론 채찍까지 드시는 것을 볼 수 있습니다.

또한 예수님은 괴롭고 안타까울 때 눈물을 흘리시며 자신에게 위험한 시험이 다가올 때 시험을 피하게 해달라고 하나님께 밤을 새며 기도를 하시는 모습도 보여주고 있습니다. 예수님은 영원히 죽지 않는 생명을 소유하신 하나님(성자)이시지만 유대인들에게 잡혀가셔서 십자가 위에 창과 못에 찔려 피를 흘리시며 돌아가신 것은 예수님의 육신도 우리의 육신과 같다는 것을 말해주는 것입니다.

예수님이 우리와 다른 것은 예수님 안에는 성령, 즉 생명의 말씀이 계셔서 죄인들의 죄를 사하실 수 있고 죽은 영혼을 살릴 수 있다는 것입니다. 이렇게 예수님도 우리와 같은 인성과 육신을 가지고 계시기 때문에 슬플 때 괴로워하시고 아름다운 여인을 보면 연정을 느끼시는 것입니다.

이렇게 혈기왕성한 삼십대의 몸을 가진 총각 예수님이 젊은 여성을 보고 사랑의 충동이 일어나 막달라 마리아를 취하여 아이를 낳은 것은 지극히 당연한 일이라 생각합니다. 그런데 예수님의 이러한 사생활이 그동안 예수님의 신성을 지켜오는 사람들에 의해서 지금까지 비밀리에 감추어져 온 것입니다.

예수님의 불미스러운 사생활들은 기독교인들에게 영원히 숨겨졌어야 할 일인데 이번에 '다빈치 코드'를 통해서 만천하에 공개된 것입니다. 만일 이 사건이 진실이 아니라 작가의 조작극이라면 '댄 브라운'은 벌써 기독교인들에게 고발을 당했거나 어느 사람에 의해서 이미 처형되었을 것입니다. 그런데 지금까지 살아서 사람들에게 존경을 받고 보호를 받고 있는 것은 여기에 기록된 내용들이 사실과 크게 다르지 않기 때문입니다.

저자는 이 책을 보면서 성배가 잔이 아니라 여인의 몸이라는데 놀라움을 금치 못했습니다. 이 사실은 기독교의 놀라운 발견이며 또한 기독교가 영적인 발전을 하는데 큰 공헌을 할 것이라 생각합니다. 그런데 안타까운 것은 '다빈치 코드'에서도 성배는 잔이 아니라 여인의 몸이라는 것에 그치며 성배의 진정한 실체를 드러내지 못하고 있다는 것입니다. 그러므로 저자는 이 글을 통해서 성배의 실체를 다시 만천하에 공개하려 하는 것입니다.

그러면 성경을 통해서 예수님이 말씀하시는 성배의 실체는 과연 무엇일까? 성배가 어떤 종류의 잔이냐 보다 그 잔 속에 담겨있는 내용물이 무엇인가에 의해서 진부가 가려지는 것입니다. 이 말은 예수님의 거룩한 피가 담겨있다면 그 잔은 금이든 은이든 혹은 유리이든 아니면 사람이든 모두 성배이며 예수님의 피가 담겨 있지 않다면 아무리 좋은 잔이라 해도 성배가 아니라는 뜻입니다. 이렇게 성배의 실체는 잔이 아니라 잔 속에 담겨있는 예수님의 피라는 말입니다. 그러면 예수님께서 성경을 통해서 말씀하고 있는 피는 영적으로 무엇을 말하고 있을까?

만일 예수님께서 말씀하고 계신 피의 영적인 의미를 알지 못한다면 성배는 영원히 찾을 수 없습니다. 예수님의 성만찬 이후 수많은 사람들이 성배를 찾아 나섰지만 아직까지 성배를 찾지 못하고 있는 것은 예수님의 피를 모르기 때문입니다. 그러므로 예수님이 말씀하시는 피의 실체를 아는 것은 성배를 찾는데 무엇보다 중요한 일입니다.

성경을 통해서 예수님이 말씀하시는 피는 성만찬식에 예수님이 제자들에게 나누어준 포도주나 예수님의 몸에서 나온 피가 아니라 예수님 안에 있는 생명, 즉 말씀을 말하는 것입니다. 왜냐하면 예수님은 말씀이 육신 되신 분으로 예수님의 실체는 말씀이며 그 안에는 오직 하나님의 거룩한 말씀만 들어 있기 때문입니다.

결국 예수님의 피는 예수님 안에 들어있는 하나님의 말

씀을 말하며 진정한 성배는 하나님의 말씀을 담고 있는 예수님을 말합니다. 이 말은 예수님 자신이 하나님의 거룩한 영을 담고 있는 진정한 성배라는 것입니다. 그러므로 예수님이 성만찬에 예수님의 피를 제자들에게 주신 것은 곧 예수님 안에 있는 말씀을 주신 것입니다.

　예수님은 그의 제자들에게 생명의 말씀을 상징적으로 자신의 살과 피라고 말씀한 것입니다. 그런데 예수님의 제자들도 예수님의 살과 피를 먹으라는 말씀의 영적인 의미를 몰라서 "이 말씀은 어렵도다 누가 들을 수 있냐"고 불평하는 것을 볼 수 있습니다.

　[요한복음 6장 53~60절] 예수께서 이르시되 내가 진실로 진실로 너희에게 이르노니 인자의 살을 먹지 아니하고 인자의 피를 마시지 아니하면 너희 속에 생명이 없느니라 내 살을 먹고 내 피를 마시는 자는 영생을 가졌고 마지막 날에 내가 그를 다시 살리리니 내 살은 참된 양식이요 내 피는 참된 음료로다 내 살을 먹고 내 피를 마시는 자는 내 안에 거하고 나도 그 안에 거하나니 살아계신 아버지께서 나를 보내시매 내가 아버지로 인하여 사는 것 같이 나를 먹는 그 사람도 나로 인하여 살리라 이것은 하늘로서 내려온 떡이니 조상들이 먹고도 죽은 그

것과 같지 아니하여 이 떡을 먹는 자는 영원히 살리라 이 말씀은 예수께서 가버나움 회당에서 가르치실 때에 하셨느니라 제자 중 여럿이 듣고 말하되 이 말씀은 어렵도다 누가 들을 수 있느냐 한대.

상기와 같이 예수님께서 말씀하시는 말씀 속의 영적인 뜻은 유대인들은 물론 예수님의 제자들도 알지 못하고 있는 것입니다. 이렇게 하나님의 말씀이나 예수님께서 하시는 말씀은 모두 영적인 말씀이기 때문에 예수님을 믿고 따르며 가르침을 받고 있는 제자들도 듣기 힘들어했던 것을 볼 수 있습니다. 상기의 말씀에서 예수님이 제자들에게 먹으라는 살과 피는 육신의 살과 피가 아니라 예수님의 입에서 나오는 생명의 말씀을 비유로 말씀하고 있는 것입니다.

그러므로 예수님은 "내가 너희에게 이르는 말이 곧 영이요 생명"이라고 말씀하신 것입니다. 즉 예수님의 살은 말씀이요 예수님의 피는 생명(성령)이라는 것입니다. 그러므로 예수님께서 내 살과 피를 먹고 마시라는 것은 예수님 안에 있는 생명의 말씀을 먹고 마시라는 것입니다. 이렇게 예수님의 제자들이 삼년반 동안 먹고 마신 살과 피는 곧 예수님 입에서 나오는 생명의 말씀을 말합니다.

예수님의 제자들은 예수님이 주시는 생명의 말씀을 날마다 일용할 양식으로 먹고 마심으로 하나님의 생명으로 거듭나서 사도들이 된 것입니다. 결국 예수님은 예수님 안에 담겨있던 자신의 피를 제자들에게 부어 주어 제자들 안에 예수님의 거룩한 피가 담기게 된 것입니다.

　　이렇게 예수님의 거룩한 피(예수님의 생명)를 담은 제자들의 몸이 결국 성배로 탄생하게 된 것입니다. 예수님의 제자들이나 선지자들이 거룩한 피(하나님의 말씀)를 받는 것을 성경에서 하나님의 기름(성령)부음이라고도 합니다. 예수님으로부터 말씀의 기름부음을 받은 예수님의 제자들은 예수님의 뒤를 이어 성배가 된 것입니다.

　　이렇게 성배가 된 예수님의 제자들은 그들을 믿고 따르는 자들에게 자신 안에 있는 살과 피를 부어주어 다시 성배를 만든 것입니다. 사도바울이 만들어낸 성배는 디모데, 디도, 오네시모 등입니다. 성경에 낳고 낳고의 역사는 모두 기름부음의 역사이며 곧 성배가 탄생되는 역사입니다.

　　"다빈치 코드"에서는 예수님으로부터 육신의 씨를 받은 막달라 마리아와 그의 피를 받은 후손들이 성배라 말하지만 죽은 영혼을 살리지 못한다면 진정한 성배가 아닌 것입니다. 하나님의 성배는 예수님이나 사도들과 같이 그 안에 있는 피, 즉 생명의 말씀으로 죄를 씻어주고 죽은 영혼을 살릴 때 진정한 피며 성배라 말하는 것입니다.

이렇게 예수님의 피를 받은 성배들이 기름부음의 역사를 통해서 지금까지 이어져 내려오고 있는 것입니다. 그러므로 진정한 성배는 예수님으로부터 육신의 씨를 받은 막달라 마리아나 마리아의 혈통을 이어받은 후손들이 아니라 예수님의 말씀을 받아 하나님의 아들로 거듭난 사도들과 사도들로부터 말씀을 받아 하나님의 아들로 거듭난 자들을 말하는 것입니다. 이들은 지금도 예수님으로부터 받은 피, 즉 생명의 말씀으로 죽은 영혼들을 살리고 있는 것입니다. 그런데 안타깝게도 오늘날 살아있는 성배들은 예수님과 사도들이 유대인들에게 온갖 핍박과 배척을 받은 것과 같이 오늘날 기독교인들에게 멸시천대를 받고 있는 것입니다.

오늘날 성배들이 기독교인들에게 이단자로 멸시천대를 받고 있는 것은 이들이 전하는 말씀이 기독교의 교리와 너무나 다르고 어렵기 때문입니다. 그러나 여기에 기록된 말씀들을 예수님의 피라 믿고 끝까지 인내하며 읽어본다면 성배의 실체는 물론 지금까지 알지 못했던 성경 속의 수많은 보화들을 발견하게 될 것입니다.

저자가 이번에 "창세기 속에 감추어져 있던 하나님의

비밀"을 기록한 목적은 지금까지 성배를 찾고 있는 자들에게 이 말씀을 통해서 성배의 실체와 그 안에 담겨 있는 피(생명의 말씀)의 진부를 드러내기 위함입니다.

그러므로 독자들은 "창세기"(창세기 해설서)를 보면서 성배에 담긴 피(생명의 말씀)의 진부를 가려내야 합니다. 만일 여기에 기록된 말씀들이 외식으로 조작된 거짓으로 판정된다면 저자는 어떠한 돌을 던져도 달게 받을 것입니다. 단 이 글을 보는 기준이 육적인 눈의 기준이 아니라 영적인 눈의 기준이라야 합니다. 독자들이 이 글을 영적인 시각으로 읽어본다면 모두가 진실이요 진리라는 것을 공감하게 될 것입니다.

끝으로 저자는 이 글을 접하시는 모든 분들이 하나님의 은혜가 충만하여 새롭게 거듭나는 계기가 되기를 기원하는 바입니다.

3. 저자 후기

　　믿음의 조상이신 아브라함은 오직 믿음으로 신앙생활을 하고 있는 오늘날 기독교인들에게 믿음의 표상이 되어 지금까지 존경을 받아오고 있습니다. 왜냐하면 오늘날 기독교인들의 신앙은 오직 믿음으로 시작해서 믿음으로 마친다해도 과언이 아닐 정도로 믿음의 비중이 매우 크기 때문입니다. 그러나 믿음의 조상 아브라함이 복의 근원이 되신 것은 오늘날 기독교인처럼 오직 믿음으로 된 것이 아니라 하나님의 말씀에 순종하여 본토, 친척, 아비 집을 떠나 하나님께서 지시하는 땅으로 들어갔기 때문입니다.

　　만일 아브라함이 하나님만 믿으면서 하나님의 말씀에 순종을 하지 않았다면 복의 근원이 아니라 저주의 근원이 되었을 것입니다. 아브라함은 하나님의 약속을 믿고 칠십 오세의 고령에도 불구하고 그 동안 정들었던 본토와 친척과 아비의 집을 떠나 하나님께서 지시하는 땅으로 들어갔으며 또한 백세에 얻은 아들(이삭)까지 하나님께 제물로 바쳤기 때문에 그의 믿음이 인정되어 복의 근원이 되신 것입니다. 이렇게 아브라함은 하나님의 말씀에 순종하여 본토,

친척, 아비 집을 떠나 온갖 역경을 참아내며 온갖 고난의 길을 25년 동안이나 인내하며 걸어간 결과 그의 믿음을 인정받아 믿음의 조상이 되신 것입니다.

또한 하나님의 종 모세는 애굽의 부귀영화와 바로 왕의 곁을 떠나 불모지 사막인 광야에서 40년간이나 고된 훈련을 참고 받은 결과 하나님으로부터 부름을 받아 이스라엘 민족을 구원하는 하나님의 종이 된 것입니다. 그러면 예수님과 같은 하나님의 아들이 되려면 그 기간이 얼마나 걸릴까? 오늘날 기독교인들과 같이 믿는 즉시일까 아니면 일년, 십년, 아니면 백년 혹은 천년이면 될까? 그러나 성경은 하나님의 아들이 탄생되기까지의 과정과 기간을 이렇게 말씀하고 있습니다.

마태복음 1장은 하나님의 아들이신 예수님이 탄생되기까지의 과정을 자세히 기록하고 있는데 마태복음 처음 1장 1절에 아브라함과 다윗의 아들 예수그리스도의 '출생록'(비블로스)이라 원문성경에 기록되어 있습니다.

마태복음 1장은 예수님이 성령으로 잉태하여 하나님의 아들로 탄생하기까지 아브라함으로부터 시작하여 다윗까지 14대, 다윗부터 바벨론으로 이거할 때까지 14대, 바벨론으로 이거한 후부터 그리스도까지 14대라 말씀하시면서

"예수그리스도의 나심은 이러하니라"고 말씀하고 있습니다. 즉 예수님은 아브라함으로 시작하여 모두 42대, 즉 42번의 윤회 끝에 성령으로 잉태되어 하나님의 아들로 탄생되셨다는 것입니다.

이러한 말씀은 기독교인들에게 다빈치코드의 사건보다 더 큰 사건이라고 놀라거나 분개하는 사람도 있으리라 생각합니다. 그러나 예수님께서 성령으로 잉태하여 하나님의 아들로 탄생하기까지의 모든 과정은 저자의 말이 아니라 하나님께서 마태복음을 통해서 말씀하고 있는 사실들입니다. 단지 오늘날 기독교인들이 성경을 날마다 보고 공부를 하면서도 영안이 없어 이러한 사실을 보지 못하고 있었을 뿐입니다. 저자가 이러한 사실을 밝히 드러내는 것은 오늘날 기독교인들이 하나님의 아들로 잉태하기까지의 과정을 너무나 모르기 때문입니다.

오늘날 기독교인들은 하나님의 아들이 되는 것이 얼마나 쉽고 간단하다고 생각합니까? 설령 불신자들이라 해도 교회에 나가 예수를 구주로 믿고 입으로 시인만 하면 즉시 하나님의 아들이 되지 않습니까? 이 때문에 불신자에게 임종 5분전의 구원이 성행하고 있는 것입니다.

오늘날 목사들은 세상을 살면서 예수를 불신하고 설령

살인을 한 죄인이라 해도 죽기 직전 5분의 여유만 있어도 달려가 구원을 시켜 천국으로 보내고 있습니다. 이런 불신자들이 임종 전에 예수를 믿고 입으로 시인한다하여 정말 하나님의 아들로 거듭나서 천국으로 들어갈 수 있단 말인가? 그러나 사람이 육신의 아이를 잉태하여 해산을 하려해도 열 달이라는 기간이 소요되며 아이가 자라서 유, 초등학교와 중, 고등학교를 거처 대학교에 들어 가려해도 13년이나 걸립니다.

그런데 천하보다 귀한 하나님의 아들이 어떻게 예수를 믿는다하여 순간적으로 태어나며 하나님이 계신 천국에도 그렇게 단숨에 들어갈 수 있단 말인가? 이 모두가 오늘날 거짓 선지자와 삯꾼목자들의 거짓증거 때문에 일어나는 일입니다. 하나님과 예수님은 구원을 받는 것이나 하나님의 아들로 창조되는 과정을 성경의 여러 부분을 통해서 분명히 말씀하고 있습니다.

이스라엘 백성들이 하나님의 아들로 거듭나 천국으로 들어가기까지 애굽에서 430년, 광야에서 40년, 가나안에서 3년 반이라는 기간이 소요되었다는 것을 성경은 우리에게 보여주고 있습니다. 즉 애굽의 믿음으로 신앙생활을 하던 아브라함이 출애굽을 하여 소망의 땅 광야로 나가 하나님의 종 모세로 거듭나서, 광야의 훈련을 받은 후 사랑(생명)이 있는 가나안으로 들어가 다시 하나님의 아들로 거듭나는 것입니다.

이 때문에 믿음, 소망, 사랑은 항상 있지만 그 중에 제일이 사랑이라 말하고 있는 것입니다. 이렇게 힘든 길이 바로 예수님께서 말씀하고 계신 생명의 좁은 길이며 세상교회의 목사들이 예수를 믿기만 하면 누구나 쉽고 간단하게 천국으로 들어간다는 길은 멸망의 넓은 길입니다. 저자가 이번에 창세기의 말씀을 통해서 하나님의 아들로 창조되는 과정을 구체적으로 드러낸 것은 오늘날 거짓 선지자와 삯꾼목자들의 미혹으로 죽어 가는 영혼들을 구원하기 위함입니다.

왜냐하면 오늘날 기독교인들이 거짓 선지자나 삯꾼목자들에게 설령 돈과 재산은 모두 탈취를 당한다 해도 자기 영혼만은 절대로 빼앗겨서는 안되기 때문입니다. 그러므로 오늘날 기독교인들은 이 말씀을 통해서 삯꾼목자와 참 목자 그리고 멸망의 넓은 길과 생명의 좁은 길을 확실하게 알아서 올바른 신앙생활을 해야 합니다. 그렇지 않으면 지옥문 앞에서 슬피 울며 이를 갈고 있는 자가 바로 자기 자신이 될 것입니다.

끝으로 저자는 이 글을 통해서 하나님께서 보내주시는 오늘날의 구원자를 올바로 알고 찾아서, 모두가 생명의 좁은 길을 따라가서 하나님의 생명으로 거듭나기를 기원하는 바입니다.

의증서원 도서안내

❖ **천국 문을 여는 다윗의 열쇠 (요한계시록 해설서)**
글/둘로스 데우 C 301쪽 /신국판 양장 정가 8.000원

❖ **요한복음 (요한복음 해설서)상.하권**
글/둘로스 데우 C 379쪽 /신국판 양장 각권 20.000원

❖ **주기도문 (주기도문 해설서)**
글/둘로스 데우 C 293쪽 /신국판 양장 정가 13,000원

❖ **십계명 (십계명 해설서)**
글/둘로스 데우 C 345쪽 /신국판 정가 15.000원

❖ **도마복음 (도마복음 해설서)**
글/둘로스 데우 C 565쪽 /신국판 정가 30.000원

❖ **지옥문 앞에서 슬피 울고 있는 자들**
글/둘로스 데우 C 285쪽 /신국판 양장 정가 8.000원

❖ **하늘에서 온 그리스도의 편지**
글/둘로스 데우 C 363쪽 /신국판 양장 정가 9.500원

❖ **사랑이 머무는 곳**
글/이명자 195쪽 /4x6(칼라)판 양장 정가 9.000원

❖ **불교와 기독교의 허구와 진실**
글/둘로스 데우 C 393쪽 /신국판 양장 정가 22.000원

❖ **성경에 나타난 전생과 윤회의 비밀**
글/둘로스 데우 C 317쪽 /신국판 양장 정가 12.000원

❖ **천지창조의 진실과 허구**
글/둘로스 데우 C 331 쪽 /신국판 양장 정가 15.000원

❖ **종말(말세)의 허구와 진실**
글/둘로스 데우 C 384쪽 /신국판 정가 24.000